权威·前沿·原创

皮书系列为
"十二五""十三五"国家重点图书出版规划项目

BLUE BOOK

智 库 成 果 出 版 与 传 播 平 台

大数据蓝皮书
BLUE BOOK OF BIG DATA

中国大数据发展报告 *No.5*

REPORT ON THE INNOVATIVE DEVELOPMENT OF CHINA'S BIG DATA No.5

主　编／连玉明

执行主编／张　涛　龙荣远　宋希贤

社会科学文献出版社
SOCIAL SCIENCES ACADEMIC PRESS（CHINA）

图书在版编目（CIP）数据

中国大数据发展报告. No. 5 / 连玉明主编. -- 北京：
社会科学文献出版社，2021.4
（大数据蓝皮书）
ISBN 978 - 7 - 5201 - 8218 - 8

Ⅰ. ①中⋯　Ⅱ. ①连⋯　Ⅲ. ①数据管理 - 研究报告 -
中国　Ⅳ. ①F279. 23

中国版本图书馆 CIP 数据核字（2021）第 064158 号

大数据蓝皮书
中国大数据发展报告 No. 5

主　　编 / 连玉明
执行主编 / 张　涛　龙荣远　宋希贤

出 版 人 / 王利民
组稿编辑 / 邓泳红
责任编辑 / 吴　敏

出　　版 / 社会科学文献出版社·皮书出版分社（010）59367127
　　　　　地址：北京市北三环中路甲 29 号院华龙大厦　邮编：100029
　　　　　网址：www. ssap. com. cn
发　　行 / 市场营销中心（010）59367081　59367083
印　　装 / 天津千鹤文化传播有限公司

规　　格 / 开　本：787mm × 1092mm　1/16
　　　　　印　张：25　字　数：375 千字
版　　次 / 2021 年 4 月第 1 版　2021 年 4 月第 1 次印刷
书　　号 / ISBN 978 - 7 - 5201 - 8218 - 8
定　　价 / 128.00 元

大数据战略重点实验室重点研究项目

基于大数据的城市科学研究北京市重点实验室重点研究项目

北京国际城市文化交流基金会智库工程出版基金资助项目

本书可通过扫码进入
大数据多语种语言服务全球共享平台和数典贵阳指数平台

大数据战略重点实验室成立于 2015 年 4 月，是贵阳市人民政府与北京市科学技术委员会共建的跨学科、专业性、国际化、开放型研究平台，是中国大数据发展新型高端智库。

　　大数据战略重点实验室依托北京国际城市发展研究院和贵阳创新驱动发展战略研究院，建立了大数据战略重点实验室北京研发中心和贵阳研发中心，并建立了全国科学技术名词审定委员会研究基地、浙江大学研究基地、中国政法大学研究基地、上海科学院研究基地和中译语通多语种语言服务研究基地，形成了"两中心、五基地"的研究新体系和区域协同创新新格局。

　　大数据战略重点实验室研究推出的《块数据》《数权法》《主权区块链》"数字文明三部曲"是大数据理论发展新的里程碑，被誉为重构数字文明新秩序的三大支柱，在国内外具有较大影响。大数据战略重点实验室研究编纂出版的《数典》获得全国科学技术名词审定委员会和联合国教科文组织国际工程科技知识中心的认可与推荐，是全球首部全面系统研究大数据标准术语体系的多语种专业工具书。

大数据战略重点实验室全国科学技术名词审定委员会研究基地是贵阳市人民政府与全国科学技术名词审定委员会共建的跨区域协同创新研究平台。基地充分发挥首都科技创新资源优势，依托全国科学技术名词审定委员会组建大数据战略咨询委员会，指导贵阳大数据发展理论研究和实践应用，研究、编纂和出版多语种对照《数典》和《大数据百科术语辞典》，开发"数典术语在线"平台，推进大数据名词的审定、发布和应用，建设成为国内一流水平和较大国际影响力的大数据科技术语研究中心。

大数据战略重点实验室浙江大学研究基地是贵阳市人民政府与浙江大学共建的跨区域协同创新研究平台。基地充分发挥浙江大学学科、专业、人才优势，研究、出版和翻译《主权区块链》理论专著，共建大数据金融风险防控重点实验室，研究开发大数据金融风险防控指数，开展大数据金融和互联网金融重大课题研究，建设成为国内一流水平和较大国际影响力的大数据金融风险防控理论研究中心、应用创新平台和人才培养基地。

大数据战略重点实验室中国政法大学研究基地是贵阳市人民政府与中国政法大学共建的跨区域协同创新研究平台。基地充分发挥中国政法大学的理论研究和学术创新优势，为国家大数据综合试验区建设提供法律智库服务，共建中国政法大学数权法研究中心和中国政法大学政法大数据研究中心，研究、出版和翻译《数权法》和"数权法译丛"，抢占数权法理论研究和应用研究制高点，委托开展大数据地方立法及大数据法律研究、培训和咨询服务，建设成为国内一流水平和较大国际影响力的大数据立法及大数据法律研究新型智库。

大数据战略重点实验室上海科学院研究基地是贵阳市人民政府与上海科学院共建的国际化开放型协同创新研究平台。基地充分发挥上海计算机软件技术开发中心的科技创新优势和联合国教科文组织国际工程科技知识中心（IKCEST）平台优势，共建大数据国际工程科技知识重点实验室，研究开发"数典云平台"，建设成为大数据开源开放动态数据库和世界通用语言的全球开放平台。

　　大数据战略重点实验室中译语通多语种语言服务研究基地是贵阳市人民政府与中译语通科技股份有限公司共建的跨区域协同创新研究平台。基地充分发挥中译语通多语种翻译资源和科技优势，推进以大数据标准术语体系为核心的跨语言翻译工程。推动"大数据多语种语言服务全球共享平台"建设，研究开发"丝路数典通"，建设成为面向全球各国特别是"一带一路"沿线国家的大数据多语种标准术语翻译服务平台。

大数据蓝皮书编委会

陈盈瑾　吴钰鑫　章啟峰　陈　威　杨　洲
钟　雪　李成熙　程　茹　贺弋晏　曹凡兵
熊灵犀

学 术 秘 书　李瑞香　龙婉玲

主编简介

连玉明　教授、工学博士。现为全国政协委员，北京国际城市发展研究院院长。

连玉明教授是中国著名城市专家，北京市朝阳区政协副主席，北京市人民政府专家咨询委员会委员、京津冀协同发展研究基地首席专家、基于大数据的城市科学研究北京市重点实验室主任。研究领域为城市学、决策学和社会学。提出的"城市价值链理论"被誉为世界三大竞争理论之一。主要代表作有《城市的觉醒》《城市的战略》《城市的智慧》"新城市主义三部曲"等。

连玉明教授同时担任贵阳市委市政府首席顾问，贵阳创新驱动发展战略研究院院长、大数据战略重点实验室主任，兼任中国政法大学数权法研究中心主任，主攻大数据战略研究。主要研究成果为《块数据：大数据时代真正到来的标志》、《块数据2.0：大数据时代的范式革命》、《块数据3.0：秩序互联网与主权区块链》、《块数据4.0：人工智能时代的激活数据学》、《块数据5.0：数据社会学的理论与方法》、《数权法1.0：数权的理论基础》（中文简体、繁体及英、法、德文版）、《数权法2.0：数权的制度建构》（中文简体、繁体及英文版）、《主权区块链1.0：秩序互联网与人类命运共同体》、《大数据蓝皮书：中国大数据发展报告》（No.1～No.4）等。主编出版的《数典》是全球首部全面系统研究大数据标准术语体系的多语种专业工具书。主编出版的《大数据百科术语辞典》汉外对照系列丛书是全球首套系统研究大数据术语的多语种智能化专业辞典。

摘　要

　　2020年初新冠肺炎疫情全球蔓延，世界经济面临深度衰退，"逆全球化"思潮涌动，贸易保护主义进一步抬头，经济全球化进程明显受阻。相比商品和资本全球流动受阻，数字化驱动的新一轮全球化保持高速增长，正在重塑世界格局。新冠肺炎疫情大考下，中国数字化进程开启缓"冲"模式，数字中国建设再次迸发出磅礴生命力。党的十九届五中全会提出，"加快数字化发展。发展数字经济，推进数字产业化和产业数字化，推动数字经济和实体经济深度融合，打造具有国际竞争力的数字产业集群。加强数字社会、数字政府建设，提升公共服务、社会治理等数字化智能化水平"。"十四五"规划纲要进一步提出，加快数字化发展，建设数字中国。加快建设数字经济、数字社会、数字政府，以数字化转型整体驱动生产方式、生活方式和治理方式变革。本书以上年度首次构建的全球数字竞争力指数、大数据发展指数、大数据法治指数、大数据安全指数、大数据金融风险防控指数与治理科技指数六大评价指数群为基础，对评价体系进行更新完善与优化提升，将其整体命名为"数典贵阳指数"，结合权威数据，对2020年大数据各领域发展进行综合评估，以期系统研判大数据发展态势，为相关机构提供决策支持与理论借鉴。

　　全球数字竞争力指数篇聚焦数字创新、数字经济、数字治理、数字服务、数字安全五个方面构建全球数字竞争力指数，在进一步丰富指标层级与扩充数据来源的基础上，对G20国家和全球重要城市数字化发展水平进行评估，深入分析各国或地区数字化发展优势与不足，把脉全球数字化发展态

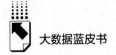

势，为全球数字化新格局构建提供有益参考。

大数据发展指数篇以数据价值链模型为理论基础，围绕大数据政用、大数据商用和大数据民用三个方面构建大数据发展指数，开展面向31个省（自治区、直辖市）的省域测评和面向31个重点城市的市域测评，并从城市群的分析视角，系统评估和比较分析了各代表性城市群大数据发展的综合水平。此外，从不同维度对八大国家级大数据综合试验区的发展情况进行了比较分析，总结各试验区在大数据创新发展方面开展的有益探索和积极实践。

大数据法治指数篇在保持数据立法、数字司法、数权保护三个分指数不变的基础上，对大数据法治指数评价指标体系进行了创新与完善，通过引进大数据法治新表征的指标和数据，对我国31个省（自治区、直辖市）大数据法治发展新态势进行判断与分析。此外，还聚焦数权制度体系，比较国内外数权制度差异，对数权制度体系之于互联网全球治理的意义进行了系统阐释。

大数据安全指数篇简要梳理当前数据安全风险与数据安全因素，从安全制度、安全产业、安全能力、安全生态四个维度出发构建大数据安全指数，通过量化评估大数据安全发展状况，为数据安全能力评估工作提供参考，助力地区提升数据安全能力和水平。此外，从数据安全立法的必要性切入，从多方面阐述中国数据安全立法的现状与困境，并据此提供了初步思路和参考路径。

大数据金融风险防控指数篇以大数据金融风险防控的理论模型为依据，立足我国金融风险防控发展实践对大数据金融风险防控指数进行了优化调整，从金融稳定、金融风险与金融可持续发展三个方面综合评测我国31个省（自治区、直辖市）的金融风险防控发展水平，系统分析各地区金融稳定与冲击状态，阐述地方金融风险治理取得的积极成效。此外，聚焦金融科技发展，运用全球金融科技中心指数从产业、体验、生态三大维度对全球70多个城市的金融科技总体发展情况进行了深入分析，总结发展特点。

治理科技指数篇对治理科技指数理论模型进行再研究，保持评估延续性和创新性的动态平衡，围绕制度保障、发展环境、支撑能力、场景应用、治理效能五个维度建构治理科技指数，对我国31个省（自治区、直辖市）治理科技发展应用情况进行综合评估分析，勾勒治理数字化转型特征及趋势。此外，以案例研究为主线，梳理部分地区在数字抗疫领域的应用创新与实践，分析数字抗疫面临的困境并提出对策建议。

关键词：　全球数字竞争力指数　大数据发展指数　大数据法治指数　大数据安全指数　大数据金融风险防控指数　治理科技指数

数典贵阳指数：感受大数据发展脉动

世界正处于百年未有之大变局的关键时期，特别是受新冠肺炎疫情的影响，世界经济深度衰退已成定局。面对更加不稳定不确定的世界经济复杂局面，数字经济依然展现出了顽强的韧性。在疫情中，远程医疗、在线教育、共享平台、协同办公、跨境电商等服务广泛应用，对促进各国经济稳定、推动国际抗疫合作发挥了重要作用。各国发展的重心，逐步从关注土地、人力、机器的数量质量转移至数字技术、数字化发展水平，从物理空间加速向数字空间转移，并逐渐呈现出以数字空间为主导的格局，数字经济成为各国实现经济复苏、推动转型发展的关键抓手。

作为基础性战略资源和生产要素，数据在国民经济运行中变得越来越重要，数据对经济发展、社会生活和国家治理已经产生根本性、全局性、革命性的影响。从发达地区的浙江、杭州到欠发达地区的贵州、贵阳，数字经济对经济增长的贡献率超过50%，数字经济已经成为推动经济高质量发展的主战略、主引擎和主抓手。2020年4月，中共中央、国务院发布《关于构建更加完善的要素市场化配置体制机制的意见》，将"数据"与土地、劳动力、资本、技术并列，作为新的生产要素，并提出"加快培育数据要素市场"。2021年，《中华人民共和国国民经济和社会发展第十四个五年规划和二○三五年远景目标纲要》首次将"加快数字化发展 建设数字中国"单列一篇，并将数字经济核心产业增加值占GDP比重列为"'十四五'时期经济社会发展主要指标"之一。

未来，数字技术创新应用向更大范围、更高层次和更深程度拓展，经济社会加速数字化变革，实现数字世界和物理世界的全面融合。为了更好地把握全球数字化发展脉动，我们从 2020 年启动大数据领域指数群监测，通过全球数字竞争力指数、大数据发展指数、大数据法治指数、大数据安全指数、大数据金融风险防控指数与治理科技指数对国家、地区和城市多维度进行指数测评和数据分析，并在此基础上进一步完善优化，演进形成了"数典贵阳指数"，为社会提供系统、深入、智能的大数据全景观测"导航图"。

一　数典贵阳指数：引领创新的指数

人类社会正进入以大数据为标志的新时代。这个新时代不仅意味着丰富的物质资源、快捷和多样化的信息服务，还包含区别于物质资源的数据价值发现和价值转换，以及由大数据带来的社会、经济和文化领域的深刻变革。在海量数据增长的背后，人类获取知识的能力正在重构。我们需要通过一系列大数据知识工程，深化大数据聚合及大数据创新知识服务，在更广泛的领域推动和引领大数据研究走向大知识应用，进一步增进大数据社会福祉。

作为我国第一个大数据综合试验区，贵州贵阳在大数据领域的新技术、新业态、新模式研究和应用方面先行先试，对于推动技术发展和规则制定具有不可替代的特殊价值。数典工程是贵阳贯彻落实国家大数据（贵州）综合试验区战略部署的重大决策，是以理论创新引领制度创新、规则创新、标准创新、实践创新的重大举措，是实现大数据前瞻性基础研究、引领性原创成果的重大突破，对构建中国乃至世界统一的大数据标准术语体系、抢占大数据领域国际话语权和规则制定权具有重大意义。数典贵阳指数作为数典工程的重要组成部分，以全球和发展的视角建立大数据领域指数群，是以评估体系创新引领规则创新、标准创新、实践创新的积极探索，为我们更好地认识大数据、发展大数据提供了全新的工具。

二 数典贵阳指数：把握趋势的指数

面对"百年未有之大变局"，国家间博弈格局正在经历深刻变革，推动以数据为基础的战略转型已经成为各个国家和地区抢占全球竞争制高点的重要战略选择。OECD《2020 年数字经济展望》显示，在对 37 个国家开展的数字经济政策调查中，有 34 个制定了国家总体数字战略。在新冠肺炎疫情的冲击下，各国数字化转型步伐明显加快，数字化技术驱动的政治、经济、社会变革加速发展，大数据技术、产业和应用逆势而上，对各国经济社会发展、全球治理体系、人类文明进程影响深远。与此同时，数字技术、数字经济、数字全球化等领域产生大量规则空白，与全球治理面临的新挑战、新问题相互叠加，制度供给短缺现象愈加突出，新规则新方略的构建需求更为紧迫。

习近平主席在致 2019 年中国国际大数据产业博览会贺信中提出的"把握好数字化、网络化、智能化发展机遇，处理好大数据发展在法律、安全、政府治理等方面挑战"，是对新一轮数字驱动的全球化趋势变化的准确把握，也为地方加快大数据发展推动数字化转型指明了方向。近年来，作为中国大数据发展的重要策源地，贵阳在大数据法律、安全和政府治理领域已经进行了诸多探索：2017 年，《贵阳市政府数据共享开放条例》正式实施，是全国首部关于政府数据共享开放的地方性法规。2018 年 5 月，全国首个"大数据安全综合靶场"一期在贵阳建成。同年 10 月，《贵阳市大数据安全管理条例》正式施行，标志着我国第一部大数据安全管理地方法规诞生。与此同时，贵阳依托治理科技先发优势，在纪检、党建、公安、政法等领域率先开展了一批创新应用，逐步形成了"数据铁笼""党建红云""社会和云""公安'块数据大脑'""政法大数据工程""数字孪生城市"等治理科技品牌项目。基于此，"数典贵阳指数"聚焦大数据领域发展重点、热点和焦点，创新性地构建了包括全球数字竞争力指数、大数据发展指数、大数据法治指数、大数据安全指数、大数据金融风险防控指数与治理科技指数六大指数在内的大数据评价指数群，全面评估对国内外大数据发展的综合水平，

反映数字化转型、数据驱动发展、数据立法进程、数据安全防范、金融稳定态势和政府治理创新等方面的区域格局与影响因素。"数典贵阳指数"所包含的六大指数既各有侧重，又是一个有机整体，更加突出系统性、延续性、前瞻性，期望能成为贵州、中国乃至世界大数据发展的一面镜子，在记录大数据发展历程的同时，把握大数据发展的未来趋势。

三 数典贵阳指数：智慧赋能的指数

大数据时代，数据密集型研究已成为科学研究的第四范式。数据资源是实现科学决策、有效治理、理论研究最重要的基础，决策者、实践者、研究者需要花费大量时间从搜索引擎、海量平台和海量信息中查找和收集数据。《促进大数据发展行动纲要》提出"强化互联网数据资源利用和信息服务，加强与政务数据资源的关联分析和融合利用，为政府开展金融、税收、审计、统计、农业、规划、消费、投资、进出口、城乡建设、劳动就业、收入分配、电力及产业运行、质量安全、节能减排等领域运行动态监测、产业安全预测预警以及转变发展方式分析决策提供信息支持，提高宏观调控的科学性、预见性和有效性"。

"数典贵阳指数"汇聚全球权威的数据资源，建立集大数据发展态势展示、大数据分析应用及可视化交互等为一体的数据智慧服务平台——数典贵阳指数平台，助力大数据决策、管理与研究的数字化、智能化发展，推动数据资源的知识沉淀和创新。数典贵阳指数平台系统呈现中国和世界大数据领域的发展过程和热点问题，以图形可视化形式展现国家、省域和城市的大数据各领域发展水平，推动"数典贵阳指数"成为可定制、可交互的大数据发展导航图。同时，数典贵阳指数平台建立大数据基础数据库，满足政府、企业和研究人员对大数据领域重要数据的需求，为相关工作提供丰富有力的数据支持。在此基础上，数典贵阳指数平台还将进一步完善丰富数据和指数的研究方法和分析手段，构建更为多元的智能化场景应用。

目 录

I 全球数字竞争力指数篇

B.1 数字化新图景与全球数字竞争力指数研究 …………………… 001

B.2 2020年 G20国家数字竞争力指数分析报告 …………………… 021

B.3 2020年全球重要城市数字竞争力指数分析报告 …………… 044

II 大数据发展指数篇

B.4 中国大数据发展态势与大数据发展指数研究 ………………… 066

B.5 2020年国家级城市群大数据发展指数分析报告 …………… 089

B.6 国家大数据综合试验区发展报告 …………………………… 111

III 大数据法治指数篇

B.7 中国大数据法治进展与大数据法治指数研究 ………………… 132

B.8 2020年中国大数据法治指数分析报告 …………………… 153

B.9 数权制度体系与国际比较研究 ……………………………… 172

Ⅳ 大数据安全指数篇

B.10 数据安全风险与大数据安全指数研究 ⋯⋯⋯⋯⋯⋯⋯ 194

B.11 2020年中国大数据安全指数分析报告 ⋯⋯⋯⋯⋯⋯⋯ 209

B.12 中国数据安全立法现状与展望 ⋯⋯⋯⋯⋯⋯⋯⋯⋯⋯ 224

Ⅴ 大数据金融风险防控指数篇

B.13 金融科技发展与大数据金融风险防控指数研究 ⋯⋯⋯⋯ 235

B.14 2020年中国大数据金融风险防控指数分析报告 ⋯⋯⋯⋯ 249

B.15 2021年全球金融科技中心城市分析报告 ⋯⋯⋯⋯⋯⋯ 270

Ⅵ 治理科技指数篇

B.16 治理数字化转型趋势与治理科技指数研究 ⋯⋯⋯⋯⋯ 292

B.17 2020年中国治理科技指数分析报告 ⋯⋯⋯⋯⋯⋯⋯ 306

B.18 数字抗疫的应用创新与地方实践 ⋯⋯⋯⋯⋯⋯⋯⋯ 324

Ⅶ 附录

B.19 大数据大事记 ⋯⋯⋯⋯⋯⋯⋯⋯⋯⋯⋯⋯⋯⋯⋯⋯ 342

Abstract ⋯⋯⋯⋯⋯⋯⋯⋯⋯⋯⋯⋯⋯⋯⋯⋯⋯⋯⋯⋯⋯ 355

Contents ⋯⋯⋯⋯⋯⋯⋯⋯⋯⋯⋯⋯⋯⋯⋯⋯⋯⋯⋯⋯⋯ 359

皮书数据库阅读 **使用指南**

全球数字竞争力指数篇

Global Digital Competitiveness Index

B.1

数字化新图景与全球数字竞争力指数研究

摘　要：　当今世界正经历百年未有之大变局，新冠肺炎疫情全球蔓延
进一步推动国际经济社会格局发生深刻调整。面对当前复杂
多变的全球形势，数字转型优势愈发显现，数字经济展现出
顽强的韧性并成为世界经济增长潜力所在。基于当前数字转
型发展新局面，本报告深入分析数字化测度演进趋势，并结
合最新指标数据优化全球数字竞争力指数评价体系，确保指
数研究的前沿性、科学性和可持续性。

关键词：　全球数字竞争力指数　数据价值链竞争模型　数字化测度

一　数字赋能：大变局下全球经济复苏发展新引擎

2020 年新冠肺炎疫情大流行给全球卫生健康安全以及经济社会稳定发
展造成了重大的负面冲击，全球经济形势低迷，单边主义对世界和平与发展

构成威胁。与此同时，大数据、人工智能等数字技术在疫情监测分析、病毒溯源、防控救治等方面发挥重要作用，大规模数字技术应用兴起并快速发展，为推动全球经济复苏提供有力支撑。

（一）全球经济新格局：全球供应链深度调整，数字经济发展挑战与机遇并存

受新冠肺炎疫情及封闭措施的影响，餐饮、电影、旅游、实体店购物等实体经济活动受到冲击和抑制，全球产业链表现出逆全球化和内向化发展趋势。全球经济总量2020年萎缩4.4%，西班牙GDP萎缩达12.0%。① 在数字经济领域，一方面，以"线下为主、线上为辅"模式为主的部分线上平台面临巨大挑战；另一方面，疫情推动非集聚性消费模式，线下消费活动转移至线上，从而催生出一系列数字化新产品、新业态和新服务。2020年，全球互联网信息内容服务业高速发展，移动电子商务再创新高。世界各国将数字经济作为推动实体经济提质增效、重塑核心竞争力的重要举措，新兴经济体纷纷发布数字国家计划。越南在《2025年国家数字化转型路线图及2030年目标愿景》（National Digital Transformation Programme by 2025, with Orientations toward 2030）中提出数字经济占GDP比重2025年达到20%、2030年达到30%的目标。

与此同时，数字经济的蓬勃发展给全球税收体系带来巨大挑战。由于交易的数字化、平台化和多元化，交易内容和交易过程突破传统时间和空间约束，市场所在国、用户所在国及跨国企业之间关系更为复杂，现有税收法规和征管框架与数字经济不匹配，越来越多的国家意识到必须推动国际税收体系的改革，相关国际谈判加快推进。

（二）数字技术新阶段：数字技术加速融合创新，新基建进入发展窗口期

当前，数字技术处于系统创新、深度融合与智能引领的重大变革期。面

---

① 国际货币基金组织（IMF）：《全球经济展望报告》，2020年10月。

对新冠肺炎疫情挑战,各国通过应用数字技术在改进病历指标筛查、提高抗疫物资生产速度、提供线上视频服务、保持团队协作等方面助力疫情防控和复工复产。基础技术方面,高性能计算初探百亿亿级,软件技术、网络技术等核心技术加速一体化、智能化融合发展,带来了跨领域、多维度的创新突破。在前沿热点技术方面,人工智能基础技术框架逐渐稳定,生物计算与存储从理论概念走向应用,脑机接口医学应用的临床意义逐渐显现,数字科技创新"蓝海"不断涌现。

数字基础设施作为数字化转型发展的基石,2020 年全球基础网络加快演进升级,5G 进入全面商用新阶段。全球移动供应商协会(GSA)数据显示,到 2020 年 12 月中旬,全球所有大洲都已经推出 5G 服务,包括 EMEA 的 85 个 5G 商用网络、亚太的 35 个 5G 商用网络、美洲的 15 个 5G 商用网络。104 家供应商宣布 519 种 5G 终端,其中 303 种已商用。此外,全球工业物联网建设取得积极进展,网络设施和标识解析体系逐步完善,并初见成效。

(三)全球治理新挑战:数字全球化加剧"治理赤字",多边框架下数字治理不断创新

数字全球化引发了全球系统性、全局性变革,传统全球治理体系和机制难以适应数字化变革形势,疫情进一步加剧数字空间治理的不确定性和脆弱性,数据治理不到位、规则不健全等问题凸显,治理赤字愈发严重。数字空间大国博弈呈现出手段多元化和领域多样化特征,5G 技术和互联网应用地缘政治化态势尤为突出。越来越多的国家和地区重视技术主权和数字主权,将人工智能、5G、大数据等前沿技术作为国家竞争力的关键。各国在数字空间的角力从网络安全规则博弈向基础数字技术领域下沉,个别国家对关键技术实施"封锁"。

与此同时,疫情下各国逐渐认识到有必要通过合作提高应对风险和挑战的能力,各方持续通过多边平台讨论研制网络安全、数字经济、数据流通等领域规则。2019 年 7 月,七国集团(Group of Seven,G7)中除了美国外签

署"自由、开放和安全互联网宪章",旨在打击网络平台中的非法和有害内容。同年 9 月,联合国正式启动信息安全政府专家组和开放式工作小组"双轨制"谈判进程,12 月,正式启动网络犯罪全球公约谈判进程。

（四）数字安全新机制：数据安全和新技术成为数字安全政策制定的关注重点

当前,数字空间与现实世界深度融合,加上全球疫情蔓延,给网络空间安全带来诸多新变化。数字安全防护对象由传统计算机、服务器拓展至云平台、大数据和各种终端设备,数字安全边界不断外延,保护范畴不断扩大。全球疫情导致在线服务用户数量和在线时间陡增,网络攻击范围也随之扩大,远程环境下的数字安全防护压力剧增,云平台成为数据窃取的主要目标。2020 年 4 月,"安全的云备份"服务商 SOS Online Backup 发生超大规模数据泄露事件,超过 1.35 亿个人在线客户的信息被泄露。

世界各国积极采取系列网络安全政策措施,不断加强网络安全保障。数据安全、个人隐私保护和新技术持续成为世界各国网络安全政策关注的重点。2019 年 9 月,新加坡个人资料保护条例正式生效;2020 年 6 月,日本通过《个人信息保护法》（the Act on the Protection of Personal Information, the APPI）修订案,提出企业在使用个人数据时更严厉的责任要求,如网站向第三方提供用户 Cookie① 信息时,若该 Cookie 信息经过处理后会暴露用户身份,必须征得用户本人同意;同年 11 月,新加坡国会通过《个人数据保护法》（Personal Data Protection Act, PDPA）修正案,提出数据泄露的强制性通知要求,即公司或组织在数据泄露三天内通知用户和个人数据保护委员会（PDPC）。

---

① Cookie 是指某些网站为了辨别用户身份,进行 Session 跟踪而储存在用户本地终端上的数据（通常经过加密）,由用户客户端计算机暂时或永久保存的信息。

二　全球数字化测度发展演进

（一）数字化测度实践

数字化测度重点和方向与相关技术的发展程度紧密相连。大数据作为信息化发展的新阶段，国际权威机构很早便启动信息化相关测度，随着科学技术的不断发展，测度研究重点扩展至数字与经济社会的融合、数据开放等多维角度。

表1　数字化测度的重要研究

时间	重要研究	发布方
1995	七国信息化指标体系	国际电信联盟
1997	全球信息社会指数	国际数据公司
2001	电子政务指数	联合国
2002	网络就绪指数	世界经济论坛
2003	数字接入指数	国际电信联盟
2005	中国信息化发展指数 IDI_{CN}	中国国家统计局
2007	信息化发展指数 IDI_{ITU}	国际电信联盟
2013	全球开放数据指数	国际开放知识基金会
2013	开放数据晴雨表	万维网基金会
2014	数字经济和社会指数	欧盟
2014	衡量数字经济指标建议	经济合作与发展组织
2015	全球信息社会发展报告	国家信息中心
2015	"互联网＋"指数	腾讯研究院
2016	数据冰山报告	Veritas 公司
2016	数字红利研究	世界银行
2017	大数据发展指数	大数据战略重点实验室
2017	数字经济指数	中国信息通信研究院
2017	全球数字经济竞争力指数	上海社会科学院
2017	数字进化指数	哈佛商业评论
2017	全球智慧城市战略指数	罗兰贝格
2018	数字中国发展指数	国家信息中心
2019	国家数字竞争力指数	腾讯研究院
2020	全球数字竞争力指数	大数据战略重点实验室

1. 早期信息化测度

1995 年，国际电信联盟（International Telecommunication Union，ITU）围绕电话主线、计算机、光纤等基础设施指标提出七国集团的信息化发展评测指数。1996 年，国际数据公司（International Data Corporation，IDC）围绕计算机、通信、网络等四类基础设施提出信息社会指数（Information Society Index，ISI），对全球 55 个国家和地区进行评测。同年，中国国家统计局启动信息化综合指数测评的研究和探索。2005 年，中国国家统计局发布信息化发展指数（Informatization Development Index，IDI$_{CN}$）[1]，在基础设施状况测评基础上，提出信息化使用、环境、相关消费等测评方向。数字接入指数（Digital Access Index，DAI）[2]、数字鸿沟指数（Digital Divide Index，DDI）[3]、信息化机遇指数（Information Communication Technology-Opportunity Index，ICT-OI）[4]、数字机遇指数（Digital Opportunity Index，DOI）[5] 等多个信息化综合评价指数陆续发布。与此同时，各国提出统一信息化指数的需求和呼吁。2007 年，国际电信联盟将信息化机遇指数和数字机遇指数合并，建立了信息化发展指数（Information Development Index，IDI$_{ITU}$）[6]。

2. 政务数据测度

20 世纪末，推进电子政务建设成为全球主要国家和地区的重要共识，英、美、日等国纷纷在电子政务方面付诸积极行动，发布电子政务战略，推

---

[1] 此处信息化发展指数指国家"十一五"信息化规划中编制的信息化发展指数I，国家"十二五"信息化规划中进一步优化形成信息化发展指数II。

[2] 数字接入指数于 2003 年由国际电信联盟构建，旨在衡量各国接入数字信息产品的能力，由基础设施指数、支付能力指数、知识指数、质量指数、使用指数 5 个基础分类指数和 8 个具体指标构成。

[3] 数字鸿沟指数于 2003 年由联合国教科文组织（UNESCO）推出，从性别、年龄、受教育程度、收入差别 4 个方面考察数字鸿沟状况，并测量弱势群体在计算机和互联网应用方面与平均水平的差距。

[4] 信息化机遇指数是 2007 年由国际电信联盟公布的信息化综合指数，由数字接入指数和数字鸿沟指数合并而成。

[5] 数字机遇指数是 2005 年由国际电信联盟公布，对互联网的普及率、收入与通信收费的比率、互联网利用率等多项指标进行综合评估的衡量一国信息通信发展程度的指标。

[6] 信息化发展指数由 ICT 接入指数、ICT 应用指数、ICT 技能指数三个分类指数构成。

动相关实践。2001 年起，联合国经济和社会事务部（United Nations Department of Economic and Social Affairs，UNDESA）以两年为周期持续发布《联合国电子政务调查报告》（The United Nations E-Government Survey），逐步构建并完善电子政务发展指数（E-Government Development Index，EGDI），对联合国成员国电子政务发展水平进行权威评估分析。2009 年，全球掀起开放政府数据运动，各国积极建设政务数据开放平台，相关评估体系也逐渐形成并丰富。2013 年，万维网基金会（World Wide Web Foundation，WF）基于政府、公民和企业对于数据开放的准备度，数据公开力度、可用性等数据开放执行力，以及数据开放所带来的实质影响三个维度构建"开放数据晴雨表"（Open Data Barometer）。同年，国际开放知识基金会（Open Knowledge Foundation，OKFN）从数据使用者角度出发构建"全球开放数据指数"（Global Open Data Index），针对国家统计数据、政府财政预算等 13 个数据集情况进行评估。此后，经济合作与发展组织（Organization for Economic Co-operation and Development，OECD）构建"OURdata 指数"，在数据可用性、可访问性基础上，增加数据创新再利用方面的指标。

3. 数字经济测度

人类社会进入生产要素数字化的历史新阶段，数据成为关键生产要素之一，数字经济不断产生新业态、新模式，传统经济的统计方法难以与数字经济相关口径、分类完全匹配。2014 年，欧盟提出数字经济和社会指数（Digital Economy and Society Index，DESI），从连通性、人力资本、互联网应用、数字技术集成、数字化公共服务等 5 个维度综合评估欧盟经济社会的数字化水平和进程。同年，经济合作与发展组织在《衡量数字经济——一个新的视角》（Measuring the Digital Economy：a New Perspective）中提出数字经济测量应重点关注六大领域及 38 个具体指标。2017 年，中国信息通信研究院构建数字经济的景气指数[①]，提出预测数字经济趋势的先行指标、反

---

① 景气指数（Prosperity index），亦称景气度，是对企业景气调查中的定性指标通过定量方法加工汇总，综合反映某一特定调查群体或某一社会现象所处的状态或发展趋势的一种指标。

映当前数字经济发展现状的一致指标及反映数字经济发展规律的滞后指标三类指标。同年，赛迪顾问从数字基础设施、数据的聚集应用、数字技术研发、数字技术与传统产业融合、数字技术与传统服务业融合五个方面构建数字经济发展指数（Digital Economic Development Index，DEDI）。

4. 数字社会和数字红利测度

随着数字技术飞速发展，数字技术与经济社会在多维度进行深度融合，并对经济社会产生实质性影响，数字社会发展程度及数字红利的评估对于理解整体社会经济形势具有重要意义。2015 年，腾讯研究院从基础、产业、双创、智慧民生四个方面构建"互联网＋"指数（Internet＋Index），重点对中国的省区市进行测评。2016 年，世界银行与联合国贸发会议联合发布《世界发展报告 2016：数字红利》（World Development Report 2016：Digital Dividends），提出数字技术的普及将进一步推动包容、效率和创新，给人们的生活带来更多选择与便利。2017 年，《哈佛商业评论》（Harvard Business Review，HBR）发布"2017 数字进化指数"（Digital Evolution Index），从国家或地区的数字进化状态和速度两个维度进行评估。2018 年，国家信息中心从基础能力、核心发展和保障水平三个维度构建数字中国发展指数。

5. 数字竞争力测度

随着数字化与经济社会深度融合，数字化转型能力已成为国家或地区新的重要竞争力，相关测算研究成果不断丰富。2017 年，上海社会科学院基于数字经济与国家竞争力的理论分析，构建国家数字经济竞争力评估体系。2019 年 6 月，腾讯研究院联合中国人民大学统计学院指数研究团队基于传统国际竞争力"钻石"模型，从数字基础依托、主要目标、环境支撑、核心内涵等方面梳理十大要素，构建国家数字竞争力评价体系。2020 年 5 月，大数据战略重点实验室发布《中国大数据发展报告 No.4》，提出全球数字竞争力指数等六大指数的大数据评价指数群，全面评估和反映全球数字化转型发展中呈现的区域竞争格局。

（二）数字化测度发展特点

数字化的测度对象不断进化和融合，同时，人们对数字化的认识不断深入。由此，相关测度体系不断演进，测度范围不断拓展，测度重点也不断变化。

1. 测度重点发生变化

数字化发展是一个技术创新扩散的过程[①]，数字化测度的发展方向和重点与数字技术扩散的三个阶段（准备阶段、应用阶段和影响阶段）基本吻合。早期准备阶段的测度重点在于各国或地区数字就绪度及准备度，在反映数字化现状的同时，也反映未来数字化发展潜力。在应用阶段逐渐开始测度数字化在各领域的扩散和使用的密度，反映数字化与社会经济融合的广度和深度。到了影响阶段，开始出现数字化的经济影响和社会影响的测度，反映出数字化对经济社会的转型和产业结构的调整所发挥的作用。目前，数字化测度在传统的数字基础设施发展以外，还关注数字化的影响、数字化的使用成本、使用者的数字素养和数字安全等方面。

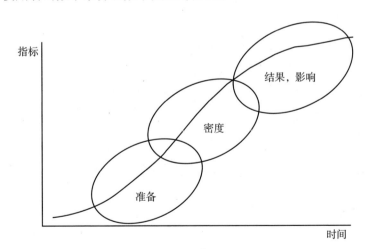

图1　数字化测度三个阶段

---

① 吕斌、李国秋：《论新一代信息化测度》，《图书情报知识》2015年第6期。

2. 测度指标不断更新

顺应数字技术的发展，数字化测度指标不断迭代更新。一方面，一些滞后指标逐步被淘汰。如在早期的数字化测度中，兼顾全球各国发展不平衡的实际情况，曾采用固定电话普及率、电视机拥有率等指标来评测数字基础设施的状况，随着新一代信息技术的发展，固定电话普及率、电视机拥有率被移动电话普及率、互联网普及率替代。同时，也产生了一些新的测度实践，如对云计算、大数据、5G 等的测度。中国电子信息产业发展研究院的中国数字经济发展指数采用了 5G 试点城市数量、IPV6 比例等先行指标进行测度。上海社科院数字经济竞争力指数在数字设施竞争力指标中考察云投入、消费类电子和智能设备的情况。

3. 测度对象逐步完善

随着对数字化认识的不断深入，人们开始从不同角度对测度对象再认识，测度对象愈发全面系统化。比如，人们传统上将宽带视为网络连接的一种类型，满足信息传输的最小速度即为宽带。而世界银行的《构建宽带：发展中世界的战略和政策》（Building Broadband：Strategies and Policies for the Developing World）提出，应将宽带视为一种生态系统。这一生态系统包括网络、网络所承载的服务、在其中发送的应用以及用户等要素。这样的认识无论对测度还是对决策者都引入了一种系统化的思考。国际电信联盟的数字化评估一直侧重于测评全球数字转型发展水平，重点考察数字技术发展和利用水平，以此衡量某地区数字化潜力与机遇。在《衡量信息社会 2016》中，国际电信联盟开始关注"数字鸿沟"现象，并提出 IPB（ICT Price Basket）指数，考察各地用户在使用数字技术时的资费情况，以此衡量各地数字化的普及门槛。[①]

三　2020年全球数字竞争力指数

基于全球数字化发展态势及数字化测度发展特点与基础性指标的变化，

---

① 吕斌、李国秋：《论新一代信息化测度》，《图书情报知识》2015 年第 6 期。

2020 年全球数字竞争力指数对体系框架进行了完善，进一步丰富指标层级，扩充资料来源，以求更加精准、全面地反映数字化发展的总体态势与阶段性特点。

（一）理论框架

1. 遵循理论模型，保持稳定性

新冠肺炎疫情的暴发加速了全球经济向数字化过渡，大数据已经从"理论概念"走向"价值实现"。2020 年 3 月，国务院首次在正式发文中将"数据"作为关键生产要素与土地、劳动力、资本、技术等并列，并提出"加快培育数据要素市场"[①]。2020 年全球数字竞争力指数承袭《中国大数据发展报告 No. 4》"数据价值链竞争模型"[②] 的理念，将数据作为驱动经济社会发展的关键要素，保持与原有指标体系底层衔接，最大程度保持测评指标体系的稳定性和可比性。

2. 微调理论框架，深化内涵

在理论框架上，2020 年全球数字竞争力指数延续上一版的一级指标设置，从数字创新、数字经济、数字治理、数字服务和数字安全 5 个方面综合测量和反映一国或地区的数字化竞争能力。

（1）数字创新

数字技术通过要素数字化融合为创新主体提供低成本的创新要素，推动创新组织的平台化、创新过程智能化，并由此带来颠覆性的新产品和全新的商业模式。该方面主要考察当地创新投入、创新产出及数字基础设施的水平。

（2）数字经济

在全球经济增长乏力的背景下，数据作为新型生产要素带来新业态、新模式、新产业，为全球经济注入强劲动力、塑造全球经济新增长点。该方面

---

① 《中共中央 国务院关于构建更加完善的要素市场化配置体制机制的意见》，中国政府网，http://www.gov.cn/zhengce/2020-04/09/content_5500622.htm，2020 年 3 月 30 日。

② 连玉明主编《中国大数据发展报告 No. 4》，社会科学文献出版社，2020。

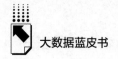

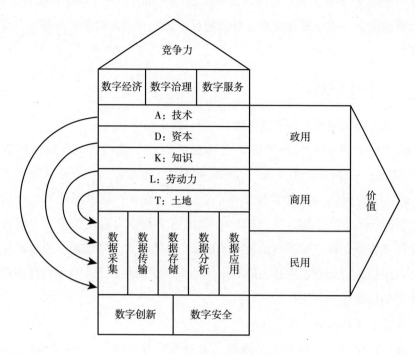

图 2 数据价值链竞争模型

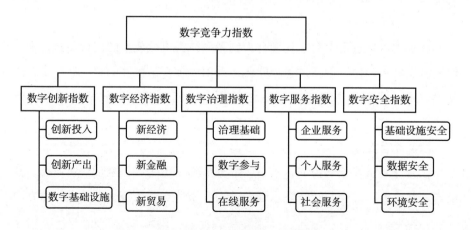

图 3 数字竞争力指数理论框架

主要考察新经济（数字经济）、新金融（金融科技）和新贸易（数字贸易）的进展程度。

（3）数字治理

数字技术的发展为政府治理数字化转型提供科技支撑，并极大地改变现有的治理结构和服务模式，加速政府治理体系和治理能力现代化的进程，重塑政府治理的诸多方式和治理主体。该方面主要考察当地政府数字治理基础、数字参与和在线服务的情况。

（4）数字服务

伴随5G（第五代移动通信网络）、NB－IoT（窄带物联网）等下一代网络技术的演进，汽车被纳入互联网、车联网，智能汽车将成为仅次于智能手机的第二大移动智能终端。该方面主要从企业、个人、社会三个层面考察当地数字化服务水平。

（5）数字安全

数据化、平台化、智能化从多个维度重塑社会形态，数字安全已成为关乎国家利益的重大问题。与此同时，数据泄露事件依然高发，全球网络空间安全态势依然严峻。该方面主要对基础设施安全、数据安全和环境安全进行考察。

（二）指标数据

1. 完善二级指标，丰富层次性

目前全球数字竞争力指数主要开展面向二十国集团（G20）的国家测评和面向全球重点城市的市域测评。由于国家层面和市域层面数字化发展的内在机理与统计口径有所差异，在保持理论框架、一级指标和二级指标一致的同时，在具体三级指标设置上做了个性化处理，进而形成了更加侧重于总体情况与规模性指标的 G20 国家全球数字竞争力评价指标体系（见表2）与侧重于领域进展和项目应用的全球重要城市数字竞争力评价指标体系（见表3）。

表2　G20 国家全球数字竞争力评价可操作指标体系

一级指标	二级指标	三级指标	一级指标	二级指标	三级指标
数字创新	创新投入	1. 科研投入	数字治理	治理基础	17. 政府影响力指数
		2. 知识产权使用费		数字参与	18. 电子参与度
		3. 人才竞争力指数		在线服务	19. 在线服务指数
	创新产出	4. 自然指数	数字服务	企业服务	20. 数字广告支出
		5. 专利申请数		个人服务	21. 电子产品用户数
		6. 高科技出口额			22. 数字媒体用户数
	数字基础设施	7. 互联网普及率			23. 智能家居普及率
		8. 移动网速		社会服务	24. 电子服务收入
		9. 固定宽带网速			25. 共享单车渗透率
数字经济	新经济	10. 数字经济规模	数字安全	基础设施安全	26. 安全互联网服务器
		11. 电子商务收入		数据安全	27. 数据安全法治建设
	新金融	12. 数字支付		环境安全	28. 网络恶意软件攻击
		13. 智能财务			
		14. 替代性融资			
	新贸易	15. 通信、计算机服务的出口占比			29. 勒索软件木马攻击
		16. 全球数字贸易促进总指数			30. 移动恶意软件感染

表3　全球重要城市数字竞争力评价可操作指标体系

一级指标	二级指标	三级指标	一级指标	二级指标	三级指标
数字创新	创新投入	1. 信息技术技能教育	数字治理	治理基础	13. 民众参与度
		2. 高等教育水平		数字参与	14. 开放数据指数
	创新产出	3. 科研文章产出		在线服务	15. 地方在线服务指数
		4. 专利产出	数字服务	企业服务	16. 全球市值 TOP200 科技公司总市值
	数字基础设施	5. 网速			17. 企业数字化应用
数字经济	新经济	6. 独角兽企业		个人服务	18. 网络求职
		7. 福布斯企业 2000 强占比			19. 在线售票
	新金融	8. 金融科技使用者占比		社会服务	20. 数字医疗便利度
		9. 金融科技上市企业市值	数字安全	基础设施安全	21. 基础设施安全指数
		10. 金融科技支撑力度		数据安全	22. 数据安全指数
		11. 金融科技监管规范度		环境安全	23. 城市安全
	新贸易	12. 外商直接投资项目			

2. 扩充资料来源，保持前沿性

2020 年全球数字竞争力指数指标选取坚持遵循代表性、权威性、可持续性原则。一方面，以前沿性和权威性为原则，聚焦国际权威数据库和最新研究报告并对指标数据进行丰富，G20 国家全球数字竞争力指数具体指标由 24 个扩充至 30 个，全球重要城市数字竞争力指数具体指标由 12 个丰富至 23 个。另一方面，考虑到指标的可持续性和可比性，侧重对基础性指标和数据进行优先选取。

表 4 G20 国家全球数字竞争力评价可操作指标体系资料来源

序号	基础指标	指标说明	数据来源
1	科研投入 Gross domestic spending on R&D	反映国家或地区数字创新的科研支撑	OECD 数据库
2	知识产权使用费 Charges for the use of intellectual property, payments	反映国家或地区数字创新的知识创新支撑	世界银行数据库
3	人才竞争力指数 Global innovation index	反映国家或地区数字创新的人才支撑	《IMD:2020 年全球人才报告》
4	自然指数 Nature index	反映国家或地区数字创新的高质量研究水平	《自然指数 2020 年年度表》
5	专利申请数 Patent applications	反映国家或地区数字创新的专利成果水平	《世界知识产权指标报告 2020》
6	高科技出口额 High-technology exports	反映国家或地区数字创新的高技术水平	世界银行数据库
7	互联网普及率 Internet penetration in percent	反映国家或地区互联网普及程度	statista 数据库
8	移动网速 Mobile speed	反映国家或地区的手机上网便利度	Speedtest. net
9	固定宽带网速 Fixed broadband speed	反映国家或地区的宽带上网便利度	Speedtest. net
10	数字经济规模 Scale of digital economy	反映国家或地区数字经济发展规模	《2020 年全球数字经济新图景》
11	电子商务收入 eCommerce market revenue	反映国家或地区电子商务发展规模	statista 数据库
12	数字支付 Digital payments transaction value	反映国家或地区数字支付发展规模	statista 数据库

续表

序号	基础指标	指标说明	数据来源
13	智能财务 Smart finance transaction value	反映国家或地区智能财务发展规模	statista 数据库
14	替代性融资 Alternative financing transaction value	反映国家或地区替代性融资发展规模	statista 数据库
15	通信、计算机服务的出口占比 Communications, computer, etc. (% of service imports)	反映国家或地区数字服务贸易水平	世界银行数据库
16	全球数字贸易促进总指数 The global enabling digital trade index	反映国家或地区数字贸易水平	《全球数字贸易促进指数分析报告(2019)》
17	政府影响力指数 Government effectiveness	反映国家或地区政府影响力度	世界银行数据库
18	电子参与度 E-Participation index	反映国家或地区政府治理数字化程度	《联合国电子政务调查报告 2020》
19	在线服务指数 Online services index	反映国家或地区在线服务水平	《联合国电子政务调查报告 2020》
20	数字广告支出 Digital advertising spending	反映国家或地区企业数字化程度	statista 数据库
21	电子产品用户数 Consumer electronics	反映国家或地区居民电子产品普及度	statista 数据库
22	数字媒体用户数 Digital media users	反映国家或地区居民数字媒体普及度	statista 数据库
23	智能家居普及率 Smart home penetration rate	反映国家或地区居民智能家居惠及度	statista 数据库
24	电子服务收入 eServices revenue	反映国家或地区社会数字服务规模	statista 数据库
25	共享单车渗透率 Bike-sharing user penetration	反映国家或地区社会数字服务惠及度	statista 数据库
26	安全互联网服务器 Secure internet servers	反映国家或地区数字安全设施建设力度	世界银行数据库
27	数据安全法治建设 Most Up-to-Date legislation	反映国家或地区数字安全制度建设力度	comparitech"全球网络安全"调查报告
28	网络恶意软件攻击 Web-based malware attacks	反映国家或地区遭受网络攻击情况	卡巴斯基安全实验室季度统计表
29	勒索软件木马攻击 Attacks by ransomware Trojans	反映国家或地区遭受病毒攻击情况	卡巴斯基安全实验室季度统计表
30	移动恶意软件感染 Infection attempts by mobile malware	反映国家或地区遭受恶意软件感染情况	卡巴斯基安全实验室季度统计表

表 5　全球重要城市数字竞争力评价可操作指标体系数据来源

序号	三级指标	指标说明	数据来源
1	信息技术技能教育 IT skills are taught in schools	反映城市数字教育支撑	《智慧城市指数 2020》
2	高等教育水平 Major universities	反映城市基础教育支撑	《全球人才竞争力指数报告 2020》
3	科研文章产出 Article share	反映城市科研水平	《自然指数 2020 年年度表》
4	专利产出 Patent applications	反映城市科技创新水平	《全球人才竞争力指数报告 2020》
5	网速 Internet speed	反映城市新基建支撑	《全球人才竞争力指数报告 2020》
6	独角兽企业 Unicorn enterprise	反映城市经济发展潜力	《2020 胡润全球独角兽榜》
7	福布斯企业 2000 强占比 Presence of forbes global 2000 companies	反映城市经济发展实力	《全球人才竞争力指数报告 2020》
8	金融科技使用者占比 Percentage of FinTech consumers in the population	反映金融科技普及度	《全球金融科技中心城市报告 2020》
9	金融科技上市企业市值 Total market capitalisation of listed FinTech companies	反映金融科技产业发展	《全球金融科技中心城市报告 2020》
10	金融科技支撑力度 FinTech support level	反映城市金融发展潜力	《全球金融科技中心城市报告 2020》
11	金融科技监管规范度 FinTech regulatory capability	反映城市金融监管水平	《全球金融科技中心城市报告 2020》
12	外商直接投资项目 FDI projects	反映城市数字贸易环境	《全球人才竞争力指数报告 2020》
13	民众参与度 An online platform where residents can propose ideas	反映城市治理基础	《智慧城市指数 2020》
14	开放数据指数 Open data index	反映城市数据开放度	《全球重要城市开放数据指数 2020》
15	地方在线服务指数 Local online service index	反映城市在线服务水平	《联合国电子政务调查报告 2020》
16	全球市值 TOP200 科技公司总市值 Market capitalisation of global top 200 technology companies	反映城市科技企业基础	《全球金融科技中心城市报告 2020》

续表

序号	三级指标	指标说明	数据来源
17	企业数字化应用 Business digital adoption	反映企业数字化转型程度	《数字资本指数 2019》
18	网络求职 Online access to job listings has made it easier to find work	反映职场数字化程度	《智慧城市指数 2020》
19	在线售票 Online purchasing of tickets	反映生活服务数字化程度	《智慧城市指数 2020》
20	数字医疗便利度 Arranging medical appointments online has improved access	反映医疗数字化转型程度	《智慧城市指数 2020》
21	基础设施安全指数 Infrastructure security	反映城市基础设施安全	经济学人数据库
22	数据安全指数 Digital security	反映城市数据安全水平	经济学人数据库
23	城市安全 City security	反映城市基础安全水平	《全球人才竞争力指数报告 2020》

（三）数据测算

1. 权重的确定

指标权重的确定方法一般有主观赋权法（德尔菲法等）、客观赋权法（熵值法、因子分析法等）以及主客观相结合的方法。2020 年全球数字竞争力指数参考上一版数据权重确认方法，在指标体系层次分析基础上，采用德尔菲法①（Delphi Method）对影响全球数字竞争力指数的不同要素进行相对科学的权重确定。

2. 标准化处理

在全球数字竞争力指标体系中，各项三级指标来源和统计口径不同，具

---

① 也称专家调查法，1946 年由美国兰德公司创始实行，本质上是一种反馈匿名函询法，大致流程是在对所要预测的问题征得专家意见之后，进行整理、归纳、统计，然后匿名反馈给各专家征求意见，再集中、反馈，直至得到一致的意见。

体数据的单位量级也有所差异，需要通过对数据进行标准化处理，比如数字经济规模数量级可达数亿，而固定宽带网速最大值不超过 200Mbps，还有一些比例指标如互联网普及率限制在 ［0，100%］，各指标之间的数值不能直接进行度量和比较。全球数字竞争力指数采用极值处理法对数据进行无量纲化，使得不同单位和数量级之间的指标具有可比性。此外，由于全球数字竞争力指标体系中同时存在正向指标[①]和逆向指标[②]，需分别进行极值处理。

正向指标：

$$f(x) = \frac{x - x_{\min}}{x_{\max} - x_{\min}}$$

逆向指标：

$$f(x) = \frac{x_{\max} - x}{x_{\max} - x_{\min}}$$

其中，$x_{\min}$ 为最小值，$x_{\max}$ 为最大值。

3. 指数的合成

指数的合成是指将已经进行标准化处理的数据进行计算，得到综合的指数数据。数据标准化后，结合得到各指标权重，采用以下公式计算出国家或地区的全球数字竞争力 Z（x_n）：

$$Z(x_n) = f(x_1) \cdot w_1 + f(x_2) \cdot w_2 + \cdots + f(x_n) \cdot w_n$$

其中，$f(x_n)$ 为第 n 项指标得分，W_n 为 n 项指标权重。

参考文献

连玉明主编《中国大数据发展报告 No. 4》，社会科学文献出版社，2020。
中国网络空间研究院：《世界互联网发展报告 2020》，电子工业出版社，2020。

---

① 数值越大，评价结果越好。
② 数值越小，评价结果越好。

丁波涛主编《全球信息社会发展报告（2019～2020）》，社会科学文献出版社，2020。

张宇燕主编《2021年世界经济形势分析与预测》，社会科学文献出版社，2021。

赵志云等：《全球网络空间安全战略与政策研究（2019）》，人民邮电出版社，2020。

国际贸易投资新规则与自贸试验区建设团队：《全球数字贸易促进指数报告（2019）》，立信会计出版社，2019。

B.2
2020年 G20国家数字竞争力
指数分析报告

摘　要：　2020年暴发的新冠肺炎疫情席卷全球，越来越多的国家认识
　　　　　到，数字经济展现出的强劲韧性为疫后世界经济复苏提供了
　　　　　信心和动力，数字技术成为国际社会应对危机的重要力量。
　　　　　本报告基于2020年全球数字竞争力指数，采用最新数据对G20
　　　　　国家数字竞争力情况进行综合测评。结果显示，中、美两国
　　　　　继续引领G20国家数字化建设。进一步分析五个分项指数，
　　　　　美国在数字创新、数字经济和数字安全等方面均排名第一；
　　　　　中国在数字服务方面占据榜首，在数字创新和数字经济等方
　　　　　面均排名第二；韩国在数字治理方面排名领先。

关键词：　全球数字竞争力指数　G20　国家数字经济

2020年，新冠肺炎疫情席卷全球，不仅造成全球性公共卫生灾难，而且引发各国经济、社会、政治多重危机。2020年4~6月G20 GDP增长率跌至自成立以来最低值，全球实际GDP下跌4.6%。2020年4月30日，二十国集团数字经济部长特别视频会议发布《COVID－19声明》（COVID－19 Response Statement），强调数字技术及相关发展战略在促进防疫抗疫、扩大就业、推动全球经济复苏方面的重要作用。

一　数字化发展成为 G20的重要着力点

二十国集团（G20）作为全球最重要的经济平台，近年来十分重视并不

断推进全球主要经济体之间数字化发展的多层次交流合作，已经连续五年围绕数字化发展合作开展深入探索。

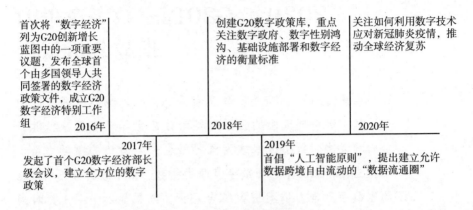

图1 G20 数字化议题进展

2015 年在土耳其安塔利亚峰会上，G20 领导人认识到当前是数字化转型的关键时期，新技术将成为经济发展的关键影响因素；2016 年中国杭州峰会发布《G20 数字经济发展与合作倡议》（G20 Digital Economy Development and Cooperation Initiative），提出共同利用数字机遇、应对挑战，通过数字经济实现包容性增长；2017 年，首届 G20 数字经济部长会议发布《G20 数字经济部长宣言：为互联世界塑造数字化》（G20 Digital Economy Ministerial Declaration：Shaping Digitalisation for an Interconnected World）等文件，提出挖掘全球数字化潜力，推动包容性增长和就业；推动生产数字化，促进经济增长，增强数字世界的信任。2018 年，G20 数字经济部长会议通过《G20 数字经济部长宣言》（G20 Digital Economy Ministerial Declaration）等文件，提出促进数字政府和数字基础设施的改善，增强劳动力的数字技能，加深对数字经济测量的有效分析，以弥合数字性别鸿沟，并分享有关在数字时代拥抱新兴技术并促进 MSME 发展的经验教训。2019 年，大阪峰会发布《数字经济大阪宣言》（G20 Osaka Leaders' Declaration），正式启动"大阪轨道"。此外，G20 贸易与数字经济部长会议首次提出并研讨了人工智能的相关问题，并在《G20 贸易与数字经济部长声明》（G20 Ministerial Statement on Trade and Digital Economy）中提出"以人为本的人工智能"和"信任数据自由流动"。

表1　2016～2020年G20数字化发展议题及主要成果

年份	轮值主席国	文件名称	主要议题
2016	中国	《G20数字经济发展与合作倡议》	· 扩大宽带接入，提高宽带质量 · 促进信息通信技术领域的投资 · 支持创业和促进数字化转型 · 促进电子商务合作 · 提高数字包容性 · 促进中小微企业发展
2017	德国	《G20数字经济部长宣言：为互联世界塑造数字化》 附件： 《数字化路线图：数字未来政策》（A Roadmap for Digitalisation：Policies for a Digital Future） 《职业教育和培训中的数字技能》（Digital Skills in Vocational Education and Training） 《G20关于数字贸易的优先事项》（G20 Priorities on Digital Trade）	· 新工业革命 · 数字经济测度 · 数字经济工作技能 · 缩小性别鸿沟 · 数字政府
2018	阿根廷	《G20数字经济部长宣言》 附件： 《G20数字政府原则》（G20 Digital Government Principles） 《弥合数字性别鸿沟——发挥影响力》（Bridging the Digital Gender Divide：Delivering Impact） 《数字经济计量》（Measurement of the Digital Economy） 《加速数字基础设施发展》（Accelerating Digital Infrastructure for Development）	· 数字政府 · 弥合数字鸿沟 · 数字经济测度 · 加快部署数字基础设施 · 新兴数字技术 · 数字化背景下的企业家和中小微企业 · 未来就业 · 消费者保护
2019	日本	《G20贸易与数字经济部长声明》 附件： 《G20 AI原则》（G20 AI Principles）	· 社会5.0 · 数据自由流动 · 人工智能治理 · 治理创新 · 数字安全 · 可持续发展和包容

续表

年份	轮值主席国	文件名称	主要议题
2020	沙特	《G20 数字经济部长宣言》 附件: 《推进 G20 AI 原则的国家政策示例》(Examples of National Policies to Advance the G20 AI Principles) 《G20 智能交通实践》(G20 Smart Mobility Practices) 《衡量数字经济通用框架的 G20 路线图》(A G20 Roadmap toward a Common Framework for Measuring the Digital Economy) 《G20 有关数字经济中安全性的做法示例》(G20 Examples of Practices Related to Security in the Digital Economy)	· 值得信赖的人工智能 · 具有信任和跨边界数据流的数据自由流 · 智慧城市 · 数字经济的衡量 · 数字经济安全

资料来源:《数字经济发展报告 2019~2020》。

2020 年,G20 沙特会议期间发布《以数字化应对新冠肺炎疫情的政策措施报告》,提出利用数字技术应对新冠肺炎疫情。G20 数字经济部长特别虚拟会议讨论数字技术在促进病毒研究、增强业务弹性、促进全球经济中的作用。

表2　数字经济部长宣言中的重要议题

议题		议题
AI 及治理创新	2019 年	发布《G20 AI 原则》,提出"可信人工智能的负责任管理原则"和"实现可信人工智能的国家政策和国际合作的建议"
	2020 年	将"可信人工智能"(Trustworthy Artificial Intelligence)列为数字经济部长宣言的重要议题之一。会议期间召开了"G20 人工智能对话",旨在讨论人工智能在疫情应对中的应用以及政府在确保可信人工智能中的角色等内容
数字经济测度	2018 年	发布《衡量数字经济的工具箱》(Tookit for Measuring the Digital Economy),参照 OECD 2014 年发布的指标体系,构建基础设施、赋权社会、创新与技术应用、就业与增长 4 个一级指标和36 个二级指标
	2020 年	发布《G20 数字经济测度路线图》(A G20 Roadmap toward a Common Framework for Measuring the Digital Economy),主要包含 5 个方面的内容:一是达成对数字经济的统一定义,二是就数字经济指标体系的各个指标达成共识,三是为具体指标寻找当前和未来可用的数据和测量方法,四是在国际和国内层面宣传,五是决定哪些指标可以在国际通用

续表

议题		议题
数据流动	2019 年	提出"基于信任的数据自由流动"（Data Free Flow with Trust）概念
	2020 年	将数据流动（Data Flows）作为数字经济部长宣言的重要章节，并委托 OECD 撰写了《数据和数据流的映射方法报告》（Mapping Approaches to Data and Data Flows Report），该报告概述了全球跨境数据流政策和法规的不同方法。在部长宣言草案的数据流动部分，相当一部分国家希望沿用上年日本峰会使用的"基于信任的数据自由流动"这一概念，而关于"鼓励互操作性"等内容也引发了各国激烈的讨论
利用数字技术应对新冠肺炎疫情	2020 年	围绕新冠肺炎疫情专门举行领导人峰会和数字经济部长会议，集合各国讨论如何运用数字技术加快新冠病毒相关研究、增强商业活动灵活性和创造就业机会，以及推动全球经济复苏等。数字经济任务组特别形成了《以数字化应对新冠肺炎疫情的政策措施报告》（Policy Options to Support Digitalization of Business Models during COVID‑19）。报告认为新冠肺炎疫情加速了全球数字化进程，G20 成员竞相在提高连通性、远程办公、电子教育、数字服务和产品的接入、电子支付、电子商务以及支持数字化转型所需的财政支撑政策等方面出台了措施，以更好助力经济复苏。这些数字化防疫抗疫实践经验的共享具有很高的全球协同价值

资料来源：《二十国集团峰会及其数字经济议题探析》。

二 G20国家数字竞争力发展分析

（一）2020年G20国家基本情况

在全球风起云涌的格局变动和一次次的危机挑战中，G20 迎来第 21 年。自 1999 年以来，G20 面对两次重大全球经济危机后的动荡局面[①]，其搭建的发达国家和新兴经济体发展合作平台，为全球应对金融危机、处理全球性问题提供了有效的多边机制。

G20 成员涵盖主要发达国家和新兴经济体，由中国（China）、阿根廷（Argentina）、澳大利亚（Australia）、巴西（Brazil）、加拿大（Canada）、法国（France）、德国（Germany）、印度（India）、印度尼西亚（Indonesia）、

---

① 1997 年东南亚金融危机和 2008 年次贷危机。

意大利（Italy）、日本（Japan）、韩国（Korea, Rep.）、墨西哥（Mexico）、俄罗斯（Russian Federation）、沙特阿拉伯（Saudi Arabia）、南非（South Africa）、土耳其（Turkey）、英国（United Kingdom）、美国（United States）以及欧盟（European Union）等组成。其中，欧盟包括德国、法国、意大利、荷兰等在内的 27 个成员国。鉴于欧盟成员国与 G20 中的 20 方存在重叠，课题组基于代表性考虑，最终选取欧盟范围内的德国、法国、意大利和荷兰作为此次评估对象。

表 3　G20 国家 2020 年基本情况

国家	GDP(亿美元)	人口(百万人)	失业率(%)
阿根廷 Argentina	3828	45.388	10.981
澳大利亚 Australia	13347	25.724	6.908
巴西 Brazil	13638	211.422	13.371
加拿大 Canada	16003	38.030	9.748
中国 China	152222	1404.331	3.800
法国 France	25515	64.993	8.879
德国 Germany	37806	83.150	4.267
印度 India	25926	1381.590	—
印度尼西亚 Indonesia	10888	269.603	8.000
意大利 Italy	18482	60.287	11.000
日本 Japan	49106	125.758	3.305
韩国 Korea, Rep.	15868	51.781	4.075
墨西哥 Mexico	10404	128.933	5.240
荷兰 Netherlands	8863	17.281	5.500
俄罗斯 Russian Federation	14641	146.812	5.600
沙特阿拉伯 Saudi Arabia	6809	34.764	—
南非 South Africa	283	59.671	36.989
土耳其 Turkey	649	84.174	14.622
英国 United Kingdom	26383	67.255	5.380
美国 United States	208073	330.005	8.891

资料来源：IMF，"World Economic Outlook Database," 2020 年 10 月。

（二）G20国家数字竞争力总体情况

1. 总体排名：中美数字竞争力依然全球领先

从 2020 年 G20 国家数字竞争力指数评价结果来看，美国和中国数字竞争力水平依然处于全球领先地位，分别以 75.25 和 61.82 的得分位居前两名。2020 年 G20 国家数字竞争力指数平均得分为 32.52，有 10 国数字竞争力指数得分超过平均值，占比为 50%。此外，国家间数字竞争力差距依然明显，排名第一的美国数字竞争力指数是排名最后的印度尼西亚数字竞争力指数的 7.2 倍。

表4　G20 国家数字竞争力指数评价结果

排名	国家	总指数	数字创新	数字经济	数字治理	数字服务	数字安全
1	美国	75.25	15.44	15.68	17.99	9.73	16.41
2	中国	61.82	14.35	12.11	14.29	13.03	8.03
3	韩国	46.31	9.31	5.19	19.06	7.28	5.47
4	日本	45.71	9.18	6.33	17.34	2.01	10.85
5	英国	44.24	7.40	5.99	17.62	3.15	10.08
6	荷兰	42.94	9.69	5.65	16.56	1.87	9.16
7	法国	37.74	7.28	4.32	13.86	1.22	11.07
8	加拿大	36.95	7.88	2.75	14.22	1.90	10.21
9	澳大利亚	36.61	6.10	2.49	17.25	2.02	8.75
10	德国	36.14	8.65	5.52	6.71	1.94	13.31
11	俄罗斯	27.00	3.29	2.43	8.51	0.59	12.19
12	土耳其	24.85	2.75	1.13	9.78	0.89	10.30
13	意大利	23.40	3.71	2.80	8.69	0.83	7.36
14	阿根廷	21.35	2.07	0.44	8.13	0.81	9.90
15	印度	19.15	1.41	0.57	9.24	3.54	4.40
16	巴西	18.89	2.10	0.68	9.41	1.24	5.46
17	墨西哥	16.43	1.52	0.90	6.35	0.92	6.73
18	沙特阿拉伯	13.92	4.48	1.49	2.03	1.33	4.59
19	南非	11.27	1.10	1.02	4.56	0.29	4.30
20	印度尼西亚	10.38	1.41	1.02	2.36	0.86	4.73
	平均值	32.52	5.96	3.93	11.20	2.77	8.66

从 2019 年到 2020 年的 G20 国家数字竞争力指数排名变化来看，前十名国家与后十名国家内部排名有所变化。从前十名国家来看，荷兰由第 8 名上升至第 6 名。从后十名国家来看，印度尼西亚跌至最后一名，阿根廷则由最后一名提升至第 14 名，为提升幅度最大的 G20 国家。

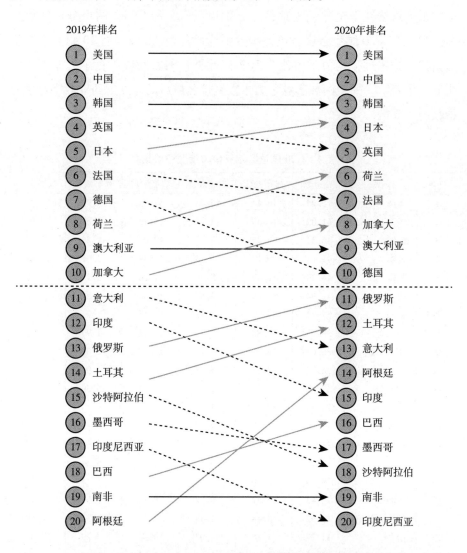

图 2　2019～2020 年 G20 国家数字竞争力指数排名变化

2. 内部结构：数字治理发展优于其他

从数字竞争力内部结构来看，2020 年 G20 各国在数字治理方面发展最好，其最大值和均值分别达 19.06 和 11.20。从国家来看，美国和中国的数字创新、数字经济、数字治理、数字服务、数字安全指数得分相对平均。前五名中，中国在数字安全方面仍有很大空间，荷兰、日本在数字服务方面相对落后。

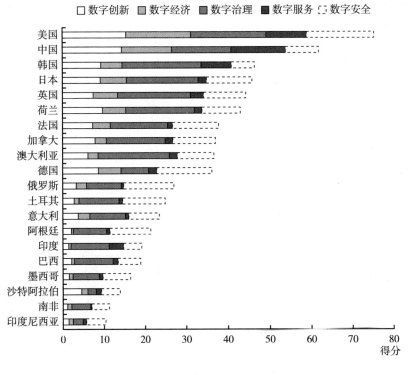

图3　G20 国家数字竞争力分项指数得分情况

3. 分类比较：发达国家数字竞争力均值约为新兴市场和发展中国家的2倍

从经济发展水平来看，G20 的发达国家与新兴市场和发展中国家①数字化发展差距较大。部分发达国家的数字化转型已进入中后期，数字化发展优

---

① 《世界经济展望》将国家和地区分为发达经济体、新兴市场和发展中经济体两大类。

势明显，但在新兴市场和发展中国家，数字化转型还蕴含巨大的潜力。2020年，除中国外新兴市场和发展中国家数字竞争力水平均低于 G20 均值，位列 G20 国家数字竞争力指数排名后十名。G20 中新兴市场和发展中国家数字竞争力指数平均值为 22.51，仅约为发达国家数字竞争力指数平均值的二分之一。

表 5   G20 发达国家、新兴市场和发展中国家数字竞争力指数对比

G20 发达国家		G20 新兴市场和发展中国家	
国别	指数	国别	指数
美国	75.25	中国	61.82
荷兰	42.94	俄罗斯	27.00
韩国	46.31	土耳其	24.85
日本	45.71	阿根廷	21.35
英国	44.24	巴西	18.89
德国	36.14	印度	19.15
加拿大	36.95	墨西哥	16.43
法国	37.74	沙特阿拉伯	13.92
澳大利亚	36.61	南非	11.27
意大利	23.40	印度尼西亚	10.38
平均值	42.53	平均值	22.51

三   G20国家数字竞争力分指标分析

（一）数字创新指数

G20 各国高度关注新一代技术发展，加速抢占技术新高地。2020 年 G20 数字创新指数从创新投入、创新产出和数字基础设施三方面进行评价。G20 国家中有 10 国数字创新指数超过平均值 5.96，数字创新指数得分前三名分别是美国（15.44）、中国（14.35）、荷兰（9.69）。

从创新投入来看，美国、中国、荷兰投入支持力度遥遥领先于其他 G20

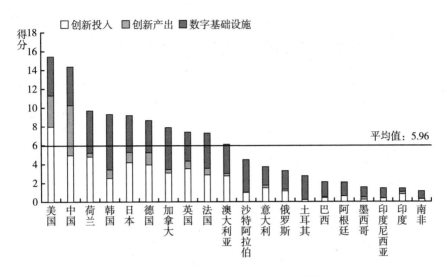

图4 2020 年 G20 国家数字创新指数情况

国家。在科研投入方面,美国、中国长期领先,其科研经费约为阿根廷、南非经费的 100 倍。2015~2019 年美国在 ICT 技术研发上累计支出 6068 亿美元,占世界 ICT 技术研发支出的 55.6%。[①] 在知识产权使用费方面,荷兰、美国知识产权使用费分别为 432.03 亿美元和 427.32 亿美元,约为阿根廷的 (17.14 亿美元) 25 倍、南非的 (16.49 美元) 26 倍[②]。此外,在人才竞争力方面,据《全球人才竞争力指数报告 2020》(The Global Talent Competitiveness Index 2020),美国、荷兰人才竞争力指数得分分别为 79.09 和 74.99,居 G20 国家前两名,而中国人才竞争力指数得分仅为 49.64,还有很大的提升空间。美国高度重视培养高质量人才,以人工智能领域为例,全球约有 44% 的人工智能人才在美国获得博士学位,约有 46% 的人工智能人才在美国企业就职,人才从学术界向产业界的转化优势明显[③]。

从创新产出来看,中美两国引领全球科技创新,两国区块链技术相关专

---

① 资料来源于 Statista "社会:教育与科学" 数据库。
② 资料来源于世界银行。
③ 资料来源于《全球人工智能人才流动报告》。

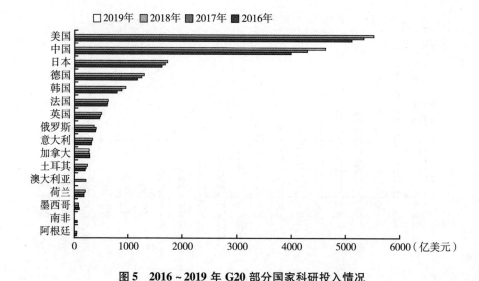

图5　2016～2019年G20部分国家科研投入情况

资料来源：OECD。

利占全球的75%。中国自主创新能力不断增强，在专利申请数和高科技出口额方面超越美国。世界银行数据显示，2019年，中国专利申请数高达1400661件，约是美国专利申请数（621453件）的两倍。2019年中国高科技出口额（7158.43万美元）约是美国高科技出口额（1563.62万美元）的4.6倍①。但在科研文章方面，Nature Index数据显示，2019年10月至2020年9月美国科研文章数达29053篇，高于中国科研文章数（19278篇）。值得一提的是，2019年中国知识产权收入为66.05亿美元，远低于知识产权支出，逆差超过200亿美元，侧面反映出中国对境外技术的依赖度依然很高。

　　从数字基础设施来看，G20各国互联网普及率均超50%，但网络速度存在差距。从互联网普及率来看，韩国、荷兰、日本和英国互联网普及率均超过90%，G20互联网普及率平均值为77.11%，而中国仅为64.58%，处于G20中下水平。从移动网速来看，2020年G20中共有8国（法国、美国、韩国、加拿大、中国、日本、荷兰、德国）固定宽带网速超过100 Mbps，

_____

　　① 资料来源于世界银行数据库。

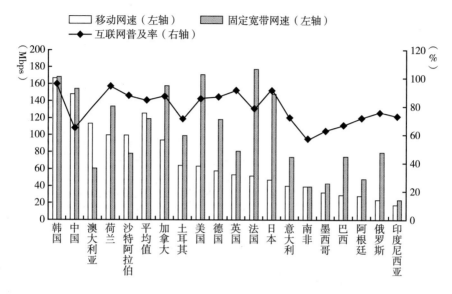

图6 G20部分国家数字基础设施情况

其中固定宽带网速最快的为法国，可达 177.25 Mbps。此外，韩国、中国、澳大利亚移动网速均超 100Mbps，而印度和印度尼西亚仅分别为 13.15 Mbps 和 17.45 Mbps。

（二）数字经济指数

2020 年，G20 数字经济发展环境发生深刻调整，G20 经济陷入严重衰退。在此背景下，电子商务、数字支付等新业态快速发展，数字经济"逆势上扬"。G20 国家数字经济指数评价结果中，共有 8 个国家的数字经济指数超过 G20 国家数字经济指数平均值 3.93，分别为美国、中国、日本、英国、荷兰、德国、韩国、法国。

从新经济来看，美国是全球最早布局数字经济的国家，随着新兴经济体数字市场兴起，美国数字竞争优势有所减弱。美、中、德三国 2019 年数字经济规模分别为 130652 亿美元、51954 亿美元、24380 亿美元，跻身 G20 数字经济规模前三强，美国和德国数字经济占 GDP 比重分别达 63.4% 和

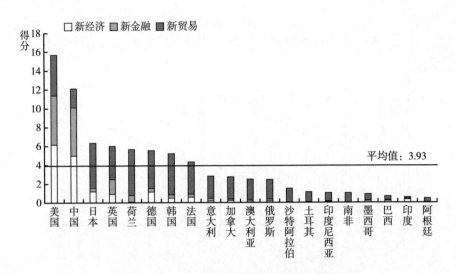

图7　2020年G20国家数字经济指数情况

61.0%。在前期电信产业和硬件产业的扎实基础上，美国数字经济企业逐渐从硬件制造向高附加值的数字服务业务转型。与此同时，中国、印度等新兴市场兴起。中国数字经济成为稳定经济增长的主力军，在电子商务、在线支付等领域增长迅速，直播经济呈爆发式增长。2020年，中国电子商务收入达11172.04亿美元，占G20电子商务收入的50%。值得一提的是，印度、印度尼西亚电子商务收入分别达460.02亿美元和303.09亿美元，在G20中居第八、第九，超过澳大利亚、荷兰等国。

从新金融来看，G20金融科技发展与规范并行，数字货币、数字支付、数字监管成为关注的重点。数字支付已成中美两国重要的支付方式，2020年中国和美国数字支付分别达24964.5亿美元和10353.86亿美元。印度和巴西数字支付额度分别达740.36亿美元和580.53亿美元，超过荷兰、澳大利亚等国。2020年，中国开展央行数字货币试运行。2020年7月，七国集团①决定就发行法定数字货币展开合作。此外，英国、韩国、中国、美国等

---

① 七国集团（Group of Seven，G7）是主要工业国家会晤和讨论政策的论坛，成员国包括美国、英国、法国、德国、日本、意大利和加拿大七个发达国家。

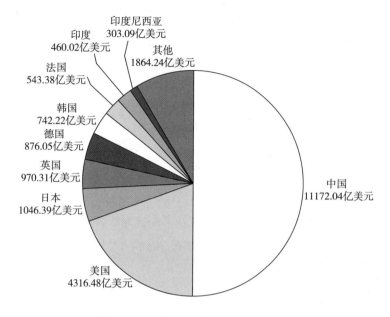

图 8　2020 年 G20 电子商务收入情况

资料来源：statista 数据库。

国家的金融监管机构准备或已经推出金融科技"监管沙盒"。"监管沙盒"机制在保证法规监管的情况下提供适度宽松的环境，提供更大的发挥和试错空间。

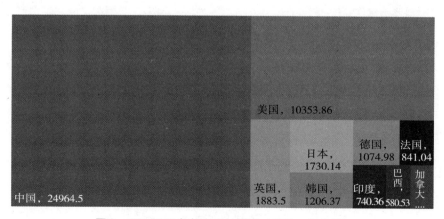

图 9　G20 2020 年数字支付情况（单位：亿美元）

资料来源：statista 数据库。

从新贸易来看，大数据推动传统货物贸易方式升级改造，数字贸易在 G20 国家中的地位日益增强。2019 年日本、荷兰、韩国通信、计算机服务的出口占比分别达 31%、29%、24%。与此同时，数字税收等问题引起 G20 国家关注，英国政府宣布自 2020 年 4 月 1 日起征收数字服务税，针对向英国用户提供社会媒体、搜索引擎或在线营销服务的企业，当期从数字服务中获得的全球收入超过 5 亿英镑，且来自英国用户的收入超过 2500 万英镑时，超出部分按 2% 的税率征收数字服务税。值得注意的是，G20 中发达国家的新贸易总体表现明显优于新兴市场和发展中国家，新兴市场和发展中国家新贸易发展还有很大空间。中国在新经济、新金融方面均排名第 2，而在新贸易方面仅排名第 12；印度在新经济、新金融方面均入 G20 前 10，而在新贸易方面排名 G20 倒数第一。

（三）数字治理指数

近年来，G20 国家在数字治理的技术应用、服务模式、治理协同等方面进行探索和创新，在理论和实践方面积累了丰富的经验。从 2020 年 G20 国家数字治理指数来看，韩国、美国、英国、日本、澳大利亚跻身数字治理五强国家，9 国数字治理指数高于 G20 国家数字治理平均值 11.20。

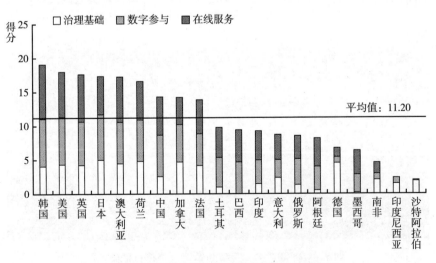

图 10　2020 年 G20 国家数字治理指数情况

从数字参与和在线服务来看,《联合国电子政务调查报告 2020》数据显示,韩国电子参与指数和在线服务指数均为 1.00,居 G20 首位。韩国电子政务建设已开展多年,并积累了丰富的经验和成果。早在 2001 年,韩国政府就成立了电子政务特别委员会 (the Special Committee of E-Government, SCEG),以促进机构间合作、完善电子政务政策。同年,韩国制定了世界上第一个电子政务法案,推动电子行政服务,并减少纸质文件使用。随后,韩国陆续发布"电子政务愿景和原则" (E-Government Vision and Principles)和"电子政务路线图" (E-Government Roadmap)、"智能电子政务计划" (the Smart E-Government Plan) 等政策规划。2013 年,韩国发布《政府 3.0 计划》(Government 3.0),强调政府的开放性和协作性,提出打造透明政府。2019 年,韩国发布《数字政府革新推进计划》,提出要充分顺应前沿数字技术发展趋势,不断完善现有数字政府服务。

表 6　G20 国家在线服务指数和电子参与指数

国家	在线服务指数	电子参与指数	国家	在线服务指数	电子参与指数
韩国	1.00	1.00	印度	0.85	0.86
英国	0.96	0.98	阿根廷	0.85	0.86
美国	0.95	1.00	加拿大	0.84	0.94
澳大利亚	0.95	0.96	意大利	0.83	0.82
日本	0.91	0.99	墨西哥	0.82	0.82
中国	0.91	0.96	俄罗斯	0.82	0.87
荷兰	0.91	0.96	南非	0.75	0.75
法国	0.88	0.90	德国	0.74	0.75
巴西	0.87	0.90	沙特阿拉伯	0.69	0.71
土耳其	0.86	0.89	印度尼西亚	0.68	0.75

资料来源:《联合国电子政务调查报告 2020》。

英国、美国、澳大利亚、日本也位列电子参与指数和在线服务指数前茅。2020 年 1 月,英国政府数字服务部联合人工智能办公室发布《公共部门应用人工智能指南》,详尽介绍公共部门应用 AI 应采取的步骤。英国国

际发展部利用计算机视觉识别人口规模，交通部使用 AI 聚类算法使得 MOT（英国运输部门的车辆测试）保持较高水平。

（四）数字服务指数

从 2020 年数字服务指数来看，G20 国家数字服务整体发展水平的上升空间较大，仅有 5 国数字服务指数高于 G20 数字服务平均值 2.77，分别为中国、美国、韩国、印度、英国。

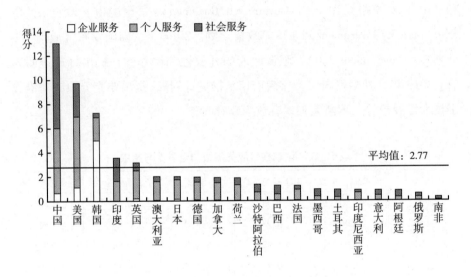

图 11　2020 年 G20 国家数字服务指数情况

从个人服务来看，可穿戴设备、智能家居不断发展，推动个人数字服务领域拓展。电子产品方面，2020 年印度、印度尼西亚、巴西电子产品用户数分别达 23476 万人、5943 万人、5532 万人，位列 G20 电子产品用户第 2、第 4、第 5 名，用户数超过日本、德国、英国等国家。数字媒体方面，美国、中国和日本数字媒体用户数最多，分别为 63992 万人、40468 万人、17808 万人。智能家居普及方面，中国落后于欧美等国。

从社会服务来看，G20 国家陆续开展平台点餐、网络售票、在线健身、网络约会等电子服务。中国、印度在电子服务方面发展迅速，2020 年电子

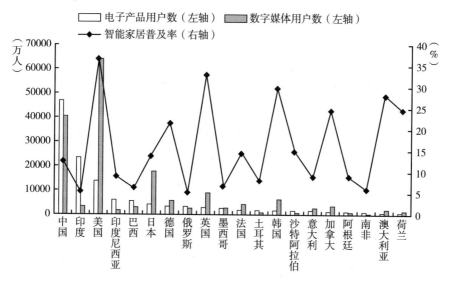

图12 G20国家个人数字服务发展情况

资料来源：statista数据库。

服务收入分别达626.96亿美元、138.50亿美元。此外，中国、印度共享单车成为居民出行的重要交通工具，2020年中国和印度共享单车渗透率分别达28.40%、10.50%。

（五）数字安全指数

从2020年G20国家数字安全指数来看，美国、德国、俄罗斯数字安全指数得分最高，中国数字安全指数得分低于平均值8.66，排名第12。

从基础设施安全来看，中国和韩国安全互联网服务器远远少于排名前列的国家。中国、韩国安全互联网服务器总数仅分别为1027286个和234958个，美国、德国、英国分别为40706354个、6478761个、2405337个，美中相差约40倍，美韩相差约173倍。中国每百万人安全互联网服务器仅为735个，而美国每百万人安全互联网服务器达124014个。

从数据安全来看，G20国家数据与隐私保护不断增强，陆续推出数据监管专门法规，加强个人生物数据保护，严格限制数据跨境流通。英国和法国

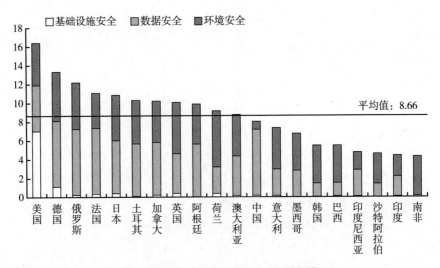

图 13　2020 年 G20 国家数字安全指数情况

更新储存在用户本地终端上的数据（Cookie）使用指南，对已有隐私和电子通信法规进行更新，对 Cookie 引入严格的个人数据保护标准。印度内阁批准《个人数据保护法案》（Personal Data Protection Bill，PDP Bill），将数据分为重要数据、敏感数据和一般数据。中国提出《个人信息保护法（草案)》和《数据安全法（草案)》。美国发布《国家安全和个人数据保护法》（National Security and Personal Data Protection Act of 2019，NSPDPA），此外，美国还提出《2020 年 COVID - 19 消费者数据保护法案》（COVID - 19 Consumer Data Protection Act of 2020），以规范与新冠肺炎疫情有关的个人信息的收集和使用。

疫情期间，线上服务陡增加剧了网络安全威胁态势。从环境安全来看，中国、印度、印度尼西亚都是 G20 中受网络攻击和病毒感染最多的国家。勒索软件木马攻击是近一年中损失高、威胁大的网络安全威胁。卡巴斯基安全实验室 2020 年第 3 季度数据显示，被勒索软件木马攻击最多的国家为中国、印度尼西亚、印度、韩国、南非；被网络恶意软件攻击最多的国家为法国、印度尼西亚、印度、加拿大和澳大利亚；被移动恶意软件感染最多的国家为中国、沙特阿拉伯、印度、印度尼西亚和墨西哥。

表7　G20 国家 2020 年第 3 季度受攻击前五名

单位：%

项目	国别	占比	项目	国别	占比	项目	国别	占比
被网络恶意软件攻击	法国	6.71	被勒索软件木马攻击	中国	0.65	被移动恶意软件感染	中国	14.01
	印度尼西亚	5.35		印度尼西亚	0.45		沙特阿拉伯	11.91
	印度	5.28		印度	0.30		印度	11.02
	加拿大	5.19		韩国	0.21		印度尼西亚	9.98
	澳大利亚	5.18		南非	0.21		墨西哥	7.10

资料来源：卡巴斯基安全实验室季度统计。

四　G20数字化发展展望

（一）数字化换道超车机遇凸显，卡脖子等问题不容忽视

新一轮科技革命催生新产业、新服务、新业态，为新兴经济体提供了换道超车的机遇，中国、印度等新兴经济体在数字技术应用场景等方面与发达国家差距不大，甚至具有潜在优势。从 G20 数字经济来看，印度经济规模仅次于韩国，达 5856 亿美元，超过澳大利亚、荷兰等国。从 G20 数字服务来看，中印两国在电子产品、共享单车渗透率方面均处于领先水平。从全球价值链体系来看，新兴市场和发展中国家与发达国家长期形成相互依存、紧密复杂的分工关系，在信息通信、基础软件、互联网等领域，相当一部分先进零部件和技术等依赖于从发达国家进口。新兴市场和发展中国家仍处于国家分工体系的中低端。中国加快向全球产业链中高端跃升，同发达国家的竞争关系逐渐强化。2018 年以来，美国等一些发达国家进一步限制先进技术、产品、设备对中国的出口。对此，中国一方面应当注重核心技术自主可控，加强产学研的深度结合，注重发展龙头企业，拓展数字化转型的广度和深度；另一方面应积极参与新兴技术的国际标准制定，抢占数字领域的国际话语权。

（二）数字领域竞合关系更趋复杂，数字经济规则博弈激烈

当前，各国基于数字经济发展现状，围绕数字税、数据跨境流动、数字贸易规则等领域博弈愈发激烈。如在数据跨境流动方面，美国更加关注无歧视的市场准入和实现数据自由流动，日本提出构建开放和公平的贸易环境，包括关税、数字产品的非歧视对待、通过电子手段跨境传输信息、禁止数据本地化、开放网络、合法政策目标的范围、自由化承诺。

G20《数字经济大阪宣言》提出建立允许数据跨境自由流动的"数据流通圈"，但印度、印度尼西亚、南非等国并未签署文件。巴西等新兴经济体提出要在数字贸易规则中对发展中国家和最不发达国家提供一定灵活性，逐步弥合发达国家和发展中国家之间的数字鸿沟。从数字经济发展来看，印度在数字经济、金融科技等方面与发达国家差距不大，但在数字贸易方面进展缓慢。在跨境数据流动问题上，印度坚持数据本地化并提出"作为一个发展中国家，不能在诸如数据所有权、使用和流动等领域承担全球承诺和所需的政策空间"。

（三）数字安全保护成为共识，形成数据保护利益共同体

G20国家数字与隐私保护总体呈现增强、加深和拓宽态势，各国纷纷加强数字安全举措，陆续推出数据监管专门法规。部分新兴国家开始在数字安全领域进行尝试，加强在个人生物数据保护、行业数据应用、数据伦理监管等领域的研究力度，进一步强化科技公司、社交平台的数据保护责任，严格限制数据跨境流通，使互联网企业增强数据保护意识。G20国家应该充分尊重他国数据主权、互联网管理模式和平等参与国际网络空间治理的权利。同时，利用G20机制建立多边数字治理机制，强化G20在全球数字经济领域的沟通、协作和标准体系等方面的工作，助力发展中国家完善信息基础设施，形成更多和更广泛的利益共同体。

参考文献

连玉明主编《中国大数据发展报告 No. 4》，社会科学文献出版社，2020。

丁波涛主编《全球信息社会发展报告（2019～2020）》，社会科学文献出版社，2020。

王振等主编《全球数字经济竞争力发展报告（2020）》，社会科学文献出版社，2020。

尹丽波：《数字经济发展报告（2019～2020）》，电子工业出版社，2020。

北京外国语大学二十国集团研究中心：《二十国集团（G20）发展报告（2019～2020）》，经济日报出版社，2020。

联合国：《联合国电子政务调查报告 2020》，https：//www. un. org/，2020 年 7 月 10 日。

中国信息通信研究院：《全球数字治理白皮书》，http：//www. caict. ac. cn/，2020 年 12 月 15 日。

世界知识产权组织：《2020 年全球创新指数》，www. wipo. int/，2020 年 12 月 9 日。

世界知识产权组织：《2020 世界知识产权指标报告》，www. wipo. int/，2020 年 12 月 7 日。

B.3
2020年全球重要城市数字
竞争力指数分析报告

摘　要：　作为重要的数字场景应用场所，随着数字技术的成熟和落
　　　　地，城市的建设运行方式、经济结构都发生了重大改变。本
　　　　报告从可持续发展视角，延续2019年的研究框架和方向，采
　　　　用最新数据，对全球22个重要城市进行评估分析，研究结果
　　　　表明，纽约仍是全球数字竞争力领先城市，中国城市数字竞
　　　　争力逐步赶超，一些老牌欧洲城市数字竞争力发展相对
　　　　滞后。

关键词：　全球数字竞争力指数　数字创新　重要城市

2020年初，新冠肺炎疫情肆虐，造成全球性重大公共卫生事件，多地
采取不同程度的封闭性防控措施，城市作为人群集中和流动枢纽，其连接方
式与运行范式面临巨大挑战。与此同时，数字革命跨越式发展和推进，为城
市发展提供强劲动力。

一　全球重要城市数字竞争力指数评估对象

依据全球数字化最新的进展及城市国际影响力，2020年全球重要城市
数字竞争力评估在上一年度报告的基础上，新增美国洛杉矶、中国香港、中
国深圳、荷兰阿姆斯特丹、德国法兰克福、意大利米兰、印度尼西亚雅加达
7个城市作为研究对象。至此，2020年全球重要城市数字竞争力指数的研究对象

为阿姆斯特丹（Amsterdam）、北京（Beijing）、开普敦（Cape Town）、芝加哥（Chicago）、迪拜（Dubai）、法兰克福（Frankfurt）、香港（Hong Kong）、雅加达（Jakarta）、伦敦（London）、洛杉矶（Los Angeles）、墨西哥城（Mexico City）、米兰（Milan）、莫斯科（Moscow）、纽约（New York）、巴黎（Paris）、首尔（Seoul）、上海（Shanghai）、深圳（Shenzhen）、新加坡（Singapore）①、悉尼（Sydney）、东京（Tokyo）和多伦多（Toronto）22 个城市。

表 1   22 个全球重要城市的基本情况 *

城市	国家	2020 等级	人口	人均 GDP（美元）
伦敦 London	英国	Alpha + +	10313000	39507
纽约 New York	美国	Alpha + +	18593000	56140
香港 Hong Kong	中国	Alpha +	7314000	60221
新加坡 Singapore	新加坡	Alpha +	5619000	83793
上海 Shanghai	中国	Alpha +	23741000	16127
北京 Beijing	中国	Alpha +	20384000	16127
迪拜 Dubai	阿拉伯联合酋长国	Alpha +	2415000	66912
巴黎 Paris	法国	Alpha +	10843000	40511
东京 Tokyo	日本	Alpha +	38001000	40799
悉尼 Sydney	澳大利亚	Alpha	4505000	44097
洛杉矶 Los Angeles	美国	Alpha	12310000	56140
多伦多 Toronto	加拿大	Alpha	5993000	43602
阿姆斯特丹 Amsterdam	荷兰	Alpha	1091000	50013
米兰 Milan	意大利	Alpha	3099000	36141
法兰克福 Frankfurt	德国	Alpha	—	—
墨西哥城 Mexico City	墨西哥	Alpha	20999000	17628
芝加哥 Chicago	美国	Alpha	8745000	56140
莫斯科 Moscow	俄罗斯	Alpha	12166000	25036
雅加达 Jakarta	印度尼西亚	Alpha	10323000	11256
首尔 Seoul	韩国	Alpha −	9774000	36757
深圳 Shenzhen	中国	Alpha −	10749000	16127
开普敦 Cape Town	南非	Beta	3660000	11756

注：GaWC 城市排名分级主要有 Alpha、Beta、Gamma 等若干等级。"2020 等级"资料来源于《世界城市名册 2020》(The World According to GaWC 2020)，人口、人均 GDP 资料来源于《智慧城市指数 2020》(Smart City Index 2020)。

---

① 新加坡国土面积狭小，且一直以城市国家著称，因此在此将其整体作为本次的测算分析对象。

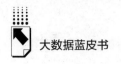

二 全球重要城市数字竞争力指数总体评估

（一）数字竞争力指数排名分析

由于对数字化发展的支持力度和所处的阶段不同，各个城市呈现出的数字竞争力水平不一。由表 2 可见，纽约依然位居数字竞争力总体得分排行榜首位，新加坡、北京、上海、伦敦紧随其后，居第 2~5 名。首尔由上一年度的第 2 位名下滑至第 6 名，上海由上一年度的第 8 名进入榜单前 5 位。值得注意的是，中国城市均入围榜单前 10 名，北京、上海、香港、深圳分别排名第 3、第 4、第 8 和第 9。美国城市中纽约位居第 1，其他美国城市均处于均值上下水平。城市数字竞争力榜单后五位的城市分别为法兰克福、米兰、雅加达、墨西哥城、开普敦。其中，墨西哥城、开普敦已经连续两年位居榜单末尾，老牌欧洲城市法兰克福、米兰排名相对靠后。

表 2　22 个全球重要城市数字竞争力指数评价结果

排名	城市	总指数	数字创新	数字经济	数字治理	数字服务	数字安全
1	纽约	71.61	12.99	12.84	14.66	12.92	18.20
2	新加坡	69.88	13.22	10.19	13.10	13.39	19.99
3	北京	69.55	13.20	13.55	15.37	15.80	11.63
4	上海	65.87	10.88	12.96	17.70	12.72	11.61
5	伦敦	57.61	10.10	12.18	9.21	8.68	17.43
6	首尔	55.76	9.32	6.78	12.70	9.11	17.86
7	巴黎	52.99	9.68	7.44	11.69	7.56	16.62
8	香港	52.98	10.70	7.82	7.10	8.21	19.15
9	深圳	52.14	7.32	7.98	10.45	14.78	11.61
10	东京	49.54	8.34	7.85	5.11	8.63	19.61
11	洛杉矶	49.14	10.01	5.75	7.91	8.23	17.24
12	芝加哥	48.64	9.93	6.43	11.19	6.93	14.18
13	迪拜	48.11	4.32	5.78	11.27	9.07	17.67
14	悉尼	47.25	7.01	7.26	5.23	8.49	19.25

续表

排名	城市	总指数	数字创新	数字经济	数字治理	数字服务	数字安全
15	多伦多	45.32	6.23	4.62	8.40	7.05	19.03
16	阿姆斯特丹	43.33	6.58	5.54	7.26	7.97	15.97
17	莫斯科	38.20	5.96	4.39	11.49	9.03	7.32
18	法兰克福	36.73	4.44	2.58	7.29	5.81	16.61
19	米兰	32.88	4.61	3.47	3.42	5.80	15.59
20	雅加达	26.88	3.42	3.76	5.03	6.43	8.24
21	墨西哥城	23.11	3.29	3.57	6.83	3.59	5.84
22	开普敦	16.02	3.07	3.35	4.51	5.09	0.00

数字竞争力水平最高的纽约得分为 71.61，最低得分的开普敦仅为 16.02，前者是后者的 4.5 倍。22 个全球重要城市数字竞争力指数平均值为 47.89，有 13 个城市数字竞争力指数超过平均线，占比为 59.09%。从各城数字竞争力内部来看，纽约、新加坡呈现均衡发展态势，北京、上海在数字经济、数字治理、数字服务方面发展领先。

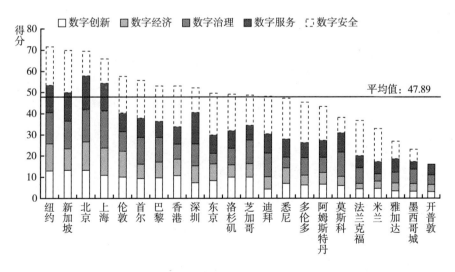

图 1　22 个全球重要城市数字竞争力分指数得分情况

（二）数字竞争力指数区间分析

根据全球重要城市数字竞争力指数得分，可将 22 个全球重要城市分为领跑城市、加速城市、起步城市三个梯队。领跑城市数字竞争力指数平均分达 69.23，较加速城市高 19，较起步城市高 40.26。纽约、新加坡、北京连续两年位列领跑城市梯队，这三城已获得相对稳定的先发优势，初步建立数字化护城河。加速城市的数字竞争力指数得分均在 40～60，包括伦敦、首尔、香港、东京、阿姆斯特丹等，是城市数量最多的梯队。同时，加速城市平均相邻分差较小，仅为 1.30，加速城市中落后城市更易超越前方城市。起步城市数字竞争力指数得分均小于 40，区间内城市数字竞争力指数平均值仅为 28.97，其数字化转型还有很长的路要走。

表3 22个全球重要城市数字竞争力水平分布情况

领跑城市 （60～100）		加速城市 （40～60）		起步城市 （0～40）	
城市	得分	城市	得分	城市	得分
纽约	71.61	伦敦	57.61	莫斯科	38.20
新加坡	69.88	首尔	55.76	法兰克福	36.73
北京	69.55	巴黎	52.99	米兰	32.88
上海	65.87	香港	52.98	雅加达	26.88
		深圳	52.14	墨西哥城	23.11
		东京	49.54	开普敦	16.02
		洛杉矶	49.14		
		芝加哥	48.64		
		迪拜	48.11		
		悉尼	47.25		
		多伦多	45.32		
		阿姆斯特丹	43.33		
平均分	69.23	平均分	50.23	平均分	28.97
平均相邻分差	1.91	平均相邻分差	1.30	平均相邻分差	4.43

注：领跑城市得分区间为 60～100，加速城市得分区间为 40～60，起步城市得分区间为 0～40。"平均相邻分差"是按一定顺序排列后的相邻城市得分差值的平均值。

（三）数字竞争力指数与地区发展

从数字竞争力指数与城市 GDP 交叉分析来看，绝大多数经济发展水平高的城市数字竞争力水平都处于指数平均线以上，大部分经济发展水平靠后的城市，其数字竞争力水平排名相对靠后。其中，墨西哥城作为墨西哥的首都及政治经济中心，在 22 个全球重要城市中 GDP 处于中等水平，数字竞争力水平较低，处于倒数第二。而深圳的数字竞争力指数超越东京、洛杉矶、芝加哥等高 GDP 城市。分析结果表明，高收入城市数字化转型建设基础更好，其更有能力建立先进的数字基础设施，但这并不意味着每个高收入城市都有动力推进所有的数字化转型。一些老龄化问题较严重的高收入城市的数字化水平较低。相比之下，一些发展中城市对数字化的认知和推进表现更为出色。

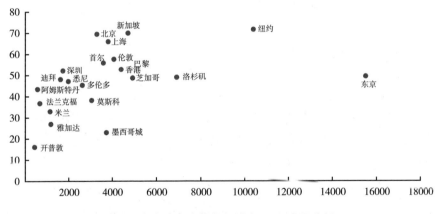

图 2　数字竞争力指数与城市 GDP 交叉分析

从数字竞争力指数与城市人口规模交叉分析来看，全球重要城市数字竞争力水平与城市人口规模并无明显的直接关联。特大城市中，东京、上海、北京、纽约的数字竞争力水平较高，而墨西哥城数字竞争力水平较低。一些人口规模较小的城市，如新加坡，数字竞争力指数得分也相对较高。

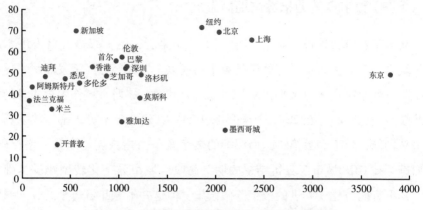

图3 数字竞争力指数与城市人口规模交叉分析

三 全球重要城市数字竞争力分指数评估

（一）数字创新指数

美国作为创新大国，城市数字创新占据优势地位。2020年全球重要城市数字创新指数前8名中有3个美国城市，占比37.5%。从整体来看，22个城市中有1/2的城市（11个）数字创新指数得分超过平均值7.94，其中，新加坡、北京、纽约数字创新指数大幅度领先于其他城市。

从创新投入来看，伦敦、纽约、香港等城市高等教育水平领先，而上海、深圳、北京等城市重视信息技术技能教育。在全球新一代信息技术快速发展的大背景下，数字化转型变革对各地数字化素养和知识提出全新要求，数字技术的研究和技能培养成为重点方向，各大高校纷纷设立相关专业并开设相关课程。

从创新产出来看，北京、纽约等城市科研文章产出水平领先，东京、深圳、首尔等城市专利产出水平领先。2020年科研文章产出中，北京、纽约、上海、巴黎、东京居全球重要城市前茅，分别为6018篇、4894篇、3227

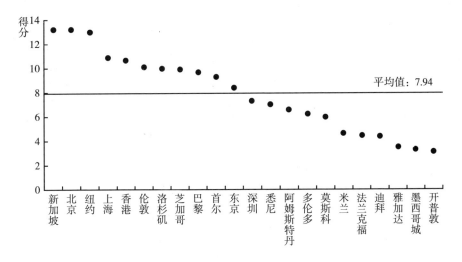

得分
14
12
10
8
6
4
2
0

平均值：7.94

新加坡 北京 纽约 上海 香港 伦敦 洛杉矶 芝加哥 巴黎 首尔 东京 深圳 悉尼 阿姆斯特丹 多伦多 莫斯科 米兰 法兰克福 迪拜 雅加达 墨西哥城 开普敦

图4　22个全球重要城市数字创新指数得分与均值比较

篇、2680篇、2529篇①。专利产出与科研文章产出的排序存在一定出入，前5名分别为东京、深圳、首尔、北京和纽约，从侧面反映出北京、纽约等城市在科研成果转化上有提升空间。

从数字基础设施来看，新加坡基础设施建设已居于世界领先地位。目前，新加坡几乎100%的人口拥有移动设备（平均每两个居民有三部手机），并且新加坡拥有大量的无线接入点，互联网连接速度在22个重要城市中最快。

（二）数字经济指数

北京、上海等中国城市引领数字经济发展。北京、上海等城市数字经济指数得分分别达13.55和12.96，位列22个全球重要城市前两名，远高于平均值（7.09）。《中国数字经济发展白皮书（2020年）》② 数据显示，北京、上海数字经济的GDP占比已经超过了50%。相比之下，米兰、法兰克福数字经济指数得分远低于平均值，甚至低于雅加达等亚洲城市。

---

① 资料来源于自然指数 Nature Index。

② 2020年7月3日，中国信通院发布《中国数字经济发展白皮书（2020年）》。

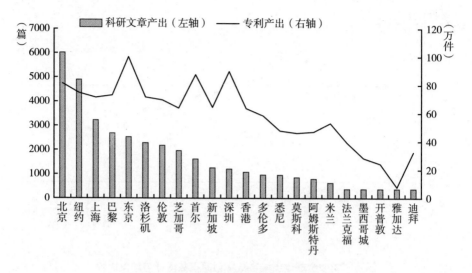

图5 22个全球重要城市创新成果比较

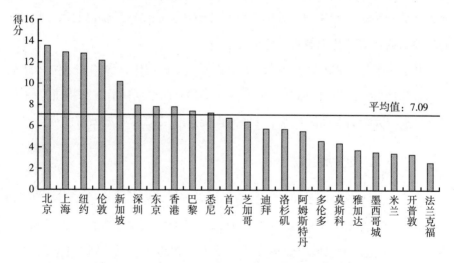

图6 22个全球重要城市数字经济指数得分与均值比较

　　独角兽企业主要集中在高科技领域，独角兽企业估值反映出其所处区域经济活力和发展趋势，被视为新经济发展的风向标。从2020年独角兽企业情况来看，中国城市独角兽企业实力最强。根据2020年胡润全球独角兽榜，北京、上海独角兽企业500强数量最多，分别为93家和47家，同时，北京、上海、深圳独角兽企业500强价值最高，分别为26490亿元、9170亿元、4740亿元。全球重要城市独角兽企业价值前10名中，除SpaceX为洛杉矶的企业外，其他均为北京、上海、深圳的企业。

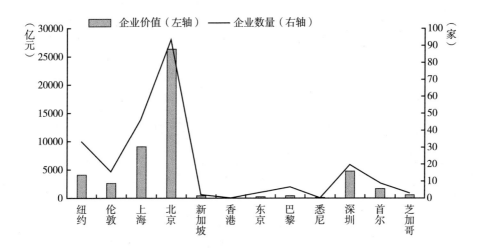

图7　数字经济前12城市全球独角兽企业500强

随着金融与新兴技术进一步融合，全球金融科技进入智能化新阶段。全球重要城市纷纷依托原有的金融中心优势、科技优势开展系列金融科技探索。各城市金融科技发展模式和驱动力有所差异。中国城市在金融科技体验和应用方面领先，伦敦、新加坡在金融监管科技方面研究较深入。

从重要城市金融科技使用者占比和上市企业市值来看，中国城市均处于领先地位。北京、深圳、上海金融科技普惠度居22个全球重要城市前三，分别为83.9%、87.9%和85.4%，金融科技上市企业和风投融资额累计达5000万美元及以上的未上市金融科技企业数量居重要城市前5位。①

---

① 资料来源于《全球金融科技中心城市报告2020》。

表4 数字经济前10城市金融科技发展情况

城市	金融科技发展特点	代表企业
纽约	传统国际金融中心,拥有全球最多的高融资未上市金融科技企业,全球金融机构TOP200市值总额排名全球第一,并拥有纽交所、纳斯达克、全美证券交易所等世界著名的交易所;政策支持和监管双管齐下,2019年1月州政府成立了全美第一个数字货币研究工作组,以帮助其更好地了解加密货币及其底层的区块链技术,尽量避免潜在风险	Master Card、Broadridge Financial Solutions、Apollo Global Management、Common Bond、Oscar Health、Bloomberg
伦敦	世界第一大金融中心,金融科技监管居全球首位,早在2015年就率先提出已被世界各国所借鉴的"监管沙盒",截至目前已测试了来自全球超60家金融科技企业的创新产品和服务,并成立加密货币特别工作组,以尽可能减少区块链和数字货币的潜在风险	Funding Circle、TruFin、Landbay、Prodigy Finance、Greensill Capital
上海	金融产业基础雄厚,自1992年确立建设国际金融中心战略目标以来,上海金融产业迅速发展,头部非银机构、交易所等金融要素集聚,截至目前拥有交通银行、东方证券、国投资本等18家上市金融机构,以及上海证券交易所、上海黄金交易所、中国金融期货交易所、上海期货交易所等4家全国性交易所,占到了中国8家全国性交易所的一半	东方财富网,众安保险,大智慧,陆金所,点融网,银联商务
北京	全面发展,政策加持。拥有全球最多的金融科技上市企业,拥有中国最多的商业银行总部,传统金融机构实力雄厚。此外,是中国最早正式启动"监管沙盒"的城市	拉卡拉,玖富,趣店,京东数科,度小满金融,比特大陆
新加坡	政策监管环境为全球典范,2015年设立金融科技和创新团队,推动落实《金融领域科技和创新计划》,相关部门责任明晰,金融监管局作为金融科技创新发展的政策主体,金融科技发展办公室负责政策的具体落实;每年定期举办金融科技节,并已成为世界上最大的金融科技盛会之一	CoAssets、Singapore Life、TenX、Quoine
香港	作为国际金融中心与纽约、伦敦并称为"纽伦港"。2018年5月,香港金管局发布《虚拟银行的认可》,截至目前已发放12张虚拟银行牌照。金管局发布银行业开放API框架,并分四个阶段落实各项开放API的功能	富途证券、Block One、WeLab、Bitcoiin2Gen
东京	技术导向金融产业发展,虚拟货币合法并已在日常应用中逐步普及。比特币等虚拟货币支付手段合法性在日本得到承认,虚拟货币已被广泛应用于生活,承担一部分支付结算功能。金融科技业态集中在智能投顾、信息服务、区块链等技术导向型领域,网贷等偏应用类业态布局较少	Metaps、Freee、Liquid Global、WealthNavi

续表

城市	金融科技发展特点	代表企业
巴黎	欧洲金融中心之一。英国脱欧促使相关产业要素流向巴黎，一些金融机构纷纷迁出伦敦，欧洲银行管理局总部也从伦敦迁至巴黎。成立于巴黎的欧洲证券和市场管理局（ESMA）计划投入超过100万欧元用于监控金融科技和加密货币资产	Ingenico、Lendix/October、Baobab Group、Wynd
悉尼	澳大利亚商业、贸易、金融、旅游中心。政府搭建支付平台，旨在实现无现金社会的目标。澳联储耗时四年投资10亿澳元建立"新支付平台"（New Payment Platform，NPP）系统，用户可实现付款的即汇即时，结算便利程度明显增加	Identitii Limited、zipMoney Payments、Brighte、MoneyMe
深圳	中国特色社会主义先行示范区，试点数字货币，信息科技创新能力较强。是中国率先打通微信医保支付的城市，是中国第一个落地"无感支付"新模式的城市	乐信，小赢科技，达飞科技，金融壹账通，小赢网金，招联金融

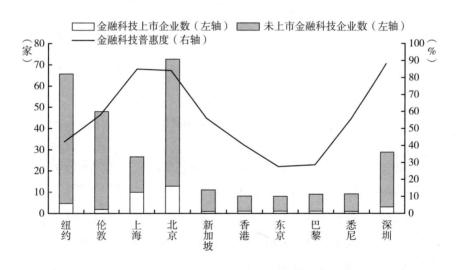

图8 数字经济竞争力前10名城市的金融科技情况

资料来源：浙大 AIF 司南研究室、杭州摩西信息科技。

（三）数字治理指数

近年来，各地加紧推进数字政府转型，以公众需求为导向，利用新兴技术提升政府治理与服务能力，并在治理开放、共享、高效、协同等方面取得一系列创新和突破。在 22 个全球重要城市中，有半数城市数字治理得分达到平均值 8.46。其中，上海、北京、纽约、新加坡、首尔等城市数字治理指数得分最高，雅加达、开普敦、米兰等城市数字治理指数得分最低。

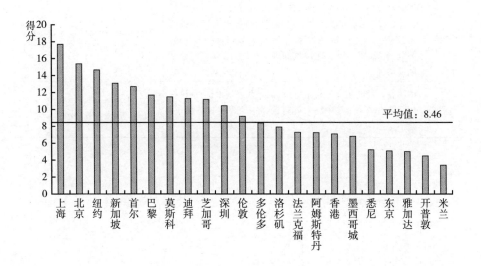

图 9　22 个全球重要城市数字治理指数得分与均值比较

从数字参与来看，上海、纽约、首尔和北京政府网站数据开放水平最高，其全球开放数据指数分别为 1.00、0.66、0.65、0.64[①]。上海近年来不断深入推进公共数据资源开放工作，连续七年制定和公开政府数据开放的年度工作计划，并建立完善的数据开放政策体系。相比之下，法兰克福、悉尼等城市数据开放进展相对缓慢。

从在线服务来看，纽约、巴黎、莫斯科在线服务指数得分最高，分别为0.91、0.88、0.81[②]，而悉尼、东京在线服务指数得分偏低。近年来，日本

---

① 资料来源于《全球重要城市开放数据指数 2020》。
② 资料来源于《联合国电子政务调查报告 2020》。

表5　重要城市数据开放情况

城市	数据开放举措及数据开放平台建设情况
上海	• 从2014年开始连续7年制定《上海市公共数据资源开放年度工作计划》[①] • 制定中国第一部专门针对公共数据开放的地方政府规章《上海市公共数据开放暂行办法》 • 数据安全政策：《上海市公共数据开放暂行办法》和《上海市公共数据和一网通办管理办法》都有专门的数据安全章节 • 标准规范制定：《上海公共数据开放分级分类指南(试行)》 • 数据组织机构：上海市经济信息化部门组建公共数据开放专家委员会 • 从2015年开始连续6年举办"SODA上海开放数据创新应用大赛" • 上海市公共数据开放平台 https://data.sh.gov.cn/建设情况：开放49个数据部门,98个数据开放机构,5133个数据集,44个数据应用,44299个数据项,980738399条数据[②]；同时公开对数据集的评论和评分
北京	• 颁布《北京市交通出行数据开放管理办法(试行)》 • 举办"北京数据开放创新应用大赛" • 北京市政务数据资源网 https://data.beijing.gov.cn/建设情况：开放机构数95个,数据集9349个,数据量59.7亿条[③]；有历史记录并提供历史版本下载；开放平台同时具备数据集下载量和AP调用量的统计元数据
首尔	• 首尔开放数据广场 https://data.seoul.go.kr/建设情况：数据集6655个,数据服务13724项,公开API5075个[④]；数据集有阐述数据流动情况的解释性元数据字段；同时公开对数据集的评论和评分
纽约	• 开放数据法律：《开放数据法》(Open Data Law),此法于2012年通过市议会决议,于2018年12月31日正式实施 • 纽约开放数据由两个部门负责：市长数据分析办公室(MODA)和信息技术与电信部(DoITT)的开放数据团队。这两个部门由市长直接管理。开放数据管理团队必须每年向市长或者议会作年度开放数据报告 • 纽约市开放数据平台 https://opendata.cityofnewyork.us/建设情况：数据集2647个,87个部门公开相关数据[⑤]；有效API和API兼备比均达100%；数据请求回复次数404次

注：① 2018年之前名为《上海市政务数据资源共享和开放年度工作计划》。②数据来源于上海市公共数据开放平台，数据截至2021年2月4日。③数据来源于北京市政务数据资源网，数据截至2021年2月4日。④数据来源于首尔开放数据广场，数据截至2021年2月4日。⑤数据来源于NYC Open Data，数据截至2021年2月4日。

开展了"My Number"线上申请[①]，根据日本总务省统计局最新数据，东京"My Number"的申领人数仅有317万人，占东京人口总数的23.1%。

---

① 个人可以申请各项由政府出具的相关材料以及证明。很多种类材料及证明甚至可以在便利店随时自行打印，无须前往地方政府人工窗口办理。而很多大型公司也与"My Number"进行了联网，以便提高处理业务效率。

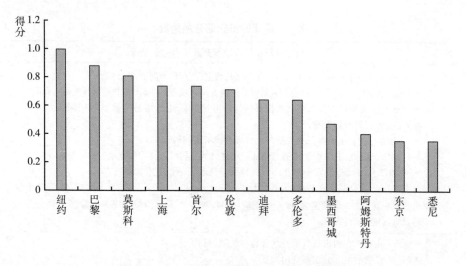

图10　22个全球重要城市地方在线服务指数

（四）数字服务指数

亚洲城市在数字服务方面表现优异。22个测评城市中前三名均为亚洲城市，前10名中有7个城市为亚洲城市。亚洲城市尤其是中国城市，如北京、深圳等数字技术的使用率和满意度较高，公众普遍将数字应用程序融入日常生活。相比之下，一些欧洲城市在数字技术认知和使用方面显得较为滞后。巴黎、法兰克福、米兰等老牌欧洲城市数字服务能力未达到平均水平（8.88），其原因：一方面是当地对于隐私、数据安全的重视程度和文化态度；另一方面是当地居民对传统基础设施仍处于满意状态，对推进数字服务的态度并不积极。

从企业、个人和社会三个维度数字化来看，北京、深圳、新加坡均已开展三个层面的数字服务，并取得了显著效果。在企业数字服务方面，纽约、东京企业数字化水平相对较高。随着新兴数字媒体不断涌现，《纽约时报》提出"数字优先"战略，建立Story-X媒体实验室，推动数字化转型升级。在个人数字服务方面，数字通信、数字娱乐早已进入人们的日常生活，个人服务数字化发展水平和应用程度远超企业服务和社会服务。在

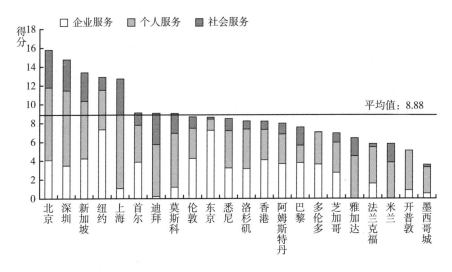

图11　22个全球重要城市数字服务指数得分与均值比较

社会数字服务方面，拥有强大技术基础的城市在公共事业应用方面更多地依赖数字应用方案，大部分城市都安装空气质量检测传感器，远程医疗也在广泛试点中。

（五）数字安全指数

北京、上海、深圳数字安全指数得分均低于平均水平。22个全球重要城市的数字安全指数平均值达14.58，有14个城市得分超过均值，占比63.64%。其中，新加坡、东京、悉尼等城市数字安全指数得分位列22个所选城市的前三，处于数字安全领先地位。新加坡高度重视数字安全生态，提出建立有弹性的数字基础设施、创建安全的网络空间、建立充满活力的网络安全系统和加强国际合作等安全战略举措。北京、上海、深圳数字安全指数分别仅为11.63、11.61、11.61，低于平均水平，与新加坡数字安全差距超过8，上升空间很大。此外，当前全球数字安全人才和技能短缺，数字安全人才的培养速度跟不上数字技术的发展速度，北京、深圳等地数字安全专业人才需求不断增加，人才缺口巨大。

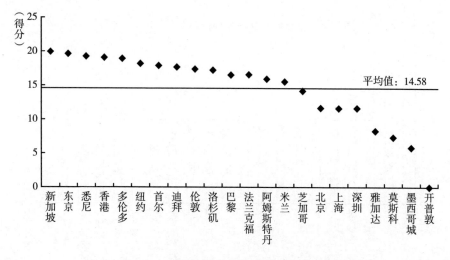

图12 22个全球重要城市数字安全指数得分与均值比较

四 全球数字发展典型城市

当前城市发展与数字科技的深度融合已经成为大势所趋。纵览全球20余个重要城市,各城市发展重点和发展特点各不相同。我们从中选取三个特点突出且数字竞争实力较强的典型城市进行深入分析,为其他城市发展提供借鉴。

(一)纽约:创新驱动,多元发展

纽约数字竞争力总指数连续两年位列全球第一,其五个分指标得分相对均衡,数字创新竞争力、数字经济竞争力、数字治理竞争力、数字服务竞争力及数字安全竞争力排名靠前,得分均在12以上。纽约是美国最大、最多元化的城市,也是全球三大金融中心之一。国际金融危机后,纽约认识到城市经济可持续发展需要多元化的经济基础,并将科技创新视为新引擎,在2015版《一个纽约:强大而公正的城市规划》(One New York:The Plan for a Strong and Just City)中,纽约提出"全球创新之都"的城市发展定位。凭

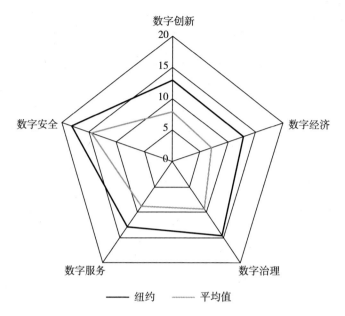

图13　纽约数字竞争力指数分指标情况

借新产业与技术革命的契机，纽约采取一系列举措，成为美国继硅谷之后全球第二大创新中心①。

表6　纽约数字化创新举措

举措	具体内容
打造硅巷 （Silicon Alley）	硅巷指在曼哈顿下城区的熨斗大楼到苏豪区和特里贝卡区等地由互联网与移动信息技术企业群组成的虚拟园区,是没有固定边界的高科技经济发展空间。硅巷企业业务大多集中在互联网应用技术、社交网络、智能手机及移动应用软件上,创业者更喜欢把技术与时尚、传媒、商业、服务业结合在一起,从而挖掘出互联网经济新增长点
应用科学计划 （Applied Science NYC）	吸引世界顶级理工院校来纽约建立大学和科技园区,从而改变纽约高校文科强理工科弱的格局,为纽约培养应用科学人才。同时,将这些大学和园区打造成为纽约的创新创业孵化基地,加强纽约产业界与科学界的联系,促使科研成果迅速转化为生产力

① 纽约位列全球创新中心100强第2名。

举措	具体内容
设施更新计划	改善纽约城市软硬件基础设施,提高城市便利性和包容性,增强纽约城市科技创新创业的吸引力和竞争力。为了更好地实现信息共享,纽约政府还同IBM等公司合作,共同打造创业平台"数字纽约"网站。该网站几乎涵盖纽约每个高科技公司和投资机构,提供高科技企业职位空缺和全市创业活动的实时更新信息,并为初创企业提供孵化器、办公场地和培训信息
众创空间计划 （Incubators & Workspace）	激发纽约全市的创新创业活力,鼓励和吸引社会化的创新创业活动,为纽约培育新兴高科技公司。纽约众创空间有多种不同表现形态,主要包括:传统形式的"孵化器"和"加速器"（Accelerators & Incubators）,其功能主要是为纽约的初创公司提供创业孵化和创业加速服务;"联合办公空间"（Co-working Space）,不同背景的创客仅需支付少量租金就能一起共享办公设施、环境和服务,彼此分享信息、知识、技能、想法并拓宽社交圈子,将创业从相互分割的个体行为演化成跨界多元的共享协作;"实验空间"（Lab Space）,鼓励和支持高校与科研机构向社会开放实验设施,还以公私合营方式成立"城市未来实验室"等公共实验平台,为难以承担昂贵实验成本和缺少实验场所的中小科技公司提供便利

（二）新加坡：基础扎实，安全典范

新加坡凭借完善的数字基础设施和数字生态，数字创新竞争力和数字安全竞争力处于全球领先地位（见图14）。新加坡是亚洲重要的金融、服务和航运中心之一。早在20世纪80年代，新加坡就先后提出"国家电脑化计划""国家IT计划""IT 2000计划""智能城市2015""智慧国2025"等数字化战略。在数字化战略的推动下，新加坡ICT产业每年以超过10%的速度增长。

（三）上海：政策加持，政务转型

上海数字化转型加速发展，数字竞争力指数已超越伦敦、首尔，位居重要城市中第四，数字治理竞争力方面表现较好，但数字安全竞争力方面有所欠缺，低于全球重要城市的平均值（见图15）。近年来，上海围绕着大数据、云计算、电子商务、人工智能、数字贸易、数字基础设施和智慧城市等因时因地出台各种政策和法律制度。

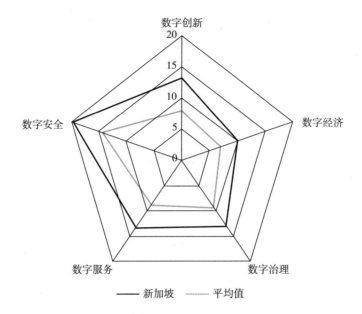

图14 新加坡数字竞争力指数分指标情况

表7 新加坡数字化转型举措

举措	具体内容
数字基础设施	新加坡的4G网速居全球第一,网络覆盖率接近99%,移动数据网络市场高度饱和,其95%的光纤入户渗透率排名世界第一
数字人才培养	新加坡政府与高校、企业合作,通过奖学金项目和特殊课程在人工智能、云计算、数据科学和网络安全等多个领域培养与集聚人才,并在社会层面加强相关就业技能培训。2017年5月,新加坡国家研究基金会推出"国家人工智能核心"计划(AI.SG),该计划的核心内容之一是构建在线学习平台和各类培训项目,帮助不同人群获得所需的AI相关技能
数字化创新	新加坡政府设立PIXEL工作坊,为在线内容初创企业提供孵化支持、导师和快速原型环境。新加坡资讯通信媒体发展管理局(IMDA)建立数字服务实验室(DSL)。此外,新加坡政府推出"大数据沙盒",计划构建一个支持创新和风险承担的监管环境,促进创业企业充分利用数字技术进行创新,推动本土服务业转型升级
数字安全	2012年新加坡出台《个人信息保护法及个人隐私权法令》,防范数据泄露和隐私侵犯问题。根据该法令,新加坡成立了个人信息保护委员会,对侵犯和滥用个人隐私信息的企业进行调查。2020年,以欧盟GDPR及其附属文件为蓝本,新加坡通信和信息部(MCI)与个人数据保护委员会(PDPC)联合发布《个人数据保护法(修订)草案》。同年,新加坡公布《新加坡更安全的网络空间总体规划2020》(Singapore's Safer Cyberspace Masterplan 2020),提出了三大战略目标:保护核心数字技术设施、保护数字活动、助力网络相关人群

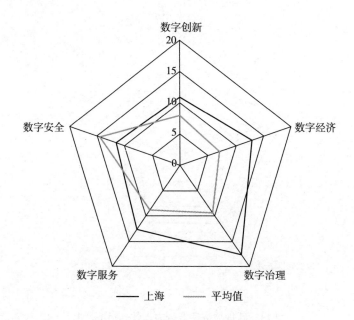

图 15　上海数字竞争力指数分指标情况

表 8　上海数字化政策

时间	政策
2016 年 2 月	《上海市推进"互联网＋"行动实施意见》
2016 年 11 月	《上海市大数据发展实施意见》
2017 年 1 月	《上海市关于促进云计算创新发展培育信息产业新业态的实施意见》
2018 年 4 月	《全面推进"一网通办"加快建设智慧政府工作方案》
2018 年 10 月	《上海市推进新一代信息基础设施建设　助力提升城市能级和核心竞争力三年行动计划(2018～2020 年)》
2019 年 8 月	《上海市数字贸易发展行动方案(2019～2021 年)》
2019 年 10 月	《上海加快发展数字经济推动实体经济高质量发展的实施意见》
2020 年 2 月	《关于进一步加快智慧城市建设的若干意见》
2020 年 4 月	《上海市促进在线新经济发展行动方案(2020～2022 年)》

　　上海尤其是在数字治理方面已经走在了全球前列,"一网通办"不断向"一网好办"优化提升。目前,上海面向社会开放的公共数据集中,基本将各个市一级机关的主要业务范围全覆盖。上海市政府数据开放超越首尔和纽

约，位列全球重要城市开放数据指数第一。上海把办事人的满意度作为检验工作效果的重要标准，不断优化和再造业务流程。2019年7月，上海出台"一网通办"的评价办法，即政府部门每次提供完服务，就能被服务人加以评价。2020年，上海进一步加大"一网通办"的工作落实力度，新增接入500项公共服务事项、100项个人事项，实现全市通办。

参考文献

王振等主编《全球数字经济竞争力发展报告（2020）》，社会科学文献出版社，2020。

屠启宇主编《国际城市发展报告（2020）》，社会科学文献出版社，2020。

浙江大学互联网金融研究院等：《全球金融科技中心城市报告2020》，杭州政府网，2019年12月7日。

瑞士洛桑国际管理学院：《智慧城市指数2020》，https：//www.imd.org，2020年9月。

上海社会科学院信息研究所：《2020全球重要城市开放数据指数》，https：//www.sass.org.cn/，2020年7月10日。

德科集团、谷歌等：《全球人才竞争力指数2020》，https：//gtcistudy.com/，2020年2月。

大数据发展指数篇
Big Data Development Index

B.4
中国大数据发展态势与
大数据发展指数研究

摘　要：　2020年是历史发展进程中极不平凡的一年，突如其来的新
冠肺炎疫情加速了全球数字化转型，数字化技术驱动的政
治、经济、社会变革加速发展。围绕这些变化，对大数据发
展指数的指标评价体系的测评重点和代表指标进行补充和
调整。延续此前几年的评价口径，本报告对全国31个省区
市和31个重点城市2020年的大数据发展情况分别进行了量
化评估，同时动态比较了2016～2020年的变化趋势。分析结
果显示，31个省区市中，北京、广东、浙江、上海和江苏构
成第一梯队，四川、湖北上升趋势明显，中部地区渐成崛
起之势；31个重点城市中，杭州首超深圳位居第一，武汉、
青岛和济南呈现稳步上升态势，成都和贵阳连续成为进入
前十的西部城市。

关键词：　大数据发展指数　省域　市域

2020 年是历史发展进程中极不平凡的一年。世界正经历百年未有之大变局，特别是突如其来的新冠肺炎疫情为各领域带来了前所未有的挑战。然而，危机之中，数字化技术驱动的政治、经济、社会变革仍加速发展，大数据技术、产业和应用逆势而上，对各国经济社会发展、全球治理体系、人类文明进程影响深远。

一 2020年大数据发展的态势与特征

（一）各国数据战略布局持续推进

数据已成为影响全球竞争的关键战略性资源，推动以数据为基础的战略转型已经成为各个国家和地区抢占全球竞争制高点的重要战略选择。OECD《2020 年数字经济展望》显示，在对 37 个国家开展的数字经济政策调查中，有 34 个制定了国家总体数字战略。美国白宫 2019 年 12 月发布《联邦数据战略与 2020 年行动计划》，"将数据作为战略资源开发"成为美国新的数据战略的核心目标，并确立了"促进数据共享、保护数据资源和有效使用数据资源"三个层面的 40 项数据管理的具体实践目标。欧盟针对政府数据开放、数据流通、发展数据经济发布《迈向繁荣的数据驱动型经济》《建立欧洲数据经济》《迈向共同的欧洲数据空间》等多部战略文件。2020 年 2 月，欧盟委员会发布《欧洲数据战略》，强调提升对非个人数据的分析利用能力。《欧洲数据战略》对欧盟数据发展提出了明确的愿景目标——2030 年欧洲将成为世界上最具吸引力、最安全、最具活力的数据敏捷型经济体。为推进欧盟数据一体化和提升欧盟国家的市场主体竞争力，《欧洲数据战略》提出了四大支柱性战略措施：一是构建跨部门治理框架，二是加大数据投入，三是提升数据素养，四是构建数据空间。2020 年 9 月，英国发布《国家数据战略》，提出释放数据的价值是推动数字部门和国家经济增长的关键。英国《国家数据战略》设定五项"优先任务"，研究英国如何利用现有优势来促进企业、政府和公民社会对数据的使用。

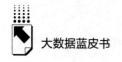

（二）数据驱动的新一轮全球化席卷而来

2020 年新冠肺炎疫情全球蔓延，世界经济面临深度衰退，国际贸易和资本流动严重萎缩。据世界贸易组织预测，2020 年世界商品贸易总额预计下降 13% ~ 32% 。在全球经济衰退、新冠肺炎疫情蔓延、中美贸易摩擦升级等多重背景交织影响下，世界经济运行的不稳定性和不确定性因素增加，"逆全球化"思潮涌动，贸易保护主义进一步抬头，经济全球化进程明显受阻。相比商品和资本全球流动受阻，数字化驱动的新一轮全球化仍保持高速增长，正在重塑全球化格局。当前数字贸易正逐渐取代传统商品贸易成为拉动全球贸易增长的重要力量。2008 ~ 2018 年，全球数字交付贸易出口规模从 18380 亿美元增长到 29314 亿美元，年均增长率约为 5.8% ，远远超过同期商品和服务贸易的增长速度。

（三）全球数字治理规则博弈日趋激烈

在新冠肺炎疫情的冲击下，各国数字化转型步伐明显加快，但全球数字治理规则却远远落后于数字化变革进程，制度供给不足问题凸显，并将严重限制未来全球数字经济的发展。在新一轮的全球数字治理规则构建中，跨境数据流通成为全球双边/多边贸易合作的重要议题。一方面，基于"共同理念"的全球数据同盟体系加速构建，形成了欧盟 GDPR 和 APEC 跨境隐私规则体系（CBPR）两大区域性的数据隐私与保护监管框架，众多国家以二者为蓝本，对本国的数据跨境与数据保护规则进行修订；另一方面，两大框架在国与国、区域与区域之间衍生诸多灵活性的解决方案。2019 年以来，围绕跨境数据流动，日本、韩国分别与欧盟启动并达成了双边互认协议。2020 年 3 月，澳大利亚信息专员办公室（OAIC）与新加坡个人数据保护委员会（PDPC）签订关于跨境数据流动的谅解备忘录，加强数据治理方面的合作，促进两国之间的经济一体化；2020 年 6 月，英国宣布脱欧后的未来科技贸易战略，允许英国和某些亚太国家间的数据自由流动，并希望与日本等国达成比其作为欧盟成员国时期更进一步的数据协议。

在重塑全球数字治理的关键时期，主要国家都在积极构建并推广本国制度模板，力促具体规则形成。美国通过国际协议、自贸区等机制积极扩大各自影响圈，推动自身成为全球数字贸易规则的主导者；欧盟数据保护制度全球领先，GDPR 将持续发挥对其他国家的制度辐射和影响作用；东盟"10＋5" RECP 的达成将促成全球涵盖人口最多、最具潜力的自贸区，其规则影响力势必随之增强。国务委员兼外长王毅在"抓住数字机遇，共谋合作发展"国际研讨会高级别会议上代表我国提出了《全球数据安全倡议》，"全球数字治理应遵循秉持多边主义、兼顾安全发展、坚守公平正义三原则"，倡导各方共同构建和平、安全、开放、合作、有序的网络空间，加强数据安全有序流动。这一倡议获得国际社会的广泛重视，各国主流媒体对中国希望同各方携手努力、共同构建网络空间命运共同体给予积极评价，东盟表示愿同中方加强全球数字治理、网络安全合作。

（四）新基建奠定新一轮全球化重要基石

国际海缆、通信基站、大数据中心的快速建设构筑了全球一体、互联互通的新型网络，成为新一轮数字全球化的重要基石。2016～2020 年，全球共部署了 107 个海底电缆系统，全长超过 40 万千米；截至 2020 年 6 月，全球已建成逾 70 万个 5G 基站，拥有 92 张 5G 商用网络，超大规模数据中心数量增长至 541 个，还有 176 个数据中心处于计划和建设过程中。

从国内来看，"新型基础设施"一词自 2018 年底中央经济工作会议召开以来备受关注。2019 年 12 月中央经济工作会议强调"加强战略性、网络型基础设施建设，稳步推进通信网络建设"；2020 年 4 月召开的国务院常务会议强调"加快推进信息网络等新型基础设施建设"。在当前国内外经济形势严峻复杂、不稳定性不确定性明显上升、风险挑战持续加大的背景下，发展新基建不仅成为我国稳投资、促消费、稳增长的有效手段，更是推动行业数字化转型的关键举措，已成为数字经济创新发展的关键支撑。

（五）数字政府建设向纵深发展

近年来我国数字政府推进力度不断加大，取得了显著成效。联合国数据显示，中国电子政务发展指数（EGDI）为0.7948，排名升至全球第45位，达到历史新高。中国互联网络信息中心（CNNIC）发布的第47次《中国互联网络发展状况统计报告》数据显示，截至2020年12月，我国在线政务服务用户规模达8.43亿，占网民整体的85.3%。以国家政务服务平台为总枢纽的全国一体化政务服务平台的建成，标志着我国在线政务服务进入了一个全新的发展阶段。全国31个省（自治区、直辖市）及新疆生产建设兵团、46个国务院部门政务服务平台接入国家政务服务平台。国家政务服务平台陆续接入地方部门各级各类500多万项政务服务事项和1.1万项便民服务应用。2020年，线上政务服务在助力疫情防控和复工复产等方面发挥了至关重要的作用。各级政府部门充分利用数字技术防疫抗疫，浙江、江西、山东、广东、河北、上海等多个省市出台举措倡导网上办、掌上办，积极引导广大企业和群众通过电脑、手机App办事，最大限度减少人员聚集，有效防控疫情传播。

（六）数字平台垄断发展引发监管关注

2021年1月，推特、脸书、谷歌等数字平台公司对时任美国总统特朗普进行联合"绞杀"，出手全面封杀特朗普及其团队发布的内容，并关闭其社交媒体账号。这一行为在美国和西方持续引发激烈的争论。近年来，大型数字平台强势崛起，截至2019年底，全球市值TOP10企业中有8家是平台企业，市值超100亿美元的数字平台企业达74家，价值总额达8.98万亿美元。数字平台崛起引起各国对市场垄断、税收侵蚀、数据安全等问题的担忧。一是数字技术的发展和数字空间的诞生，进一步加剧了政治和经济间的分离。政治空间依靠物理边界把人分开，但数字技术可以毫无障碍地穿透各种物理边界，同时塑造新的分隔边界。数字平台间信息和数据的隔离，可能比国界的分隔更为深刻。超大型跨国平台更易获取不对称的竞争优势。以主权国家为基础的国际法权难以规范以超国界活动为主的全球大市场，治理主体和治理对象的错位，正在将数字治理推向超国家层次。二是数字平台崛起过程中逐步形成"一家独大""赢者通吃"的市场格局，大型平台滥用市场支配地位、限制自由竞争规则的现象日益凸显，由于互联网平台下的不正当竞争行为同传统企业垄断行为存在诸多差异，以传统反垄断规则对互联网平台进行垄断规制面临诸多现实挑战。三是数字平台在全球范围内带来的税基侵蚀和利润转移问题对基于传统经济模式构建的国际税收规则形成了巨大的冲击和挑战。根据欧盟委员会的相关报告估计，欧盟传统公司的有效税率为23.2%，而互联网平台在欧盟地区的平均有效税率仅为9.5%，互联网平台与传统企业之间的税费存在严重不平衡，也引起了许多国家的担忧和不满。四是数字平台在运营过程中积累了海量数据，由此带来的数据滥用、隐私泄露等问题不容忽视。

（七）大数据法律体系加速完善

2020年7月，《中华人民共和国数据安全法（草案）》面向公众公开征求意见。作为数据安全领域的上位法，《数据安全法（草案）》在数据分级分类、监测预警和应急处置等数据安全相关的各项管理制度和数据安全责任体系构建等方面提出要求。2020年10月，《中华人民共和国个人信息保护法（草案）》公布，确立了个人信息处理应遵循的原则，即强调处理个人信息应当采用合法、正当的方式，具有明确、合理的目的，处理信息应当遵循公开、透明的原则。与此同时，针对数权立法的探索工作也在不断进行，2020年12月，深圳首次审议了《深圳经济特区数据暂行条例（草案）》，提出了数据权益，在数据确权、组织机构、公共数据开放利用等方面进行了大胆的创新和尝试。

二 大数据发展评估的测评体系

（一）大数据发展指数指标体系构成

大数据发展指数，基于数据价值链模型的总体构想，围绕大数据政用、

大数据商用和大数据民用三个方面进行测评。中国大数据发展指数指标体系（2020 年）共包括 3 个一级指标 9 个二级指标。3 个一级指标分别是政用指数、商用指数、民用指数。

大数据政用发展聚焦数字政府建设领域，由数据开放、数字政府和数字行动 3 个二级指标组成。

大数据商用发展聚焦数字经济建设领域，由市场支撑、发展活力和产业融合 3 个二级指标组成。

大数据民用发展聚焦数字社会建设领域，由数字基础、便民通达和信息消费 3 个二级指标组成。

大数据发展指数主要开展面向 31 个省、自治区、直辖市的省域测评和面向 31 个重点城市的市域测评。由于省域层面和市域层面大数据发展的内在机理与代表指标的不同，在具体的指标体系设置上，在保持一、二级指标结构确定的同时，针对区域特点和数据可获得性对三级指标做了差异化处理。

表 1　2020 年省域大数据发展指数指标体系

一级指标	二级指标	三级指标
政用指数	数据开放	数据开放平台
		数据开放质量
	数字政府	数字政府建设
		政务服务能力
	数字行动	大数据政策力度
		主管机构设置
		主导品牌活动
商用指数	市场支撑	数字经济规模
		科技人才基础
	发展活力	大数据热度
		创业创新生态
	产业融合	吸纳就业贡献
		产业融合效应

续表

一级指标	二级指标	三级指标
民用指数	数字基础	移动终端普及
		网络发展基础
		5G 基站覆盖
	便民通达	民生应用
	信息消费	通信类消费

表 2　2020 年重点城市大数据发展指数指标体系

一级指标	二级指标	三级指标
政用指数	数据开放	数据开放平台
		数据开放质量
	数字政府	数字政府建设
		政务服务能力
	数字行动	大数据政策力度
		主管机构设置
		主导发展载体
商用指数	市场支撑	数字经济规模
		科技人才基础
	发展活力	大数据热度
		创业创新生态
	产业融合	吸纳就业贡献
		产业融合效应
民用指数	数字基础	移动终端普及
		网络发展基础
		5G 基站覆盖
	便民通达	智慧城市建设
	信息消费	通信消费发展

（二）数据获得

大数据发展指数的测评过程主要分为数据搜集、统计计算和结果分析。其中，数据搜集对指数评估起着决定性作用。数据搜集分为数据识别、数据判断和数据筛选。数据搜集以权威性、准确性、原始性为导向，资料来源主

要分为三类：一是政府或社会机构官方网站，包括各部委门户网站、各地方政府门户网站等；二是各类专业数据库，包括国家统计局数据库、前瞻数据库、国家信息中心全国双创综合基础数据库等；三是权威机构发布的统计年鉴和数据分析资料，如《中国统计年鉴》《中国城市统计年鉴》《中国星火统计年鉴》《中国地方政府数据开放报告》《政务数据质量管理调查白皮书》《中国数字政府建设白皮书》《省级政府和重点城市网上政务服务能力调查评估报告》《中国大数据区域发展水平评估白皮书》等。

（三）指数计算

大数据发展指标是一个综合统计指标。在计算过程中，由于各项指标对大数据发展的影响程度各有差异，为了正确评估大数据发展总体水平，需要为各项指标设定权重。大数据发展指数指标体系的权重根据不同指标的作用或影响程度而定，采用专家意见法进行判断。指数计算以加权平均的方法计算评价值。

三 大数据发展指数的区域测评

（一）省域大数据发展指数测评

中国省域大数据发展评估是对全国 31 个省（自治区、直辖市）从大数据政用、商用、民用三个维度进行的综合评估。

1. 总体情况：北京、广东、浙江、上海和江苏构成第一梯队

由于指标调整的原因，2020 年，中国大数据发展指数的平均得分为 36，较上年有所降低。从各地来看，北京大数据发展依然保持全国领先位置，大数据发展指数得分保持在 70 以上，远高于全国平均得分。广东、浙江、上海和江苏得分在 60 ~ 70，与北京一起构成地区大数据发展的第一梯队。山东、福建、贵州、四川、湖北、天津、河南、重庆和安徽等的得分均超过了全国平均水平，与第一梯队存在一定差距，构成地区大数据发展的第二梯

队。31 个省份中低于全国平均水平的有 17 个,其中的青海和西藏发展较为
滞后,处于第四梯队,除此之外的 15 个地区,共同构成了规模最为庞大的
第三梯队。

表 3　2020 年省域大数据发展指数测评结果

地　区	总指数	排名	政用指数	排名	商用指数	排名	民用指数	排名
北　京	79.97	1	30.19	5	29.14	1	20.64	1
广　东	68.80	2	31.40	3	23.55	2	13.85	5
浙　江	66.00	3	34.79	1	13.01	5	18.20	3
上　海	65.08	4	29.38	6	16.97	3	18.73	2
江　苏	62.63	5	31.35	4	16.27	4	15.01	4
山　东	47.66	6	23.39	11	12.95	6	11.32	6
福　建	45.22	7	28.18	7	8.23	10	8.82	10
贵　州	43.70	8	33.42	2	5.65	18	4.64	27
四　川	42.95	9	24.05	9	10.01	7	8.90	9
湖　北	42.11	10	24.97	8	8.73	8	8.40	11
天　津	40.29	11	23.38	12	7.61	11	9.30	8
河　南	39.72	12	23.83	10	8.45	9	7.44	15
重　庆	38.10	13	21.02	16	6.92	13	10.16	7
安　徽	37.19	14	23.32	13	7.60	12	6.27	18
陕　西	34.67	15	22.18	15	6.49	15	6.00	19
湖　南	33.27	16	18.64	17	6.86	14	7.77	12
江　西	33.23	17	22.24	14	5.15	20	5.84	21
辽　宁	30.98	18	16.77	22	6.48	16	7.72	13
河　北	28.28	19	17.55	20	5.78	17	4.95	25
山　西	27.82	20	16.03	23	5.26	19	6.53	17
宁　夏	27.57	21	17.61	19	2.39	29	7.57	14
广　西	26.84	22	16.94	21	4.22	21	5.68	23
海　南	26.48	23	18.28	18	3.33	26	4.88	26
内蒙古	24.40	24	14.02	24	3.57	25	6.82	16
吉　林	19.89	25	10.28	28	3.61	23	5.99	20
云　南	19.19	26	10.61	27	3.61	24	4.97	24
新　疆	18.84	27	12.59	25	2.44	28	3.81	29
甘　肃	18.64	28	11.66	26	2.79	27	4.19	28
黑龙江	16.05	29	6.08	29	4.21	22	5.76	22
青　海	7.73	30	2.83	30	1.74	30	3.16	30
西　藏	2.63	31	2.35	31	0.02	31	0.25	31

2. 排名变化：前八位地区保持稳定领先状态，四川、湖北上升明显

从 2016~2020 年各地区大数据总指数排名来看，各地区大数据发展指数排名虽有变动，但波动幅度较小，整体排名较为稳定。与 2016 年相比，2020 年的各地区位次变化绝对值的平均水平为 3.03。2020 年排名前八位的北京、广东、浙江、上海、江苏、山东、福建和贵州，与 2016 年相比排名变动均保持在 2 个位次以内。表现比较突出的是四川和湖北，2020 年排名中首次进入前十，不论是对比 2016 年还是上年的排名情况，都具有较为明显的进步。从排名下降的情况看，内蒙古、河北和重庆等的位次变动较大。

表4 2016~2020 年各地区大数据发展指数排名

地　区	2016 年	2017 年	2018 年	2019 年	2020 年
北　京	2	2	1	1	1
广　东	1	1	2	2	2
浙　江	4	3	3	5	3
上　海	3	4	4	3	4
江　苏	5	5	6	8	5
山　东	8	6	9	6	6
福　建	9	10	13	12	7
贵　州	7	7	5	4	8
四　川	13	13	15	19	9
湖　北	14	14	22	20	10
天　津	12	8	8	7	11
河　南	10	11	11	10	12
重　庆	6	9	7	11	13
安　徽	18	18	14	13	14
陕　西	17	15	18	18	15
湖　南	19	19	20	22	16
江　西	23	22	25	23	17
辽　宁	16	16	12	17	18
河　北	11	12	10	15	19
山　西	22	17	24	29	20

地　区	2016 年	2017 年	2018 年	2019 年	2020 年
宁　夏	30	21	21	14	21
广　西	24	27	28	21	22
海　南	20	24	17	16	23
内蒙古	15	20	16	9	24
吉　林	27	28	26	26	25
云　南	21	23	19	30	26
新　疆	29	29	30	25	27
甘　肃	25	25	27	24	28
黑龙江	28	30	29	28	29
青　海	26	26	23	26	30
西　藏	31	31	31	31	31

3. 区域特征：中部地区进步明显，西部地区内部差距扩大

从四大区域的 2020 年大数据发展指数平均得分来看，东部地区发展继续保持领先态势，中部地区的得分与全国平均水平持平，西部地区和东北地区的得分较低，其中的东北地区维持整体偏弱的运行态势。

从区域内部各地区的得分与变化情况来看，东部与西部区域间大数据发展水平差距大，而中部与东北地区内部大数据发展水平较为接近。虽然东部地区整体呈现了较高的发展水平，全国前十位地区中东部地区占了 7 位，但是河北和海南的发展水平较弱，而且与 2016 年和 2019 年相比，均呈现排名下滑的情况，与领先地区的差距有所拉大。中部地区的六个省份 2020 年在大数据发展方面取得较大进步，其中既有首次进入前十位的湖北，也有排名上升趋势明显的湖南、江西和山西，进一步呈现崛起态势。西部各地区大数据发展水平差距较为显著，贵州在过去 5 年中均保持前十位的较高排名，四川也首次进入前十，但多数西部地区还处于排名较为靠后的情况，区域内差距有所扩大。

表5　2020年分地区大数据发展指数分布情况

区域	地区	总指数	排名	政用指数	排名	商用指数	排名	民用指数	排名
东部地区	北　京	79.97	1	30.19	5	29.14	1	20.64	1
	广　东	68.80	2	31.40	3	23.55	2	13.85	5
	浙　江	66.00	3	34.79	1	13.01	5	18.20	3
	上　海	65.08	4	29.38	6	16.97	3	18.73	2
	江　苏	62.63	5	31.35	4	16.27	4	15.01	4
	山　东	47.66	6	23.39	11	12.95	6	11.32	6
	福　建	45.22	7	28.18	7	8.23	10	8.82	10
	天　津	40.29	11	23.38	12	7.61	11	9.30	8
	河　北	28.28	19	17.55	20	5.78	17	4.95	25
	海　南	26.48	23	18.28	18	3.33	26	4.88	26
区域平均值		53.04	—	26.79	—	13.68	—	12.57	—
西部地区	贵　州	43.70	8	33.42	2	5.65	18	4.64	27
	四　川	42.95	9	24.05	9	10.01	7	8.90	9
	重　庆	38.10	13	21.02	16	6.92	13	10.16	7
	陕　西	34.67	15	22.18	15	6.49	15	6.00	19
	宁　夏	27.57	21	17.61	19	2.39	29	7.57	14
	广　西	26.84	22	16.94	21	4.22	21	5.68	23
	内蒙古	24.40	24	14.02	24	3.57	25	6.82	16
	云　南	19.19	26	10.61	27	3.61	24	4.97	24
	新　疆	18.84	27	12.59	25	2.44	28	3.81	29
	甘　肃	18.64	28	11.66	26	2.79	27	4.19	28
	青　海	7.73	30	2.83	30	1.74	30	3.16	30
	西　藏	2.63	31	2.35	31	0.02	31	0.25	31
区域平均值		25.44	—	15.77	—	4.15	—	5.51	—
中部地区	湖　北	42.11	10	24.97	8	8.73	8	8.40	11
	河　南	39.72	12	23.83	10	8.45	9	7.44	15
	安　徽	37.19	14	23.32	13	7.60	12	6.27	18
	湖　南	33.27	16	18.64	17	6.86	14	7.77	12
	江　西	33.23	17	22.24	14	5.15	20	5.84	21
	山　西	27.82	20	16.03	23	5.26	19	6.53	17
区域平均值		35.56	—	21.50	—	7.01	—	7.04	—
东北地区	辽　宁	30.98	18	16.77	22	6.48	16	7.72	13
	吉　林	19.89	25	10.28	28	3.61	23	5.99	20
	黑龙江	16.05	29	6.08	29	4.21	22	5.76	22
区域平均值		22.30	—	11.04	—	4.77	—	6.49	—
全国平均值		36.00	—	19.98	—	7.84	—	8.18	—

（二）重点城市大数据发展指数测评

1. 总体情况：杭州首超深圳位居第一

延续之前的测评范围，2020 年，31 个重点城市①的大数据发展指数的平均得分为 41.43，较上年有所提高。从各地来看，杭州首次超过深圳，成为大数据发展的首位城市，深圳、成都和广州紧随其后，得分均超过 70；得分处于 60 ~ 70 的有两个城市，分别是武汉和南京，这六个城市形成了 31 个重点城市大数据发展的第一梯队。得分在 60 以下到全国平均值之间的有 8 个城市，分别是青岛、济南、贵阳、厦门、西安、宁波、合肥和福州，构成城市大数据发展的第二梯队。长沙、石家庄、郑州、大连、沈阳、哈尔滨、长春、南昌、南宁和昆明等 10 个城市的大数据发展指数均低于全国平均值，得分区间比较集中，形成第三梯队。太原、海口等 7 个城市还处于大数据发展较为滞后的阶段。

表 6　2020 年重点城市大数据发展指数测评结果

城　　市	总指数	排名	政用指数	排名	商用指数	排名	民用指数	排名
杭　　州	75.96	1	28.09	1	30.40	2	17.47	4
深　　圳	75.68	2	25.57	4	29.67	5	20.44	1
成　　都	72.04	3	22.60	5	31.01	1	18.43	3
广　　州	71.54	4	21.42	8	30.00	3	20.13	2
武　　汉	63.44	5	22.09	7	24.09	6	17.25	5
南　　京	60.02	6	14.84	13	29.72	4	15.46	7
青　　岛	54.85	7	25.73	3	16.97	10	12.15	11
济　　南	51.75	8	18.93	10	20.80	7	12.02	13
贵　　阳	51.21	9	26.97	2	14.50	16	9.74	22
厦　　门	50.52	10	22.23	6	15.84	13	12.45	10
西　　安	45.84	11	10.28	20	18.74	8	16.82	6
宁　　波	45.26	12	20.69	9	13.05	17	11.53	15

---

① 包括除四个直辖市之外的其他省会城市和计划单列市，由于数据可得性原因，未对西藏拉萨进行测评。

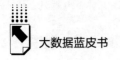

续表

城　市	总指数	排名	政用指数	排名	商用指数	排名	民用指数	排名
合　肥	45.21	13	16.55	12	16.57	11	12.10	12
福　州	44.50	14	16.96	11	15.53	14	12.00	14
长　沙	40.53	15	11.69	17	14.88	15	13.96	8
石家庄	37.49	16	10.78	19	12.99	18	13.71	9
郑　州	37.10	17	9.60	24	17.55	9	9.95	19
大　连	35.80	18	9.71	23	16.35	12	9.74	21
沈　阳	33.06	19	10.00	21	12.14	19	10.92	16
哈尔滨	33.01	20	12.59	16	10.25	22	10.17	18
长　春	32.19	21	13.12	15	9.81	23	9.26	23
南　昌	29.42	22	8.86	26	10.74	20	9.82	20
南　宁	29.31	23	14.69	14	6.32	27	8.30	24
昆　明	28.89	24	9.73	22	8.33	26	10.83	17
太　原	24.49	25	5.98	30	10.43	21	8.09	25
海　口	23.16	26	8.69	27	9.58	24	4.89	31
呼和浩特	22.61	27	8.10	28	8.42	25	6.09	29
乌鲁木齐	21.26	28	9.08	25	4.91	29	7.27	26
兰　州	20.79	29	7.84	29	6.23	28	6.71	27
银　川	20.71	30	10.96	18	3.50	30	6.24	28
西　宁	6.74	31	0.25	31	1.00	31	5.49	30
平　均　值	41.43	—	14.67	—	15.17	—	11.59	—

2. 排名变化：武汉、青岛和济南呈现稳步上升态势

2016～2020 年各地区大数据总指数排名来看，各城市大数据发展指数在总体平稳的情况下，相互之间的排名还是发生了不小的变化。从处于第一梯队的城市来看，深圳在 2016～2019 年连续四年位居城市大数据发展的第一名，2020 年被杭州以微弱优势反超；成都和武汉的排名整体呈稳步上升态势，表现出良好的发展趋势。第二梯队城市中的青岛和济南，也整体表现出稳定的上升势头，在 2020 年均跻身前十位。从排名下降的情况看，海口、兰州和银川等的位次变动较大。

表7　2016～2020 年各城市大数据发展总指数排名

城　　　市	2016 年	2017 年	2018 年	2019 年	2020 年
杭　　州	2	4	3	3	1
深　　圳	1	1	1	1	2
成　　都	6	6	5	4	3
广　　州	11	2	2	2	4
武　　汉	9	3	7	6	5
南　　京	3	5	4	5	6
青　　岛	10	16	15	10	7
济　　南	22	11	14	12	8
贵　　阳	4	7	6	8	9
厦　　门	5	10	10	7	10
西　　安	16	15	11	15	11
宁　　波	7	9	12	11	12
合　　肥	15	19	13	16	13
福　　州	14	17	18	13	14
长　　沙	13	13	9	9	15
石　家　庄	8	8	16	27	16
郑　　州	19	12	8	18	17
大　　连	18	22	23	23	18
沈　　阳	24	18	17	21	19
哈　尔　滨	20	14	19	17	20
长　　春	25	24	27	28	21
南　　昌	28	21	22	14	22
南　　宁	31	23	30	19	23
昆　　明	29	30	20	24	24
太　　原	21	29	24	22	25
海　　口	12	20	21	26	26
呼和浩特	26	25	29	30	27
乌鲁木齐	27	27	28	25	28
兰　　州	17	26	25	29	29
银　　川	23	28	26	20	30
西　　宁	30	31	31	31	31

3. 区域特征：成都和贵阳连续成为进入前十的西部城市

从四大区域城市 2020 年大数据发展指数的平均得分来看，东部城市继续保持领先态势,中部城市的平均得分为 40.03,与全部城市平均值持平,西部城市和东北城市的平均得分较低。

从区域内部各城市的得分与变化情况来看,东部与西部地区内部城市大数据发展水平两极分化情况明显,而中部与东北地区内部大数据发展水平较为接近。全国前十位城市中,东部地区有 7 个、中部地区有 1 个、西部地区有 2 个。中部地区的武汉和西部地区的成都、贵阳始终位列其中,且在各自区域内的领先地位比较稳固。东部地区居前十位的 7 个城市时有变动,宁波和石家庄曾经入选,而今青岛和济南跻身前十。

表8 2020 年分地区大数据发展指数分布情况

区域	城市	总指数	排名	政用指数	排名	商用指数	排名	民用指数	排名
东部地区	杭 州	75.96	1	28.09	1	30.40	2	17.47	4
	深 圳	75.68	2	25.57	4	29.67	5	20.44	1
	广 州	71.54	4	21.42	8	30.00	3	20.13	2
	南 京	60.02	6	14.84	13	29.72	4	15.46	7
	青 岛	54.85	7	25.73	3	16.97	10	12.15	11
	济 南	51.75	8	18.93	10	20.80	7	12.02	13
	厦 门	50.52	10	22.23	6	15.84	13	12.45	10
	宁 波	45.26	12	20.69	9	13.05	17	11.53	15
	福 州	44.50	14	16.96	11	15.53	14	12.00	14
	石 家 庄	37.49	16	10.78	19	12.99	18	13.71	9
	海 口	23.16	26	8.69	27	9.58	24	4.89	31
	平 均 值	53.70	—	19.45	—	20.41	—	13.84	—
西部地区	成 都	72.04	3	22.60	5	31.01	1	18.43	3
	贵 阳	51.21	9	26.97	2	14.50	16	9.74	22
	西 安	45.84	11	10.28	20	18.74	8	16.82	6
	南 宁	29.31	23	14.69	14	6.32	27	8.30	24
	昆 明	28.89	24	9.73	22	8.33	26	10.83	17
	呼和浩特	22.61	27	8.10	28	8.42	25	6.09	29
	乌鲁木齐	21.26	28	9.08	25	4.91	29	7.27	26
	兰 州	20.79	29	7.84	29	6.23	28	6.71	27
	银 川	20.71	30	10.96	18	3.50	30	6.24	28
	西 宁	6.74	31	0.25	31	1.00	31	5.49	30
	平 均 值	31.94	—	12.05	—	10.30	—	9.59	—

区域	城　　市	总指数	排名	政用指数	排名	商用指数	排名	民用指数	排名
中部地区	武　　汉	63.44	5	22.09	7	24.09	6	17.25	5
	合　　肥	45.21	13	16.55	12	16.57	11	12.10	12
	长　　沙	40.53	15	11.69	17	14.88	15	13.96	8
	郑　　州	37.10	17	9.60	24	17.55	9	9.95	19
	南　　昌	29.42	22	8.86	26	10.74	20	9.82	20
	太　　原	24.49	25	5.98	30	10.43	21	8.09	25
	平　均　值	40.03	—	12.46	—	15.71	—	11.86	—
东北地区	大　　连	35.80	18	9.71	23	16.35	12	9.74	21
	沈　　阳	33.06	19	10.00	21	12.14	19	10.92	16
	哈　尔　滨	33.01	20	12.59	16	10.25	22	10.17	18
	长　　春	32.19	21	13.12	15	9.81	23	9.26	23
	平　均　值	33.52	—	11.36	—	12.14	—	10.02	—
城市平均值		41.43	—	14.67	—	15.17	—	11.59	—

四　2021年大数据发展趋势与展望

（一）全球数字治理将迎来规则重构关键期

面对百年未有之大变局，国家间博弈格局正在经历深刻变革，数字技术、数字经济、数字全球化等领域产生大量规则空白，与全球治理面临的新挑战、新问题相互叠加，制度供给短缺现象愈加突出，新规则新方略的构建需求更为紧迫。习近平总书记在上海合作组织成员国元首理事会、金砖国家领导人会晤、二十国集团领导人峰会、中国—东盟商务与投资峰会等多个场合倡导各国共同制定全球数字治理规则，促进全球数字经济健康发展。全球主要国家和地区先后步入数字化转型阶段，纷纷出台数字政策，引领国家对内扶持产业发展、对外争取更大市场，规则输出意愿增强。未来国家间在数字治理规则上的竞争将继续强化，全球数字治理将迎来规则重构关键期。

（二）大数据发展将在"十四五"期间继续突破

作为生产要素，数据在国民经济运行中变得越来越重要，数据对经济发展、社会生活和国家治理产生了根本性、全局性、革命性的影响。在中央关于"十四五"规划和2035年远景目标建议中明确提出，要加快数字化发展。进一步发展数字经济，加强数字社会、数字政府建设，建立数据资源产权等基础制度和标准规范，扩大基础公共信息数据有序开放，保障国家数据安全，提升全民数字技能，积极参与数字领域国际规则和标准制定。展望未来，大数据发展必将在"十四五"期间继续突破，数字经济将成为"十四五"经济发展"主形态"。以大数据为代表的新一代信息技术和产业的发展对于数字中国的建设，乃至对于全面建设社会主义现代化国家新征程都将起到至关重要的推动作用。

（三）新型基础设施将加快体系化协同发展

截至2020年12月15日，中国累计建成5G基站71.8万个，同时推动共建共享5G基站33万个，形成全球规模最大的5G网络。在"十四五"期间的相关规划文件中，要求对新型基础设施系统布局，加快推动5G网络、工业互联网、大数据中心等建设。可以预见，在未来的几年里，新型基础设施将突破传统数据中心发展路径，更加注重"数据＋算力＋算法"的数据基础设施体系协同发展，重点加快以5G网络为基础的通信网络基础设施建设，推动以人工智能、云计算、区块链等为代表的新技术基础设施发展，布局以数据中心、智能计算中心为代表的算力基础设施。

（四）大数据技术发展步入创新突围期

2020年，受新冠肺炎疫情倒逼，大数据技术、产品和解决方案被广泛应用于联防联控、产业监测、资源调配、行程跟踪等新兴领域。大数据平台打造"疫情地图"，实现疫情数据实时更新，以及潜在疫情动态监测。电商平台发挥"大数据＋供应链"优势，通过智能调度进行供应链柔性配置，最大限度满足疫区医疗防护物资需求。随着各行业领域大数据应用主体持续增加、应用需求大量激发，国外先进、通用的技术路线越来越无法适应庞大、多元、复杂的融合诉求，与业务特点相匹配的个性化、定制化大数据解决方案日益受到青睐。展望2021年，以大数据、人工智能为代表的新一代信息技术主导权竞争日益激烈，综合内外部因素的影响，越来越多的国内企业会继续推进基于数据应用的新场景和新服务创新，同时也会更加注重包括基础平台、底层技术、核心算法等核心关键环节的自主研发，并有望在涉及混合计算、边缘计算、大规模数据处理等前沿领域实现突破，在技术领域逐步增强自主创新能力。

（五）数据交易中心将再次成为关注焦点

我国的数据交易产业起步于2014年，2015～2016年，全国有13家大数据交易中心密集成立，但因市场认可度低而纷纷陷入停滞。2020年4月，中共中央、国务院发布的《关于构建更加完善的要素市场化配置体制机制的意见》中，再次提出布局大数据交易中心。2020年7月，湖南大数据交易中心正式开工；8月，北部湾大数据交易平台在南宁揭牌成立；9月，北京市提出探索建设北京国际大数据交易所；10月，深圳提出研究论证设立数据交易市场或依托现有交易场所开展数据交易；12月，杭州提出探索设立全球数据交易中心。展望2021年，随着相关政策的落实，将有更多地方提出建设大数据交易中心。然而，新一轮的数据交易中心的设置，应该充分吸取之前的经验与教训，在技术和模式等层面进行探索和创新。

（六）工业互联网产业规模及影响将持续扩大

2020年3月，工业和信息化部发布《关于推动工业互联网加快发展的通知》，提出要提升工业互联网外网覆盖率，加快内网改造，完善标识体系，提升平台核心能力，深化行业应用，加快健全安全保障体系。2020年12月，工业和信息化部公布了《2020年跨行业跨领域工业互联网平台清单》，旨在鼓励跨行业跨领域工业互联网平台持续调整与迭代优化。2021年

3月，工业和信息化部印发《工业互联网创新发展行动计划（2021～2023年）》，围绕工业互联网难点痛点问题，针对性地提出11项重点行动和十大重点工程。展望2021年，在相关政策的推动下，工业互联网与传统产业融合创新将不断加强，产业规模及影响力将持续扩大。

（七）数字乡村将成提振乡村发展突破口

党的十九届五中全会明确提出，要强化农业科技和装备支撑，建设智慧农业。基于新一代信息技术的数字乡村建设，是数据赋能农业转型、数据驱动农村发展的集中体现，是实施乡村振兴和数字中国战略的重要内容。2020年，中央部委有关部门陆续出台政策文件。1月，农业农村部、中央网信办印发《数字农业农村发展规划（2019～2025年）》；5月，四部门联合印发《2020年数字乡村发展工作要点》。地方层面，有22个省份相继出台数字乡村发展政策文件。这一系列举措，形成了较为完善的政策体系，也让统筹协调、整体推进的工作格局初步形成。2021年2月，中央一号文件《中共中央 国务院关于全面推进乡村振兴加快农业农村现代化的意见》正式发布，表明信息通信业对农业农村现代化建设具有重要支撑作用。在"十四五"期间，数字乡村将成为提振乡村发展的重要突破口。

（八）数字消费提质扩容将增强经济发展新动能

在疫情来临之际，"无接触服务"陡然提速，在线教育、在线医疗、在线办公等线上经济呈爆发式增长，体育、旅游、展览等线下场景优势产业加快向线上转移。联合国贸易和发展会议（UNCTAD）的一项调查显示，50%以上的受访者表示线上消费次数增加，且更依赖互联网来获取新闻、健康相关信息。直播电商、跨境电商等零售新模式火热兴起，疫情之下全球电商依然保持快速增长态势。根据eMarketer数据，2020年全球零售电商市场规模达到3.9万亿美元，同比增长16.5%，占全球零售行业总销售额的16.8%。电商平台的进一步普及，加快了消费者使用优质高档产品的步伐，并成功吸引了低线城市中的成熟消费者。截至2020年6月，我国农村网民规模达到

2.85 亿。展望 2021 年，随着数字消费提质扩容，面向大众、低线城镇和农村地区的高性价比数字消费将获得更大增长。

（九）针对大型互联网平台加强监管成为新动向

2020 年，全球对大型互联网平台发起的反垄断调查趋多。2 月，美国联邦贸易委员会（FTC）对 Facebook、亚马逊、苹果、谷歌和微软发起反垄断调查。10 月，美国众议院司法委员会发布针对 GAF A 的调查结论，建议对科技巨头进行结构性拆分。11 月，欧盟指控亚马逊破坏公平竞争，而且还在起草一份"黑名单"，可能涉及近 20 家大型互联网公司。12 月，我国依据《反垄断法》对阿里巴巴处以 50 万元人民币罚款的行政处罚。此外，各国针对平台经济的监管规则不断收紧。2020 年 1 月，我国首次启动《反垄断法》修订工作，并随后公布了《反垄断法（修订草案）》，新增互联网领域的反垄断条款，11 月，再次发布《关于平台经济领域的反垄断指南（征求意见稿）》，从"垄断协议""滥用市场支配地位行为"等多个方面对平台经济领域进行规范，防止资本无序扩张。在可以预见的未来，大型互联网公司将加强合规运营，树立底线思维，以实现新业态新模式的良性发展为原则，推动互联网行业高质量发展。

（十）中国数字企业海外权益保障体系加快构建

近年来，我国蓬勃发展的数字经济给世界贡献了很多优秀创新实践，但在治理方面，我国则仍显规则制定能力不足，特别是面对美国、印度等国家不断通过"清洁网络计划"、应用程序禁令、投融资限制等方式打压我国互联网企业海外运营时，我国国内外规制对企业的保护不够有力有效。一方面，美欧通过制定一系列法案保护国内市场和本国企业竞争力，如欧盟发布的《数字市场法》《数字服务法》，美国发布的《安全和可信通信网络法案》等。另一方面，美欧通过签订自贸协定的方式输出符合其利益诉求的数字经济国际规则，帮助企业扩展海外市场。反观我国，数字经济蓬勃发展，跨境电商、移动支付、短视频等新模式新业态全球领先，但在国际规则

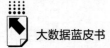
制定方面则以跟随为主，尚未形成与我国数字经济发展水平相适应的、可以妥善保护我国数字企业海外合法权益的规则体系。2021年1月，商务部发布了我国首部专门阻断立法《阻断外国法律与措施不当域外适用办法》，为保护我国企业合法权益迈出了重要一步。可以预期，围绕中国出海企业的权益保护，相关配套细则和指南也亟须跟进发布，以更好地指导企业使用法律武器维护自身合法权益。

参考文献

连玉明主编《中国大数据发展报告 No.1》，社会科学文献出版社，2017。

连玉明主编《中国大数据发展报告 No.4》，社会科学文献出版社，2020。

中国信息通信研究院：《大数据白皮书（2020）》，http：//www. caict. ac. cn/，2020年12月28日。

中国信息通信研究院：《全球数字治理白皮书（2020）》，http：//www. caict. ac. cn/，2020年12月15日。

中国电子信息产业发展研究院：《中国大数据区域发展水平评估白皮书（2020）》，http：//www. cbdio. com/，2020年8月28日。

国家工业信息安全发展研究中心：《2020～2021年度数字经济形势分析》，http：//www. cbdio. com/，2021年1月27日。

农业农村信息化专家咨询委员会：《中国数字乡村发展报告（2020年）》，https：//www. thepaper. cn/，2020年12月1日。

B.5
2020年国家级城市群
大数据发展指数分析报告

摘　要：　近年来，随着大数据战略深入实施，大数据事业在全国各地的
　　　　　发展欣欣向荣。党的十九届五中全会指出，要坚定不移建设数
　　　　　字中国，加快数字化发展。在党和国家政策指引下，各级地方
　　　　　政府纷纷将大力实施大数据战略行动、优化提升各领域创新驱
　　　　　动能力作为推动经济高质量发展的重要举措，区域大数据发展
　　　　　百花齐放。本报告从城市群的分析视角，围绕五个代表性的城
　　　　　市群区域，以其中心城市的评估数据为基础，系统评估和比较
　　　　　分析了各代表性城市群大数据发展的综合水平以及其在大数据
　　　　　政用、商用与民用方面的发展成效。具体评估来看，粤港澳大
　　　　　湾区与长江三角洲地区大数据发展整体处于领先地位，京津冀
　　　　　地区内部差异性明显，成渝及黔中地区表现亮眼。区域数字一
　　　　　体化已呈现由粤港澳大湾区、长三角、京津冀和成渝城市群领
　　　　　衔，多区域相互促进的"4 + N"发展格局。

关键词：　大数据发展指数　国家级城市群　大数据战略

随着我国城镇化率的不断提高，城市群作为新型城镇化的主体形态，已
成为我国生产力布局的核心增长点，也是我国区域一体化战略、大数据战
略、"双循环"战略等国家战略的重要载体和空间平台。2018 年 11 月，中
共中央、国务院发布《关于建立更加有效的区域协调发展新机制的意见》，
提出要建立以中心城市引领城市群发展、城市群带动区域发展新模式，推动

区域板块之间融合互动发展。推动区域一体化融合已成为当前引领新型城镇化建设、构建高质量发展格局和完善对外开放区域布局的重要战略举措。新的历史时期，以大数据、云计算、区块链等为标志的新一代信息技术在助力城市数字化、网络化、智慧化治理方面发挥了重要作用，已成为推动区域一体化融合的关键核心力量。区域一体化和城市数字化分别从治理和技术两个维度推动着城市和城市群的发展进步，城市数字化下的区域一体化新格局正在形成。可以说，城市数字化不仅是区域一体化融合的手段和支撑，更是区域一体化融合发展的目标和方向。

一 国家级城市群大数据发展水平总体评估分析

实施区域协调发展战略是新时代国家重大战略之一，是贯彻新发展理念、建设现代化经济体系的重要组成部分。截至2020年底，国务院共先后批复了长江中游城市群、哈长城市群、成渝城市群、长江三角洲城市群、中原城市群、北部湾城市群、关中平原城市群、呼包鄂榆城市群、兰西城市群、粤港澳大湾区10个国家级城市群，并有京津冀城市群、海峡西岸城市群、辽中南城市群、山东半岛城市群、黔中城市群等正在积极申报和建设中，国家级城市群及其中心城市分布的具体情况如表1所示，共有15个国家及省内城市群，覆盖28个中心城市。随着城镇化的飞速发展，城市群的发展也进入了新的阶段。与单个城市的发展相类似，城市群也面临着从增量扩张到存量提升的转型过程。在这一过程中，大数据、物联网、云计算等与智慧城市相关的创新技术将深刻地影响城市群的发展，以中心城市为引领的城市群正与大数据等技术深度融合。

2020年大数据发展指数评估继续沿用前几年的理论研究框架，按照省区市评估一致性、指标数据可得性与年度研究可持续性等原则做了几个方面的调整。具体来说，一是更加体系化。指标体系的整体逻辑上区别于上年，省域和重点城市都统一按照三级指标形成相应体系，并且为了保证综合分析的可行性，前两级指标保持了一致。二是更加聚焦化。将有相近含义的具体指标统一划分到一个概括性二级指标下，在后续的评估结果分析上会更加便利，对于某一个方面的单独分析效果会更明显。三是更加可持续。这一点主要体现在数据的可得性上。在本年度指标体系的调整方面，优先考虑了数据的可得性和可持续性，即重点纳入每个年度都会公开公布的数据，如年鉴数据、年度报告数据及部分权威的年度指数结果等。

表1　国家级城市群及其中心城市分布情况

批复情况	城市群	获批时间	印发时间	中心城市
获批国家级城市群	长江中游城市群	2015.03.26	2015.04.13	武汉
	哈长城市群	2016.02.23	2016.03.07	哈尔滨
				长春
	成渝城市群	2016.04.12	2016.04.27	重庆
				成都
	长江三角洲城市群	2016.05.22	2016.06.01	上海
				南京
				杭州
				宁波
				合肥
	中原城市群	2016.12.28	2016.12.29	郑州
	北部湾城市群	2017.01.20	2017.02.10	南宁
	关中平原城市群	2018.01.09	2018.02.02	西安
	呼包鄂榆城市群	2018.02.05	2018.02.27	呼和浩特
	兰西城市群	2018.02.22	2018.03.13	兰州
				西宁
	粤港澳大湾区	2019.02.18	2019.02.18	广州
				深圳
其他重要城市群	京津冀城市群	—	—	北京
				天津
				石家庄
	海峡西岸城市群	—	—	福州
				厦门
	辽中南城市群（省内）	—	—	沈阳
				大连
	山东半岛城市群（省内）	—	—	济南
				青岛
	黔中城市群（省内）	2017.03.08	2017.03.08	贵阳

资料来源：根据公开资料整理，按获批时间排序。

　　根据上述梳理的城市群及其中心城市分布情况，2020 年 15 个国家及省级城市群包含的 28 个中心城市大数据发展指数评估结果与均值比较情况如图 1 所示。北京、上海、天津、重庆分列综合得分第 1、第 6、第 17 及第 18 位，直辖市间大数据发展分为两个梯队，北京、上海综合实力强劲，天津与重庆仅为中游水平，发展差异较为明显。28 个城市总指数综合得分均值为 47.12，共有 12 个城市综合得分处于均值线上，占比仅为 42.86%，综合得分处于中间部分的城市仍需持续发力，加快大数据发展的追赶步伐。从各城市综合评估总指数得分排名呈现的趋势线来看，各城市间大数据发展的差异呈边际递增趋势，即先发地区城市间大数据发展的差异性较综合实力较弱的城市间差异性更为趋缓。这说明了先发城市间积累的先发优势正不断扩大，而后发城市的发展能动性有所不足，为此亟须予以重点支持和引导，避免在大数据整体发展上出现鸿沟，影响其他方面的创新。

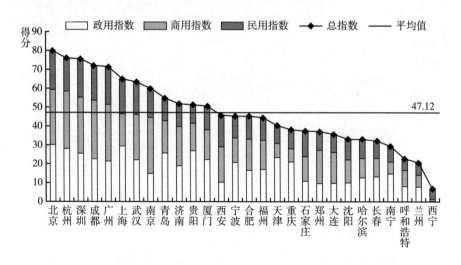

图 1　国家级城市群中心城市大数据发展指数评估结果

　　根据城市群区域包含的中心城市综合评估结果，我们将各城市群按中心城市综合得分求均值来代表城市群本身的综合评估结果，综合评估排序与 15 个城市群均值比较如图 2 所示。粤港澳大湾区大数据发展总指数综合得分在 15 个国家级及重要省级城市群综合评估排名中位居榜首，综合得分远高于排名第二的长江中游城市群，进一步凸显了其大数据发展的"执牛耳"地位。此外，京津冀、长三角与粤港澳大湾区（珠三角）一样充分展现了其作为世界级城市群的引领地位，大数据发展在众多城市群中位居前列。成渝城市群综合得分跻身前5，大数据发展尤为亮眼，并与京津冀、长三角和珠三角三个城市群呈分庭抗礼之态。总的来看，分析包含的15个城市群大数据发展综合评估均值为44.71，共有9个城市群综合得分超过平均线，占比达60%，这充分证明了我国城市群大数据发展的整体水平较好，多数城市群内部充分联动，大数据发展势头强劲。

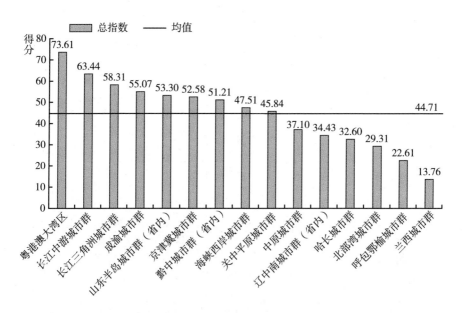

图2　国家级城市群大数据发展总指数得分与均值比较

二　代表性城市群大数据发展综合评估总体评价

本报告以城市群中心城市之大数据发展表现来反映城市群本身的大数据发展水平，而鉴于各城市群本身经济实力和大数据发展科技基础的不同，如此的分析处理方式可能存在一定的不足或不准确。因此，在充分考虑综合评估数据表现和区域发展相关特征的基础上，本报告重点筛选了京津冀城市群、长江三角洲及长江中游城市群、粤港澳大湾区及海峡西岸城市群、山东半岛及辽中南城市群、成渝及黔中城市群五个代表性的城市群作为各分指数评估分析的基础对象，代表性城市群及其中心城市具体评估结果如表2所示。

表2　代表性城市群及其中心城市综合评估结果

代表性城市群	中心城市	总指数	政用指数	商用指数	民用指数
京津冀城市群	北　京	79.97	30.19	29.14	20.64
	天　津	40.29	23.38	7.61	9.30
	石家庄	37.49	10.78	12.99	13.71
长江三角洲及长江中游城市群	上　海	65.08	29.38	16.97	18.73
	南　京	60.02	14.84	29.72	15.46
	杭　州	75.96	28.09	30.40	17.47
	宁　波	45.26	20.69	13.05	11.53
	合　肥	45.21	16.55	16.57	12.10
	武　汉	63.44	22.09	24.09	17.25
粤港澳大湾区及海峡西岸城市群	广　州	71.54	21.42	30.00	20.13
	深　圳	75.68	25.57	29.67	20.44
	福　州	44.50	16.96	15.53	12.00
	厦　门	50.52	22.23	15.84	12.45
山东半岛及辽中南城市群	济　南	51.75	18.93	20.80	12.02
	青　岛	54.85	25.73	16.97	12.15
	沈　阳	33.06	10.00	12.14	10.92
	大　连	35.80	9.71	16.35	9.74
成渝及黔中城市群	成　都	72.04	22.60	31.01	18.43
	重　庆	38.10	21.02	6.92	10.16
	贵　阳	51.21	26.97	14.50	9.74

　　将各代表性城市群各指数评估结果按中心城市的评估结果求均值得出图3所示的直观结果。根据图3所示，粤港澳大湾区及海峡西岸城市群与长江三角洲及长江中游城市群综合评估总体均值位居前列，综合评估结果几乎相同，充分体现了长三角及珠三角地区大数据发展的底蕴实力。京津冀城市群大数据发展综合评估结果虽然在5个代表性城市群中列第3位，但如表2所

示，其内部中心城市发展差异较为明显，北京"一城独大"，在京津冀城市群中发挥核心引领作用。在分指数组成上，京津冀城市群、成渝及黔中城市群是大数据政用发展较为突出，而粤港澳大湾区及海峡西岸城市群与山东半岛及辽中南城市群则是大数据商用发展较为突出，长江三角洲及长江中游城市群大数据商用发展与政用发展同样出色，这充分反映了大数据发展的区域性特征，即东部沿海地区大数据发展呈现商用强劲、政商共进、民用跟进的态势，其他地区呈现政用先进、商用有劲、民用铆劲的态势。

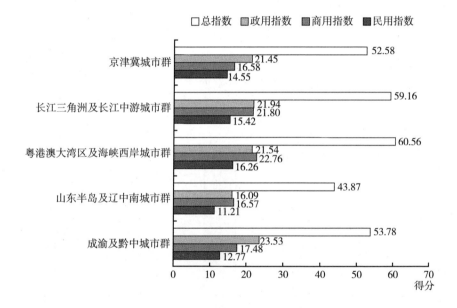

图 3 代表性城市群大数据发展总指数及分指数平均得分情况

三 代表性城市群及其中心城市大数据政用发展评估分析

（一）齐头并进，区域大数据政用发展呈现共同繁荣局面

从整体评估来看，在 5 个代表性城市群中，成渝及黔中城市群大数据政

用发展处于领先位置，长江三角洲及长江中游城市群、粤港澳大湾区及海峡西岸城市群、京津冀城市群呈现三足鼎立态势，山东半岛及辽中南城市群发展稍有滞后。5个代表性城市群区域大数据政用评估得分均值为20.91，4个城市群区域平均得分高于均值，占比达80%。成渝及黔中城市群包含了大数据策源地贵阳，而成都与重庆亦是西部地区乃至全国范围内大数据发展的后起之秀，整体表现较为亮眼。随着大数据战略向纵深推进，在各区域大数据组织建设和政策环境的充分保障下，各地数字政府建设与电子政务应用等不断发展，大数据与政用领域的融合不断开创新高度，大数据顶层设计持续完善，大数据政用发展对其他领域的引领作用显著增强，区域大数据协同发展持续向好，区域不均衡性持续改善，代表性城市群区域大数据政用发展正呈现齐头并进、共同繁荣的稳步向好局面。

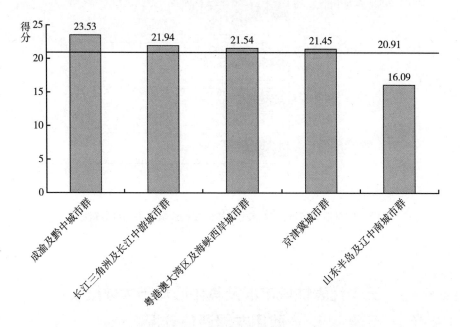

图4　代表性城市群大数据政用指数得分与均值比较

在大数据治理运用方面，各城市群区域正借数字化提升城市治理能力，打造世界级智慧城市群。智慧城市主要是通过物联网、云计算和大数据等各种信息技术，将城市的系统和服务打通、集成，实现信息化、工业化与城镇化深度融合，提升资源运用效率、优化城市管理和服务、改善市民生活质量已成为当前城市治理的重要发展方向。从在建智慧城市的地理位置分布来看，我国已初步形成了以京津冀城市群、长江三角洲及长江中游城市群、粤港澳大湾区及海峡西岸城市群、成渝及黔中城市群、山东半岛及辽中南城市群为主的五大智慧城市群。智慧城市群建设中，通过大数据技术等的应用，城市的智慧决策、精细管理、快速响应等能力得到极大提升，对城市群社会公共服务、城市建设管理以及电子政务等方面将形成极大助力，有助于推动城市和城市群区域在城乡发展上实现统筹协同，推动城市群网络在一体化基础上实现数字互联、在数字化基础上实现智能交互、在智能化基础上实现智慧治理。

（二）势能突出，成渝及黔中城市群数字政务发展迅猛

根据代表性城市群大数据政用指数结果，成渝及黔中城市群包含的中心城市贵阳、成都、重庆大数据政用指数在 28 个代表性中心城市中分列第 4、第 8 与第 16，城市群平均得分则位列 5 个代表性城市群中的第 1 位。可以看出，大数据政用不仅在珠三角、长三角以及京津冀城市群发展迅猛，得益于城市群的先进示范和辐射作用日渐强化，西部地区城市数字化进程显著加快，成渝及黔中城市群近年来发展态势显著。具体来看，成渝城市群在建设成渝信息网络快车道、促进新型基础设施协同升级、打造成渝信息网络重要节点、打造数据资源共享交汇点、探索数据中心的规模化集聚和共享、构建数字交流平台等方面成果显著。在黔中城市群中，为夯实贵阳贵安经济体量大能级城市建设基础，贵阳贵安政务服务部门加快了业务融合推进的步伐，两地融合发展跑出加速度。截至 2020 年 12 月底，贵阳市 20 个职能部门承接的 461 项社会事务事项已与贵安新区实现全面对接，其中包含的 314 个事项充分依托"全省通办"系统采取"通办式"方式进驻，已基本实现两地政务服务"一网通办、异地可办、就近能办"。

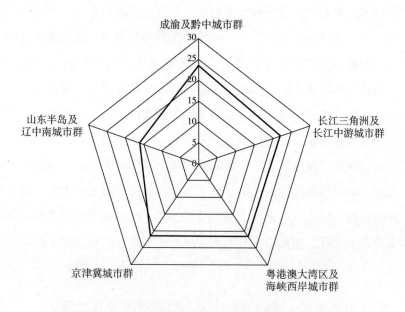

成渝及黔中城市群

长江三角洲及
长江中游城市群

山东半岛及
辽中南城市群

京津冀城市群

粤港澳大湾区及
海峡西岸城市群

图5 代表性城市群大数据政用指数得分比较

（三）巩固向好，城市大数据政用创新呈现全面开花格局

从5个代表性城市群区域包含的20个区域中心城市的大数据政用发展评估结果来看，北京、上海、杭州、贵阳、青岛五个城市大数据政用发展综合得分分列前5，综合评估得分超过20的城市共有13个，占比为65%。随着"让数据多跑路、群众少跑腿"等政务服务理念逐渐深入人心，地方各级政府不断推动各级各类政务信息资源和业务跨域互联互通，共享协同成为打破各部门之间数据壁垒沉疴的对症良方，城市大数据政用发展空前繁荣。伴随各级政府部门近十年的巩固推进，各地大数据管理机构建设成效显著，功能定位逐步完善清晰，大数据政策法规和行业规范更加合理有效，大数据顶层设计持续完善，政策环境持续优化。虽然发展基础和发展支撑性的不同导致各城市间大数据政用发展存在一定差异，但在国家大数据战略的充分引导以及大数据发展红利的充分激励下，区域中心城市不断重视城市大数据政用发展的引领作用，各地大数据政用发展不断呈现巩固向好、全面开花的创新格局。

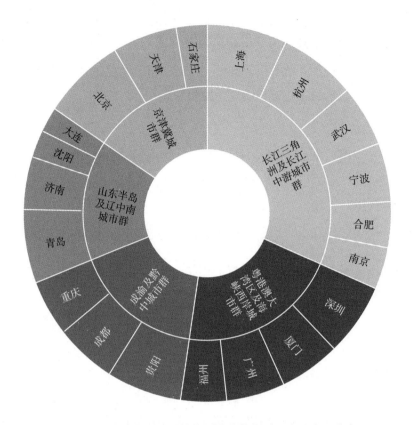

图6 代表性城市群及其中心城市大数据政用发展水平分布

建设数字政府，推动大数据应用与政府治理深度融合，实现政务信息化、数字化、智能化，是推进政府治理体系和治理能力现代化的必由之路。从代表性城市群区域中心城市大数据政用实践来看，北京以数据共享和事项标准化为重点，推动流程再造、业务协同等，实现"数据通、业务通、查的通、办的通"，网上政务服务的使用率和满意率显著提升，营商环境显著优化。上海建成全市联动、部门协同、一网办理的"互联网+政务服务"体系，通过"一网通办"建数字政府升级"城市大脑"，实现互联网与政务服务深度融合。杭州大力推动数字赋能城市治理，在深化"城市大脑"建设、全面推进数字政府建设等方面持续发力，城市数字治理在全国具有领先优势，有数字治理第一城的"杭州样本"之称。贵阳构建以数据为核心的

协同社会治理体系，政府数据共享开放保持领先，"一网通办"持续深化，数字政府建设为城市治理现代化赋能提速。青岛深入推进"一码通城"在政务服务领域的应用，统筹研究推进城市云脑市级中枢建设，打造一站式网上服务门户，政府数字化建设实现跨越式发展。

四　代表性城市群及其中心城市大数据商用发展评估分析

（一）集聚协同，区域产业联动开辟东部沿海地区新增长极

根据 5 个代表性城市群大数据商用指数评估结果（见图 7），粤港澳大湾区及海峡西岸城市群与长江三角洲及长江中游城市群区域大数据商用发展综合评估得分占据前 2，综合得分皆超过 20，充分显示了粤港澳大湾区与长江三角洲等东部沿海地区大数据商用发展的先导地位。东部沿海地区具有全国领先的经济发展实力、科技产业基础、人才集聚优势、对外合作平台等先导优势，这些都是大数据商用能更好发展的坚实支撑。从区位来看，粤港澳大湾区和长三角地区作为我国经济最具活力、开放程度最高、创新能力最强的区域之一，在"一带一路"建设和长江经济带战略中具有重要地位。数字经济时代下，区域内的人流、物流、资金流和信息流等资源要素加速流动，大数据产业企业分布在区域内各个城市，各地充分发挥自身优势，展现出强大发展活力，不断形成以城市群中心城市为引领、整个区域协同发展的局面。

（二）集群壮大，区域数字经济呈现"4 + N"发展新格局

大数据商用发展的要义与数字经济发展的核心本质是无差别的。从代表性城市群大数据商用指数得分比较可以看出，在一定经济发展优势和科技创新优势的推动下，代表性城市群区域数字经济发展明显好于其他区域，粤港澳大湾区、京津冀、长三角和成渝四大城市群更是遥遥领先。我国区域数字

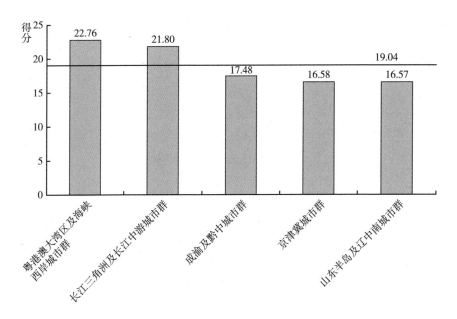

图7 代表性城市群大数据商用指数得分与均值比较

经济已呈现由粤港澳大湾区、京津冀、长三角和成渝城市群四大区域与多个热点区域构成的"4+N"发展格局。截至2021年初，在6个获批国家数字经济创新发展实验区的省市中，即河北、浙江、福建、广东、重庆与四川均来自四大代表性城市群，这些地区在未来一段时间内将会依托数字经济加快发展步伐，影响整个城市群区域经济发展格局。通过评估结果可以发现，数字经济的发展程度与城市群区域综合经济发展水平基本一致。在市场经济的引导下，多重要素在城市间的流动与融合，促进了城市群的形成与发展，而随着城市群区域内各类资源要素的加速流动和数字化产业企业的充分联动，以及数字技术与传统产业的融合渗透，大数据通过赋能效应，将推动产业深度变革，不断开辟数字经济新的增长极。

（三）六城领衔，数字两化融合激发数字经济发展新活力

根据5个代表性城市群中心城市大数据商用指数评估结果，成都、杭州、广州、南京、深圳、北京六个城市大数据商用综合得分位列前6，

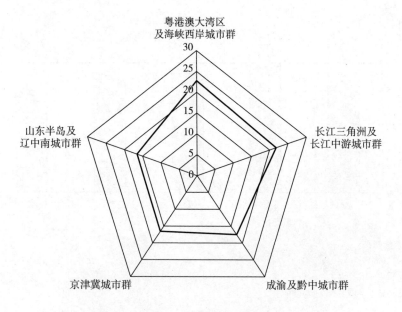

图8 代表性城市群大数据商用指数得分比较

六个城市综合得分均值为30，极差不足2，排名第六的北京的综合得分远高于排名第七的武汉，充分显示了居前六位的城市在大数据商用发展领域的领先地位。同时，据数字经济相关评估结果显示，我国城市数字经济发展前移集中态势明显，数字经济一、二线城市发展势头强劲，新一线城市数量增长31.8%，二线城市数量增长32.7%。数字经济是经济发展的关键引擎，经济基础是数字经济发展的强大根基。六大城市大数据商用的良好表现与其经济基础密不可分，经济优势助推大数据与区域内相关产业创新融合，可以很好激发数字经济发展新活力，衍生新模式，适应新场景。

从城市来看，通过"数字产业化"和"产业数字化"双轮驱动，各大城市在数字经济领域频频发力。成都在推动软件服务、集成电路、新型显示、信息安全、数字娱乐等高新技术领域形成了较强的竞争优势。杭州已形成具全球影响力的电子商务、云计算、大数据、数字安防等产业集群，不断涌现出新业态新模式，引领带动全国数字经济发展。广州充分发挥地区优

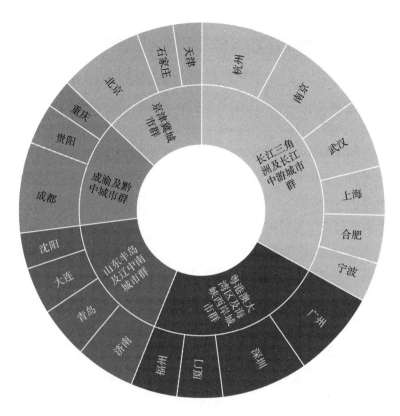

图9　代表性城市群及其中心城市大数据商用发展水平分布

势，沿珠江东部形成协同联动发展空间格局，聚焦未来技术、重点载体、国际开放、关键要素等方面，正加快打造成数字经济创新引领型城市。南京提出打造国家级软件和信息服务先进制造业集群，以软件和信息服务、集成电路、人工智能为主要方向，重点发展数字文创、数字金融、数字贸易等新业态，努力打造世界级数字经济名城。深圳依托自身在电子信息制造业和软件行业的雄厚基础，推动5G、工业互联网等数字经济产业相关业态的发展，大力支持新基建，已成为全国数字经济产业发展新高地。北京依托政策优势、区位优势、人才优势，着力打造数字经济创新生态，不仅成为数字经济创新资源聚集地和京津冀地区高质量发展的重要增长极，也是全国数字产业化的制高地和产业数字化方案输出地。

五 代表性城市群及其中心城市大数据民用发展评估分析

（一）新零售正呈现出数字经济时代的社会化大协作潜能

随着大数据和数字经济的蓬勃发展，大数据在民用领域的应用逐渐深化，以新零售、新消费为代表的新业态新模式方兴未艾，快捷便利数字化的生活方式正成为人们的不二选择。从城市群大数据民用发展的角度来看，各城市群积极拥抱数字经济带来的发展红利，珠三角、长三角、京津冀地区数字消费排前三，三个地区数字消费占全国的比重近60%，在城市群中遥遥领先。随着"智慧零售""全域零售""新零售""社交电商""用户精准画像"等概念的不断深入，"零售＋"新业态层出不穷，并推动移动支付、物联网、人脸识别等新技术深入发展和创新应用。疫情期间，新零售还在保障民生供应方面发挥了独特的作用，进一步改变了人们的消费习惯，大幅推进了线上购物渗透率的提升，可以说是开创了零售的新时代。

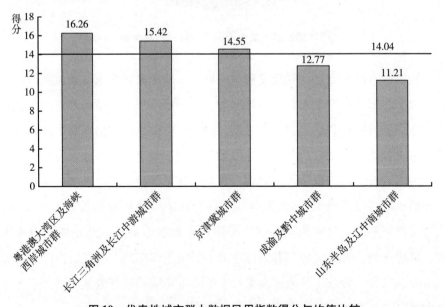

图10 代表性城市群大数据民用指数得分与均值比较

创新改变未来。各城市群区域产业数字化加速推进，推动了电商服务业效率不断提升，服务模式更加多元化，物流和供应链、电子支付、信息技术、运维服务等诸多服务领域将进一步呈现加速发展态势，为新零售行业带来巨大颠覆和改变。目前，国内已形成了近百个新零售商圈，覆盖京津冀、长三角、珠三角等主要城市群，上述商圈在经过新零售化改造后，不仅销售额领跑全国，而且客流量、转化率等核心指标相较以往也有显著提升，长三角、珠三角等地区正在加速推动新零售创新业态落地、传统零售转型、区域物流网络等合作快速落地达成。新零售的快速发展，正在成为整合线上线下优势资源、聚集新的发展动能、带动消费显著增长、助力城市群区域建设成世界领先的新零售一体化网络、打造世界级新零售城市群的根本性推动力。

（二）新消费正成为引领国内大循环的重要增长动力

随着新技术的深度应用和居民生活水平的不断提高，在新一轮技术革命和产业变革推动下，以新的消费内容、新的消费方式、新的消费结构和新的消费制度为内涵的新消费不断创新发展。根据 5 个代表性城市群中心城市大数据民用指数评估结果，北京、深圳、广州、上海、成都、杭州、武汉、南京、石家庄、厦门十个城市大数据民用综合得分位列前 10，平均值为 17.47，在 5 个代表性城市群区域包含的 20 个中心城市中整体得分率为 61%。从各城市所在区域米看，除成都与武汉外，其他 8 个城市都来自东部地区，来自京津冀、长三角与粤港澳大湾区的四个超大城市北京、深圳、广州、上海大数据民用指数综合得分居前 4，领先地位稳固。这无疑得益于各个区域在移动终端普及、网络发展基础、5G 基站覆盖、智慧城市建设、数字消费发展等方面的良好基础。新消费正成为激活城市发展的内生动力。

2020 年，新冠肺炎疫情冲击全球经济，受此影响，我国经济结构调整和消费转型进一步加快。在工业化、城市化叠加信息化、数字化、智能化深度发展的背景下，数字消费数量和规模呈不断增长趋势，对引领我国消费发

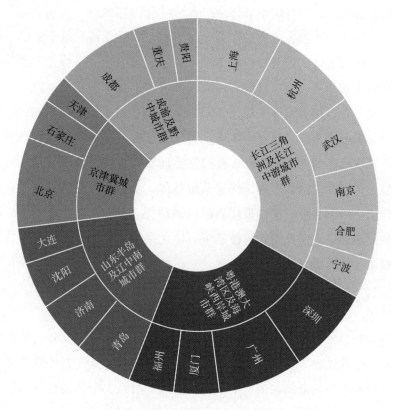

图11 代表性城市群及其中心城市大数据民用发展水平分布

展提质增效、促进消费升级，加快形成我国经济"双循环"新格局将产生积极而深远的影响。从区域发展来看，京津冀、长三角、粤港澳大湾区、成渝城市群等在其中心城市的引领下，正在构建我国数字消费发展新高地，空间上形成横跨南北、贯穿东中西的"十"字形发展格局。可以预见的是，随着线上消费、无人零售、智慧消费、共享消费、信息消费、体验式消费等新业态、新模式的快速发展，我国大型商业综合体、商业超市将加快数字化转型，现代城市商圈将加速智能化改造提升，服务超越商品将成为主要消费内容，聚焦新消费模式的新电商企业与传统制造企业深度合作将促进消费产业双升级，新消费将成为引领国内大循环、促进形成国内国际双循环相互促进新格局的重要推动力量。

（三）长三角区域数字一体化极大提升数字民用积极性

数据无处不在、数据安全可用、数据便捷惠民是通过大数据等技术建设以人为本的智慧社会的根本要求。从路径上来说，数字一体化不仅是区域一体化的关键环节和手段，更是区域一体化发展的方向和目标。通过代表性城市群大数据民用指数得分的比较情况可以发现，长三角、粤港澳大湾区和京津冀地区大数据民用指数大幅领先，三个地区总得分在 5 个城市群中的得分占比为 66%，侧面反映出数字化水平与数字应用的强关联性。就具有代表性的长江三角洲城市群来说，《全球数字经济竞争力发展报告（2020）》显示，2019 年长三角地区数字经济总量达到 8.63 万亿元，占全国的 28%，数字经济占当地经济总量的比重也达到了 41%。《长江三角洲区域一体化发展规划纲要》也明确提出，要"加快构建新一代信息基础设施，推动信息基础设施达到世界先进水平，建设高速泛在信息网络，共同打造数字长三角"。随着"数字长三角"建设深入推进，长三角区域商业和产业协同一体化、公共服务一体化、社会治理一体化等将得到同步发展。随着数据要素充

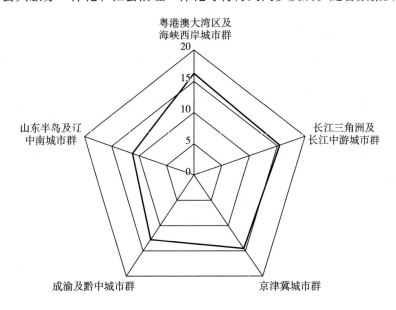

图12 代表性城市群大数据民用指数得分比较

分流通和安全共享，区域政务服务平台、智慧物流体系、多元消费场景等将得到极大改善，消费、出行、就医、就业等各方面将享受到极大便利，"三角洲"将变身"三角镇"。

六　中国城市群大数据发展趋势及展望

（一）以数据开放共享和跨域融合为特征的数字治理将推动智慧城市向智慧城市群创新跨越

城市是一个动态的生命体，而城市群作为城市的集合，生命体征更加复杂多变。习近平总书记曾在浙江考察时指出："推进国家治理体系和治理能力现代化，必须抓好城市治理体系和治理能力现代化"。新的历史时期，城市治理问题纷繁复杂，治理难度与日俱增。数字化前沿技术已成为推动城市治理手段、治理模式和治理理念创新的核心力量，在实现城市治理数字化、智能化、智慧化升级转变中具有革命性支撑作用。可以预见，以数据开放共享和跨域融合为特征的数字化技术将推动智慧城市发展，并推动智慧城市向智慧城市群创新跨越。具体来说，大数据可以为城市群协同发展提供技术支撑，通过定量化、精细化、全面感知的技术手段，准确分析和检测出各种真实要素的流动特征，可以全面、立体、实时地识别城市群的相关问题，进而促进多种要素资源的高效利用，切实支撑区域政策制定的科学化、管理的精细化与实施的精准化。而通过打通数据相互调取通道，推动使用频度较高的数据在一定区域内安全地开放共享和跨域融合，将为跨区域的移动政务服务带来极大便捷。随着以云计算服务、大数据中心、智联网络等为构成要素的数字基础设施的完善，数据开放共享和跨域融合将更加多元安全，跨域城市治理将更加交互、高效、智能。

（二）以新基建和新算力为驱动的数字经济将助力城市群数字协同融合发展

数字经济正通过资金网络、商业信息网络、物流网络等基础设施的普及，改变经济发展模式和资源配置方式，不断推动区域协同发展开拓新的浪潮。新世纪以来，我国高度重视区域协同发展，京津冀协同发展、长江经济带、长江三角洲区域一体化和粤港澳大湾区等区域战略的实施，有效地促进了区域间通信和基础设施的互联互通，突破人口和经济格局的限制，助力各区域更高质量的发展。以颠覆性信息技术为核心的数字经济的出现，成为各区域突破地理环境限制、培育新动能、实现弯道超车的新的突破口和重要渠道。随着国家不断推进区域融合发展，数字经济已成为区域经济融合发展的有效渠道之一。在5G、云计算、大数据中心等新型基础设施建设稳步推进下，区域资源配置不断优化，经济发展模式深刻改变，数字经济帮助突破资源和地理环境的限制，区域协同深入发展，区域数字经济一体化逐渐形成。同时，数字经济时代的数据是以几何倍数增长，如果再加上城市群的庞大资料来源，随之要求的就是强大算力。如果把大数据、新基建、算力比作一辆汽车来剖析，可以说，"新基建"是汽车的外观零部件，大数据是汽油燃料，而算力则是核心的发动机，三者各有妙用、合理分工、共同作用才能使这辆汽车稳健地行驶在数字经济发展大道上。未来，随着电商平台、大数据核心技术和制造网络优势的发挥，5G、人工智能、大数据等数字经济核心产业进一步壮大，新一代算力效率持续提升，城市群内新零售、新物流、新业态、新场景等将在深度和广度上实现深刻变革，数字城市群将是新的发展浪潮。

（三）以新零售和新消费为供需的新业态将促进城市群与"双循环"战略实现创新碰撞

"双循环"战略作为"十四五"及未来很长一段时期内我国经济社会发展的核心战略，不仅是国际社会深刻变革下的历史必然，也将是引领新发展阶段的核心竞争优势。同时，"十四五"规划还强调，要发挥中心城市和城市群带动作用，建设现代化都市圈。"双循环"战略强调切实稳定和持续优化产业链、供应链，激发消费潜力，实现消费升级，而建设现代化都市圈有利于激活有效投资与激发潜在消费需求，二者不谋而合相辅相成。随着区域

产业协同带来的产业升级和融合，二产高端化、三产特色化将成为城市群区域新的发展优势。中心城市和节点型城市在经济、产业和对外合作上的深度协同将促进城市群内新的产业门类、新的生活方式和新的消费需求不断迭代升级。新发展格局下，无论是从外部资源、内部需求还是从创新链、资本链、产业链、供应链的角度来看，依托创新和产业化协同，以产业升级支撑都市圈消费升级，以数字化创造新消费，无疑都是促进城市群与"双循环"战略双双实现创新发展的良好选择。此外，随着"智慧零售""全域零售""新零售""社交电商""用户精准画像"等概念的不断深入，"零售＋"新业态层出不穷，正在推动移动支付、人脸识别、物联网、区块链等新技术深入发展和创新应用。在数字化的推动下，国内新的零售生态开始重构，高效率、高品质零售加速发展。总的来说，随着数字化深入发展，依托城市群集成的对外开放大平台优势，以"新零售"和"新消费"为供需两端的新业态、新模式将不断促进城市群与"双循环"战略实现耦合式的良性互动。

参考文献

连玉明主编《中国大数据发展报告 No.4》，社会科学文献出版社，2020。

赛迪顾问股份有限公司：《2020 中国数字政府建设白皮书》，2020 年 6 月。

中国电子信息产业发展研究院：《中国大数据区域发展水平评估白皮书（2020）》，http：//www.cbdio.com/，2020 年 8 月 28 日。

中国信息通信研究院：《中国区域与城市数字经济发展报告（2020 年）》，2020 年 12 月。

商务部研究院：《2020 年中国消费市场发展报告——新消费成为引领国内大循环重要动力》，2020 年 12 月。

汪超：《大数据与城市群：智慧引擎、融合实践与整合改革》，《电子政务》2017 年第 6 期。

B.6
国家大数据综合试验区发展报告

摘　要：　大数据已成为塑造国家竞争力的重要标志，各国纷纷将大数据
提升为国家战略，并将产业发展作为大数据发展的核心。中国
通过实施国家大数据战略抢占新一轮科技革命和产业变革战略
制高点，先后批复建设八大国家大数据综合试验区，推动数字
产业化和产业数字化融合发展，助力网络强国、数字中国、智
慧社会建设，不断增强国家综合竞争力。五年来，国家大数据
综合试验区在数据开放共享、数据中心整合、数据资源应用、
数据要素流通、大数据产业集聚、大数据国际合作、大数据制
度创新等方面进行试验探索，推动我国大数据创新发展。本报
告从不同维度对八大国家级大数据综合试验区的发展情况进行
比较分析研究，以期对大数据综合试验区未来发展提供参考
借鉴。

关键词：　大数据战略　大数据综合试验区　数字产业化　产业数字化

2015 年 8 月 31 日，国务院印发《促进大数据发展行动纲要》，十八届五中
全会提出实施"国家大数据战略"，标志着大数据战略正式上升为国家战略。国
家大数据战略实施后，贵州省、京津冀、珠江三角洲、上海市、河南省、重庆
市、沈阳市、内蒙古自治区先后被列入国家大数据综合试验区。自批复以来，
各试验区在落实国家大数据战略、促进大数据发展方面开展了诸多有益探索和
实践。八个国家大数据综合试验区通过统筹布局、先行先试，形成了一批可复
制、可借鉴的试验区经验，通过示范引领，推动了我国大数据的高质量发展。

一 大数据发展的顶层设计与实施路径

从世界各国的大数据发展战略到中国的国家级大数据综合试验区建设，做好发展规划顶层设计和制定配套政策在其中发挥了至关重要的促进作用，不同的政策着力点折射出各国大数据发展顶层设计的差异，也成就了试验区不同的发展路径模式。

（一）中国、美国、英国大数据发展战略侧重比较

世界各国发展大数据具有相同点，也具有明显特征，为了便于分析，选择中国、美国、英国3个国家作为分析重点，从战略规划等方面汇总并比较其大数据相关政策的明确与模糊程度，如表1所示。

表1　主要国家大数据政策对比

国家	基础研究	技术研发	人才培养	产业发展	资金支持
中国	明确	明确	明确	明确	较为模糊
美国	较为模糊	明确	明确	较为模糊	明确
英国	较为模糊	较为模糊	明确	明确	明确

2012年3月29日，美国首先把大数据升级为国家战略，明确国家科学基金会在大数据基础研究中的重要地位，精心部署国防、民生等领域的核心关键技术研发，侧重增加从事大数据技术开发和应用的人员数量。英国旨在保持数据挖掘和价值萃取等方面的世界领先地位，专门做出人才培养部署。美、英等国相继宣布对大数据的投资，提供资金保障。在隐私与数据安全保护方面，英国明确指出要配备隐私专家，强制要求所有政府部门执行个人隐私影响评估工作。欧盟在隐私保护方面更加谨慎，倾向于制定并执行严厉的数据安全保护法规。例如，2015年12月，GDPR以欧盟法规的形式确定了对个人数据的保护原则和监管方式。

中国更注重基础技术研发和环境搭建，因此配套应用政策较为明确。我

国上海、重庆等市均加强了数据科学人才培养工作，强化对大数据产业的培育和扶持。中国试点示范项目强化综合部署政府与商业领域应用，全面推进项目实施，因相关技术与产业发展还较薄弱，需要对重要服务和治理领域进行项目规划，通过试点示范带动发展。

（二）国家大数据综合试验区试验内容比较

贵州省作为首个国家大数据综合试验区，围绕解决大数据发展面临的主要问题，在数据资源管理、共享开放、资源应用、要素流通、产业集聚、国际合作、制度创新、数据中心整合等方面开展系统性试验。在发展大数据初期，提出了"34533"总体发展思路，明确了大数据发展的蓝图与愿景。2017年，贵州省提出实施大扶贫、大数据、大生态三大战略，大数据上升为全省战略行动计划。2020年，提出坚定不移推进大数据战略行动，做实"四个强化"、加快"四个融合"、实现"六个重大突破"，以大数据产业为核心的数字经济成为推动贵州经济社会高质量发展的新引擎。

京津冀和珠江三角洲作为跨区域类试验区，围绕落实国家区域发展战略，更加侧重跨区域协同发展、一体化发展，注重以发展大数据吸引技术、资金、人才等要素，支撑跨区域公共服务和治理。其中，北京充分发挥创新核心作用，天津发挥综合支撑作用，河北发挥承接转化作用，实现三地大数据产业一体化发展。珠江三角洲覆盖广东省所属的9市，广州、深圳在大数据发展方面发挥引领作用，粤东西北结合各自优势领域在大数据发展方面也肩负重要使命。

上海、河南、重庆、沈阳作为区域示范类试验区，分别积极发挥优势引领东部、中部、西部、东北等四大区域大数据产业的发展，更加侧重数据资源的统筹和产业集聚，通过辐射带动促进相应区域提质增效、协同发展。上海注重发挥贸易、科技等领域的优势，河南注重发挥交通物流、农业粮食等领域的优势，重庆注重打造"智造重镇"等，沈阳聚力智慧城市体系等建设，积极探索区域协同、创新发展。

内蒙古作为基础设施统筹发展类试验区，在充分发挥其气候等优势条件

的基础上，发展更加侧重基础设施的统筹、绿色、集约建设以及数据资源的整合，强化与东、中部大数据产业发展具备优势的地区开展合作，最终实现跨越发展。

（三）国家大数据综合试验区政策措施比较

从 2013 年开始，国家发改委、工信部等部门以及八大试验区纷纷出台大数据相关政策（见表 2），并加快各项政策落地，促进大数据产业生态逐渐形成，整体发展环境不断优化。经过梳理发现，大数据与数字经济、智慧城市建设等应用场景加快融合已成为必然趋势，政策文件成为推动大数据产业高质量发展的关键因素之一，通过精准实施专项政策，聚集大数据资源，积极引导大数据企业参与大数据发展领域的"出题"与"解题"。大数据应用场景的增多，将加快推动大数据民用、政用、商用进程，从而衍生新的大数据应用场景，最终形成相互促进的良性闭环，不断推动我国大数据的创新发展。

表2　八大国家大数据综合试验区相关文件

试验区	出台的相关文件
贵州	《贵州大数据产业发展应用规划纲要(2014~2020年)》
	《贵州省大数据发展应用促进条例》
	《关于加快大数据产业发展应用若干政策的意见》
	《省人民政府关于促进大数据云计算人工智能创新发展加快建设数字贵州的意见》
京津冀	《京津冀大数据综合试验区建设方案》
	《北京市大数据和云计算发展行动计划(2016~2020年)》
	《天津市促进大数据发展应用条例》
	《河北省大数据产业创新发展三年行动计划(2018~2020年)》
珠江三角洲	《珠江三角洲国家大数据综合试验区建设实施方案》
	《广东省促进大数据发展行动计划(2016~2020年)》
	《广东省培育数字创意战略性新兴产业集群行动计划(2021~2025年)》
上海	《上海市大数据发展实施意见》
	《上海推进大数据研究与发展三年行动计划(2013~2015年)》

试验区	出台的相关文件
河南	《河南省促进大数据产业发展若干政策》
	《河南省"互联网+"行动实施方案》
	《关于推进云计算大数据开放合作的指导意见》
重庆	《重庆市大数据行动计划》
	《重庆健康医疗大数据行动方案(2016~2020年)》
	《重庆市建设互联网经济高地"十三五"规划》
	《关于运用大数据加强对市场主体服务和监管的实施意见》
沈阳	《沈阳市国家大数据综合试验区建设三年行动计划(2018~2020年)》
	《沈阳市促进大数据发展三年行动计划(2016~2018年)》
	《沈阳市智慧产业发展规划(2016~2020年)》
内蒙古	《内蒙古国家大数据综合试验区建设实施方案》
	《内蒙古自治区促进大数据发展应用的若干政策》
	《内蒙古自治区大数据发展总体规划(2017~2020年)》

二 国家大数据综合试验区建设成效

2016年2月25日,国家批复贵州建设首个国家级大数据综合试验区,贵州先行先试、探索创新。同年10月8日,国家批复七个区域建设第二批国家级大数据综合试验区,包括两个跨区域类(京津冀、珠江三角洲)、四个区域示范类(上海、河南、重庆、沈阳)及一个大数据基础设施统筹发展类(内蒙古)三大类试验区。

(一)首个国家大数据综合试验区

国家大数据(贵州)综合试验区按照"一个坚定不移、四个强化、四个融合"的部署,深入实施大数据战略行动,推动大数据与实体经济深度融合,以数据为关键要素的数字经济高速高质发展,为经济社会高质量发展注入强劲力量,截至2020年12月,建设成效明细如表3所示。

数字新基建不断完善。截至 2020 年 12 月，贵州全省累计建成 5G 基站 16330 个，在工业、旅游、医疗、教育等行业探索场景应用。累计出省带宽达到 1.67 万 Gbps，正成为全国光网的核心枢纽之一。中国南方数据中心示范基地、区块链等产业、技术创新发展。

表 3 国家大数据（贵州）综合试验区建设成效明细

维度	成效明细
新基建	建成国家级互联网骨干直联点、根镜像服务器节点、国家顶级域名服务器节点和国际互联网数据专用通道。建成区块链基础设施平台"享链"。基本完成苹果、华为数据中心主体建设，腾讯数据中心一期建成投用
产业数字化	电子行业工业互联网标识解析二级节点与国家顶级节点实现互联互通，工业互联网备份数据中心、工业信息安全创新中心签约落地。建成"一码贵州"智慧对接平台，上线产品 6.65 万个，入驻企业 2.3 万家
数据融合新业态	贵阳建成"智慧微菜场"300 余个，"脸行贵阳"在贵阳地铁 1 号线应用实现"刷脸"乘车。建成"一码游贵州"平台，访问总量超过 8840 万人次。全省 670.7 万名中小学生通过"阳光校园·空中黔课"学习
数字化治理	制定实施全国首部省级政府数据共享开放地方性法规《贵州省政府数据共享开放条例》。"一云一网一平台"不断提升。全省劳务大数据平台实现人岗精准匹配，促进贫困劳动力就业 28.79 万人次

产业数字化加快转型。工业实现智能化改造，采煤实现 100% 机械化、辅助系统 100% 智能化。农业实现产销智慧对接，农产品产销对接网络覆盖全省所有县区，有效助力"黔货出山"，助推消费扶贫。农产品销售智能终端进入社区，新鲜农产品从田间直接进入群众餐桌。

数据融合新业态涌现。平台经济、无接触经济快速发展，截至 2020 年 12 月，铜仁数字产业园已签约物流企业 313 家，满帮平台认证司机用户超 900 万。智慧医疗、智慧教育、智慧旅游等快速推进，2020 年全省远程医疗服务总量 54.2 万例次，实现"智学""云游"贵州。

数字化治理效能凸显。"一网通办"实现省、市、县三级政务服务事项 100% 网上办，扶贫云监测分析能力卓越，解决了"扶持谁、谁来扶、怎么扶、如何退"问题。

（二）跨区域类大数据综合试验区

1. 京津冀国家大数据综合试验区

作为全国唯一跨省建设的试验区，北京、天津、河北基本形成协同发展格局。产业聚集发展方面，三地分别制定了促进大数据发展的政策文件，以及一系列重大工程落地实施，为大数据产业生态协同创新、发展提供了制度保障，奠定了基础。基础设施建设方面，形成了张家口、廊坊、承德等环京大数据基础设施支撑体系，截至 2020 年，廊坊示范区有润泽信息港等大型数据中心投入运营，小型数据中心不少于 5 个。创新应用方面，建立了社会、政府互动的数据共享和应用机制，其中河北省政务平台覆盖省、市、县、乡四级。北京在大数据发展方面提前布局，通过建立中关村大数据产业联盟及交易平台等，为大数据发展奠定了良好的基础。

2. 珠江三角洲国家大数据综合试验区

2013 年起，广东省在全国率先成立实施大数据战略专家委员会，通过超前谋划、抢占高地，广东大数据产业发展综合实力在全国持续领先，技术创新优势明显。数字产业发展方面，试验区初步形成"一区两核三带"的总体布局，大数据产业相关规上企业超过 30 家。积极培育和发展省级大数据产业园，截至 2020 年，公布了三批共计 16 个省级大数据产业园，成为人数据产业最具创新动力的区域之一。通过布局一批重大科学装置和科研平台，创新成果转化能力较强。数字政府建设方面，上线广东微信小程序"粤省事"，数字政府建设延伸到监管、工程建设审批、涉企政策服务等多个方面。为进一步改善营商环境，打造了业务统一受理平台"广东政务服务网"，开办企业平均时间从 16 个工作日缩短至 5 个工作日内。广东在数字政府改革建设中实施"全省一盘棋"的制度设计，实现"互联网思维"与政务服务融合，以老百姓"爱不爱用、好不好用"来检验政务成效。京津冀和珠江三角洲两个跨区域类综合试验区建设成效明细如表 4 所示。

表 4　跨区域类综合试验区建设成效明细

试验区	维度	成效明细
京津冀	产业协同	天津建设的"京津冀大数据协同处理中心"成为京津冀大数据协同处理的重要基础设施。廊坊建设的"京津冀大数据感知体验中心"于 2017 年 5 月 18 日投入使用
	基础设施	全球领先、全国第一的海量冷数据处理中心、国家超级计算天津中心、张北"中国数坝"云计算产业基地、承德"1144"工程等落地实施
	应用创新	北京市六里桥市级政务云、天津市统一数据共享交换平台、"云上河北"建成
珠江三角洲	数字产业	建立适应大数据产业发展需求的标准体系,在数据资源建设方面全国领先
	数字政府	截至 2019 年 11 月,"粤省事"累计上线公安、人社、教育、税务等近 800 项高频民生服务,其中 649 项"零跑动"

(三)区域示范类大数据综合试验区

1. 上海国家大数据综合试验区

上海通过健全法规体系、政策体系及标准引领,重点围绕"云、网、数、应用",带动公共数据规范采集、全程治理,深化数据共享。数据共享开放方面,建立了公共数据标准化技术委员会,对开放数据进行精细化分类管理。截至 2020 年 5 月,汇聚公共数据 340 亿条,并持续加大数据汇聚、共享、开放力度。数据创新应用方面,上海积极推动数据的融合应用,鼓励在政务、民生等领域实现应用创新。截至 2020 年 5 月,建成全市统一的电子证照库,已归集 345 类高频证照,总数突破 9256 万张,实现"证照免交""一证通办"。围绕金融、医疗、交通等社会热点领域,大胆开展数据开放创新试验。在普惠金融领域,首批开放政府税务等各类公共数据共计 412 项给试点银行,帮助更多优秀小微企业进入银行信贷视野,缓解融资难、融资贵问题。

上海持续推进产业集聚发展,不断优化产业政策,推动产业链协同创新。产业政策布局方面,结合产业统计,将大数据产品纳入上海市创新产品推荐目录的重点支持领域,享受政采渠道优惠政策。支持重点企业科创板上市,建设大数据储备项目库。创新生态环境方面,上海着力推动大数据技术标准突破，推进行业创新应用发展，持续完善大数据创新生态建设。围绕热点领域，支持"产学研用"各方共建大数据联合实验室，发挥其协调支撑作用。

2. 河南国家大数据综合试验区

河南提出要打造全国一流的大数据产业中心、数据应用先导区、创新创业集聚区、制度创新先行区，建成引领中部、特色鲜明的国家大数据综合试验区。形成了以核心区、中心城市大数据产业园区为主要节点的"1 + 18"大数据发展格局，通过核心引领、节点带动，实现集聚发展。郑东新区龙子湖智慧岛作为核心区，已形成"一岛一环两园一带多点"的空间发展格局。截至 2020 年，通过"实体孵化 + 网络孵化"的模式，打造涵盖区域内 28 家众创空间的双创孵化基地，已入驻企业 500 余家，158 家私募投资基金机构入驻智慧岛。河南省推行大数据重点项目"服务八同步，拿地即开工"的项目前期工作推进机制，吸引集聚阿里巴巴等 200 余家国内外知名大数据企业以及 9 家国家级科研院所和 12 个院士工作站，签约华为软件开发云创新中心等重大项目，总投资近千亿元。

3. 重庆国家大数据综合试验区

"十三五"以来，重庆大力实施以大数据智能化为引领的战略行动，大数据发展成效初显。传统产业智能化转型方面，2016 年以来，实施智能化改造项目 2563 个，建成 359 个数字化车间、67 个智能工厂，推动企业提高生产效率 70.2%。重庆在"芯屏器核网"产业全链条上持续发力，形成了集成电路产业集群、新型显示产业集群、高端电子材料产业集群。新型智慧城市建设方面，2020 年 8 月，重庆市新型智慧城市运行管理中心建成投用。截至 2020 年 11 月，"城市大脑"已接入市级部门、区县和单位共 79 个系统，搭建了 18 个综合应用场景。数据开放共享方面，上线公共数据资源开放系统，开放系统首批汇聚了 48 个市级部门、20 个主题、800 余类数据，免费向公众提供与生产生活紧密相关的多领域公共数据。

4. 沈阳国家级大数据综合试验区

沈阳围绕网络强国、数字中国、智慧社会等一系列重要战略部署，坚持

"立足沈阳、带动周边、辐射东北",积极进行大数据发展试验。新型数字基础设施方面,建成东北地区最大的超算平台——东网科技云计算中心。获批东北地区唯一国家首批 5G 通信组网试点。智慧城管平台实现 170 余万个城市管理部件数字化和精细化管理。充分运用大数据创新监督手段,提升监督实效,实现主动、精准、全覆盖监督。产业链条构建方面,以智慧沈阳统一平台为基础,汇聚全市 400 多个单位数据,基本实现互联互通。在重点领域示范应用上,布局智能医疗、健康医疗与教育等多个领域,已建成国家级电子商务基地 2 个,浑南等大数据产业集聚区不断成长,落户大数据相关企业超过 180 家。不断深化与传统制造融合,初步形成"两云六平台"工业互联网生态,促进制造业价值链优化和再造。着力推进"企业上云"工程,形成具备沈阳特征的云服务体系。上海、河南、重庆、沈阳四个区域示范类综合试验区建设成效明细如表 5 所示。

表 5　区域示范类综合试验区建设成效明细

试验区	维度	成效明细
上海	数据共享开放	印发《上海市加快推进数据治理促进公共数据应用实施方案》等 12 份规范性文件。建设市大数据资源平台,形成"数据湖"。建成市大数据资源平台的共享交换子平台,实现全市公共数据集中存储、治理、共享应用、质量检测等功能。依托"三清单一目录"(需求清单、责任清单、负面清单、数据资源目录)机制进行公共数据共享供需管理,形成公共数据质量监测长效机制
河南	顶层设计	2017 年 6 月,河南省委、省政府联合印发《关于加快推进国家大数据综合试验区建设的若干意见》
重庆	智慧城市	2020 年初,重庆入选工信部 2019 年度十大智慧城市典型案例
沈阳	大数据监管	2019 年至 2020 年 9 月,全市 25 家政府职能部门运用大数据手段,在审批监管、工程建设、基层民生等重点领域建设监管系统 22 个,制定防控措施 923 项,堵塞漏洞 293 个

(四)基础设施统筹发展类综合试验区

内蒙古国家大数据综合试验区获批以来,积极开展大数据探索试验,全面铺开试验区建设，取得了丰硕成果（建设成效明细如表6所示）。基础设施建设方面，截至2019年6月，数据中心服务器总装机量超过35万台，综合利用率大于40%，网络出区带宽达到18.97T。积极探索数据中心产业发展新模式，大力开展"以数招商"，推动华唐呼叫中心等一批重点项目落地。应用创新方面，实施政务数据共享开放工程，创新政务、民生等领域应用，改善政务、民生服务水平。建成生态环境大数据管理平台，荣获首届数字中国年度最佳实践成果奖。纪检监察等政府部门的大数据应用稳步推进，大数据在脱贫攻坚、医疗健康、教育培训、公共安全、生态环保、住房保障、就业社保等领域的应用得到落实，实现信息惠民，发挥优化基本公共服务配置的作用，让群众分享数据红利。

表6　内蒙古国家大数据综合试验区建设成效明细

维度	成效明细
目标	加快打造中国北方大数据中心、丝绸之路数据港、数据政府先试区、产业融合发展引导区、世界级大数据产业基地
基础设施	推动阿里巴巴、中国电信、华为、亚信数据港、优刻得、亿利科技等数据中心建设，苹果中国北方数据中心、同舟汇通数据中心、国家电子政务云数据中心北方节点落地
大数据应用	建成宏观经济数据库和大数据监测分析系统，开展宏观经济、价格、投资、能源等监测预测

三　国家大数据综合试验区发展比较

八大国家大数据综合试验区基础条件、发展定位与模式路径不尽相同，为了对其进行分析研究，收集汇总了其各个维度的数据，并加以对比分析。对各试验区发展情况进行对比研究，有助于评价试验区建设现状及存在的问题，为推进大数据发展提供决策依据。

（一）综合试验区发展数据对比分析

汇总八大国家大数据综合试验区大数据发展指数及分指数的计算结果如

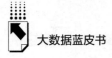

图1所示。在大数据发展指数、商用指数、民用指数方面，北京处于领先地位，但京津冀大数据综合试验区所含三地发展较为不平衡。在政用指数方面，贵州位列第一。在对区域大数据发展的贡献方面，以贵州为例，大数据引领作用更加明显，通过实施"万企融合"大行动，不断培育壮大发展动能。2019年，2280户企业与大数据融合发展，软件业务收入、智能手机、电子元件、集成电路产量分别增长18%、180%、25%、20%以上，数字经济增速达22.1%，增速持续5年排名全国第一。

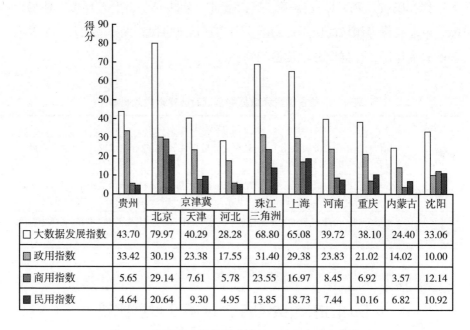

图1　八大国家大数据综合试验区大数据发展指数

汇总八大国家大数据综合试验区示范项目、政策、5G基站相关数据如表7所示。北京市39个项目入选工信部"2020年大数据产业发展试点示范项目"，数量位列第一。京津冀大数据综合试验区入选总数为50个，占全国入选总数（200个）的比重达25%，凭借领先的经济基础及科技基础，在工业大数据融合应用、民生大数据应用场景创新、大数据关键技术先导应用等方面具有领先优势。2014年以来，国家大数据（贵州）综合试验区出

台的大数据政策文件数最多，达到 27 项。珠江三角洲大数据综合试验区
2020 年计划建设 6 万个 5G 基站，广东 5G 骨干企业数量较多，约有 1600 家
5G 产业相关企业，在全国的占比约为 1/3。广东拥有较为完善的 5G 产业
链，通信设备和 5G 终端制造领域世界级领先企业华为、中兴等 5G 基站发
货量位居全球前列。

表7　八大国家大数据综合试验区示范项目、政策、5G 基站情况

试验区	贵州	京津冀			珠江三角洲	上海	河南	重庆	沈阳	内蒙古
		北京	天津	河北						
2020 年大数据产业发展试点示范项目数(个)	4	39	10	1	12	10	6	3	2	2
2014 年以来出台的大数据政策数量(项)	27	5	8	9	7	11	7	10	3	5
2020 年计划建设或完成的 5G 基站数(万个)	1.633	5.3	2	2.1	6	5	4	3.9	0.5869	0.4917

（二）综合试验区发展维度对比分析

如表 8 所示，八大试验区都重视大数据产业载体建设，均建立了大数据
产业园及数字园区，在标志性会议方面都举办过有影响力的大数据会议，其
中贵州、重庆、河北都把对应的会议作为发展大数据的载体，每年持续举
办，特别是在贵阳举办的"数博会"是全球首个大数据主题博览会，已成
长为全球大数据发展的风向标和业界最具国际性、权威性的平台。在数据中
心建设方面，贵州、京津冀、珠江三角洲、上海、沈阳、内蒙古综合试验区
均部署有国家级数据中心基地。

表8　大数据发展载体及标志性盛会

试验区	大数据产业发展载体	标志性盛会	数据中心
贵州	贵安综合保税区(电子信息产业园)、贵阳大数据安全产业园、贵安数字经济产业园	中国国际大数据产业博览会(5 月 26~29 日)	国家大数据中心南方基地——贵州

123

续表

试验区		大数据产业发展载体	标志性盛会	数据中心
京津冀	北京	中关村大数据产业园	2018 中国国际大数据大会（2018 年 10 月 18 至 10 月 19 日）、2019 中国（北京）国际大数据产业博览会（2019 年 6 月 28～30 日）	国家大数据中心基地、三大核心节点之一、八大节点之一——北京
	天津	中金天津大数据产业园	2019 年大数据生态体系高峰论坛（2019 年 5 月 16 日）	—
	河北	张家口大数据产业园、廊坊开发区大数据产业园、河北曹妃甸大数据区块链产业园	中国国际数字经济博览会［2019 年 10 月 11 日至 13 日（首届）］	—
珠江三角洲		肇庆大数据云服务产业园、江门市"珠西数谷"省级大数据产业园、广东琶洲人工智能与数字经济试验区、韶关"华南数谷"大数据产业园、中山市火炬大数据产业园	广东省大数据开发者大会暨 2018 广东云栖大会（2018 年 11 月 22 日）	国家大数据中心基地、三大核心节点之一、八大节点之一——广州
上海		上海智慧岛数据产业园、上海市北高新技术服务园	2019 中国大数据产业创新峰会（2019 年 12 月 5 日）	国家大数据中心中心基地、三大核心节点之一、八大节点之一——上海
河南		郑州高新区大数据产业园区、洛阳市大数据产业园、鹤壁市大数据产业园区	2019 中国大数据教育大会	—
重庆		华记黄埔大数据产业园、重庆两江数字经济产业园	中国国际智能产业博览会	—
沈阳		六合汇盛东北大数据产业园	中国智慧城市（国际）创新大会、2020 全球工业互联网大会（10 月 18～19 日）	国家大数据中心八大节点之一——沈阳
内蒙古		草原云谷大数据产业基地	2019 大数据创新应用与数字中国建设发展大会	国家大数据中心北方基地——乌兰察布

　　如表 9 所示，八个国家大数据综合试验区先后都成立了对应的大数据管理机构、产业联盟、大数据协会与智库机构，在大数据的发展过程中发挥了重要作用。在数据交易方面，贵州、北京、河北、上海、河南、重庆设立了

表 9　大数据相关机构与成立时间情况

试验区		主管机构设置	大数据产业技术联盟	大数据交易	大数据学会、协会、智库
贵州		贵州省大数据发展管理局(2017年2月)	贵州省大数据产业技术创新战略联盟(2018年5月27日)	贵阳大数据交易所(2015年4月14日)	大数据战略重点实验室(2015年5月24日)
京津冀	北京	北京市大数据管理局(2018年11月8日)	中关村大数据产业联盟(2012年12月)	北京大数据交易服务平台(2014年12月10日)、中关村数海大数据交易平台(2014年2月20日)	北京大数据协会(2016年4月25日)
	天津	天津市大数据管理中心(2018年7月13日)	天津市大数据产业联盟(2019年1月15日)	—	天津市大数据协会(2019年3月11日)
	河北	河北大数据发展管理局	石家庄大数据产业联盟(2016年9月22日)	河北大数据交易中心(2015年12月3日)	河北京津冀大数据产业协会(2016年9月10日)
珠江三角洲		广东省大数据管理局(2014年2月)	广东省间规划大数据产业技术创新联盟(2013年9月)	—	广东省大数据协会(2016年12月22日)
上海		上海市大数据中心(2018年4月12日)	上海大数据产业技术创新战略联盟(2013年9月)	上海数据交易中心(2016年4月1日)	上海市大数据社会应用研究会(2017年9月25日)
河南		河南省大数据管理局(2019年1月23日)	河南省大数据产业联盟(2019年1月18日)	河南中原大数据交易平台(2018年4月17日)	河南省大数据与人工智能专家委员会(2019年9月25日)
重庆		重庆市大数据应用发展管理局(2018年11月5日)	重庆大数据产业创新联盟(2016年5月31日)	重庆大数据交易市场	重庆市云计算和大数据产业协会(2016年8月12日)
沈阳		沈阳市大数据管理局(2015年6月1日)	东北大数据产业联盟(2015年11月18日)	—	沈阳(中兴)大数据研究院(2016年11月11日)
内蒙古		内蒙古自治区大数据发展管理局(2017年1月6日)	内蒙古媒体融合大数据应用产业联盟(2019年4月18日)	—	内蒙古大数据产业联合会(2018年1月22日)

对应的大数据交易所（中心），开展关于数据交易流通的探索和实践。特别是，2015 年 4 月全国第一家大数据交易所——贵阳大数据交易所批准成立，先后制定了《数据确权暂行管理办法》《数据交易结算制度》等一系列交易规则。另外，上海在促进商业数据流通方面成绩斐然，上海数据交易中心围绕市场营销、金融服务等形成两大类近两百项商业数据产品，为 500 多家成员单位提供标准化数据流通服务。截至 2020 年 5 月，会员间的日数据交易量超过 7 亿次，约占国内数据公开交易总额的一半。

（三）综合试验区文件词频对比分析

据不完全统计，国家在 2016 ~ 2020 年分别出台 12 项、10 项、9 项、2 项、4 项大数据政策文件。为了更好地分析八个国家大数据综合试验区发展情况，从八个国家大数据综合试验区选择一个具有代表性的政策文件（不包括附件内容），分词并统计出现次数最多的前 10 个词语，高频词及词频的统计结果如表 10 所示。

表 10　代表性政策文件词频

单位：次

试验区	关键政策文件与发布时间、高频词及词频								
贵州	《中共贵州省委贵州省人民政府关于实施大数据战略行动建设国家大数据综合试验区的意见》（黔党发〔2016〕14 号）								
	数据	发展	建设	服务	应用	推进	企业	国家	资源	平台
	395	80	77	75	74	62	49	48	45	42
京津冀	《京津冀大数据综合试验区建设方案》（2016 年 12 月 22 日）								
	数据	创新	应用	发展	资源	推动	产业	建设	服务	协同
	233	56	44	44	42	42	41	34	29	29
珠江三角洲	《珠江三角洲国家大数据综合试验区建设实施方案》（2017 年 4 月 6 日）								
	数据	应用	建设	平台	企业	发展	经济	推进	政务	信息化
	296	77	52	47	42	41	37	37	36	36
上海	《上海市大数据发展实施意见》（2016 年 9 月 15 日）								
	数据	服务	发展	应用	推动	资源	创新	开放	企业	政务
	230	52	50	48	37	34	34	32	30	27

试验区	关键政策文件与发布时间、高频词及词频								
河南	《河南省推进国家大数据综合试验区建设实施方案》(2017 年 4 月 8 日)								
	数据	建设	应用	发展	政务	推进	平台	服务	创新	产业
	278	121	69	63	52	52	52	51	51	44
重庆	《重庆市大数据行动计划》(2013 年 7 月 30 日)								
	数据	技术	应用	服务	企业	产业	研究	发展	采集	提供
	145	30	30	29	26	19	18	17	14	13
沈阳	《沈阳市国家大数据综合试验区建设三年行动计划(2018～2020 年)》(2018 年 5 月 20 日)								
	数据	建设	单位	责任	平台	服务	企业	城市	发展	应用
	108	47	47	45	38	34	26	24	24	23
内蒙古	《内蒙古自治区大数据发展总体规划(2017～2020 年)》(2017 年 12 月 28 日)								
	数据	应用	建设	发展	服务	平台	创新	技术	企业	数据中心
	510	129	125	114	96	88	82	71	67	59

从表 10 可以看出,"数据"在八个国家大数据综合试验区发布的政策文件中出现的次数最多,可见数据是发展大数据的基础。"应用""平台""产业""政务""服务""创新"等都是高频词,也是大数据试验发展需要重点关注的领域。但也存在不同,国家大数据(贵州)综合试验区建设意见以 8 个附件形式强化在大数据制度创新、数据中心整合利用、数据开放共享、大数据创新应用、大数据产业集聚、大数据资源流通、大数据国际合作、实施大数据战略行动建设国家大数据(贵州)综合试验区工作机制等方面的试验探索。对于京津冀大数据综合试验区,"协同"出现 29 次,与重点强化北京、天津、河北三地的协同发展吻合。对于沈阳而言,"城市"出现 24 次,与其一个城市作为大数据综合试验区的特点相符,强化利用大数据技术推动智慧城市建设。对于内蒙古,"数据中心"出现了 59 次,与其大数据基础设施统筹发展类综合试验区的性质相符合。

为了更好地抓住"数据"这个大数据发展的核心要素,统计了八个试验区数据共享开放方面的政策及平台信息如表 11 所示。

表 11 政务数据开放政策及平台汇总

试验区		政务数据开放相关政策文件与发布时间		数据开放平台
贵州		《贵州省政府数据共享开放条例》	2020 年 9 月 25 日	贵州省政府数据开放平台
		《贵州省政务信息系统整合共享工作方案》	2017 年 10 月 13 日	
		《贵州省政务数据资源管理暂行办法》	2016 年 11 月 1 日	
京津冀	北京	《北京市政务信息资源管理办法(试行)》	2017 年 12 月 27 日	北京市政务数据资源网
	天津	《天津市公共数据资源开放管理暂行办法》	2020 年 7 月 21 日	天津市信息资源统一开放平台
	河北	《河北省政务信息系统整合共享实施方案》	2017 年 9 月 22 日	—
		《河北省政务信息资源共享管理规定》	2015 年 11 月 13 日	
珠江三角洲		《广东省政务数据资源共享管理办法(试行)》	2018 年 11 月 29 日	"开放广东"政府数据统一开放平台
		《广东省政务信息系统整合共享工作方案》	2017 年 10 月 30 日	
上海		《上海市公共数据开放暂行办法》	2019 年 8 月 29 日	上海市公共数据开放平台
		《上海市公共数据和一网通办管理办法》	2018 年 9 月 30 日	
		《上海市政务数据资源共享管理办法》	2016 年 2 月 29 日	
河南		《河南省政务信息资源共享管理暂行办法》	2018 年 1 月 8 日	河南省公共数据开放平台
		《河南省政务信息系统整合共享实施方案》	2017 年 9 月 29 日	
重庆		《重庆市公共数据开放管理暂行办法》	2020 年 9 月 11 日	—
		《重庆市政务数据资源管理暂行办法》	2019 年 7 月 31 日	
		《重庆市政务信息资源共享开放管理办法》	2018 年 5 月 5 日	
		《重庆市政务信息系统整合共享工作方案》	2017 年 10 月 9 日	
沈阳		《沈阳市政务数据资源共享开放条例》	2020 年 8 月 19 日	—
		《沈阳市政务信息资源交换共享管理办法》	2016 年 6 月 9 日	
内蒙古		《内蒙古自治区政务信息资源共享管理暂行办法》	2018 年 6 月 15 日	—

　　从表 11 可以看出,八个国家大数据综合试验区都出台了数据开放共享相关政策文件。在省级数据共享开放平台建设方面,贵州、北京、天津、广东、上海、河南都上线了统一的数据共享开放平台,但河北、重庆、沈阳、内蒙古截至 2020 年暂未上线统一的数据共享开放平台。贵州在政府数据共享开放方面走在前列,上线的贵州省政府数据开放平台、贵阳市政府数据开放平台具有较高的知名度及影响力,支撑企业、个人等社会主体开展政府数

据资源社会化开发与利用，实现数据增值应用，有利于推动大数据"双创"，促进相关产业发展。

四　结论与建议

（一）加强数据开放共享，促进数据资源开发利用

在制定出台政策文件、政府规章或实施办法时，要清晰界定开放共享与不开放共享的边界。制作必须开放共享的数据正面清单与严禁开放共享的数据负面清单，在保障国家秘密、商业秘密、个人隐私的基础上，最大限度地向社会免费开放数据，发挥数据的社会价值和经济价值。着力构建从数据多元采集、共享开放到创新应用的全产业链条，大力推进数据资源共享开放，建立政府和企业间数据流动共享通道，探索实现数据高效安全流通、应用的技术体系、政策制度与机制流程，建立并完善"政产学研用"各方协同创新新机制。

（二）培育供给应用场景，驱动数字经济高质量发展

在数据要素流通机制、新型生产关系、产业集聚发展模式等方面大胆探索，以更加开放的场景、更加包容的监管、更加优质的服务，打造大数据新生态。多维释放数据和技术应用场景，在交通、医疗、教育、金融、政务等优势特色领域遴选一批具有影响力的应用示范场景，培育大数据新业态新模式。重点加快大数据应用示范，引导企业等开展增值性开发，通过点的突破带动面的提升，最终实现全面发展、多方共赢。抓好标志性园区、标志性产业、标志性企业、标志性项目和标志性品牌，打造一批重点示范应用场景和培育一批具有影响力的应用品牌。完善数据创新链、产业链，加快数字产业生态培育。引导重点产业、重点企业、重点项目投资向大数据重点产业和大数据产业集聚发展示范区聚集。探索渐进、包容、审慎监管模式，推动"监管沙箱"和"试点试验"相结合，鼓励先行先试和自主创新。

（三）完善数据治理规则，健全数据安全法规体系

直面目前数据安全法律法规体系不完善的痛点，深刻把握数字化、网络化、智能化发展先发优势，着眼最先进的理念、模式和技术，前瞻性地加快探索构建领先的法律法规体系、制度保障体系、数据安全共建共治共享体系，统筹筑牢制度、监管、技术三道防线。特别注重前瞻性考虑法规政策、技术标准间的相互协同与配套，尤其是要建立融合标准体系，加快大数据相关关键技术等标准制定和推广，抢占国际话语权和规则制定权。在国家大数据综合试验区加快布局全国一体化大数据中心国家枢纽节点，打造协同高效的计算存储设施集群，建设规模化、集约化、绿色化区域数据中心和一体化算力服务体系。

（四）统筹区域协调发展，精准发挥试验区独特优势

国家因地制宜对第二批大数据试验区进行定位与布局，各试验区发展差异化较为明显。未来，仍要坚持大数据综合试验区差异化建设路径，实行差别化的发展政策。以试验区配套政策改革为引领，统筹考虑试验区战略定位和功能定位，实行差别化的财政、投资、产业、人才等发展政策，充分发挥区域的比较优势。例如，贵州、内蒙古平均气温低，电价相对低，可以加强在建设大数据中心聚集地方面的探索力度，京津冀可围绕如何高效、安全地进行数据中心整合利用开展试验探索。上海可以科创中心、自贸区建设来探索推动大数据高质量发展，在技术层面加大科技创新支撑力度。立足各区域功能定位，差异化布局基础设施、产业园区和产业项目，因地制宜发挥特色，统筹规划、分类推进，最终实现引导资源优化配置、产业合理布局。

参考文献

中国信息通信研究院：《大数据白皮书（2020年）》，http：//www.caict.ac.cn，

2020 年 12 月。

张勇进、王璟璇:《主要发达国家大数据政策比较研究》,http://www.sic.gov.cn/News/609/9712.htm,2018 年 5 月 4 日。

贵州省人民政府新闻办公室:《贵州举行国家大数据(贵州)综合试验区建设情况新闻发布会》,http://www.scio.gov.cn/xwfbh/gssxwfbh/xwfbh/guizhou/document/1693924/1693924.htm,2020 年 12 月 1 日。

《来自八大国家大数据综合试验区的对话》,https://www.sohu.com/a/321370385_120034727,2019 年 6 月 8 日。

《上海打造大数据创新生态,促进产业集聚发展》,https://www.ndrc.gov.cn/xwdt/ztzl/szhzxhbxd/zxal/202007/t20200703_1233045.html,2020 年 7 月 3 日。

《重庆大力实施以大数据智能化为引领的创新驱动发展战略行动计划——"智"在必胜 高质量发展插上腾飞翅膀》,http://www.cq.gov.cn/zqfz/gmjj/202011/t20201123_8488004.html,2020 年 11 月 23 日。

大数据法治指数篇

Index of Big Data under the Rule of Law

B.7
中国大数据法治进展与
大数据法治指数研究

摘　要：　随着国家大数据战略的纵深推进，中国大数据法治水平显著
提高，大数据法治已成为数字经济发展和数字中国建设的重
要保障。与此同时，大数据法治面临着新形势、新使命和新
要求，大数据法治的影响因素不断变化，为适应这种变化，
亟须对已有评价体系进行修订。本报告在保持数据立法、数
字司法、数权保护三个分指数不变的基础上，对大数据法治
指标评价体系进行了创新与完善，旨在通过引进大数据法治
新表征的指标和数据，对我国大数据法治发展新情况进行准
确判断与分析。

关键词：　大数据法治指数　数据立法　数字司法　数权保护

正如数千年前的畜力利用、200 年前的蒸汽动力、100 年前的电力技术

一样，数据力已经渗透到当今各行业各领域，为人类社会和经济发展带来了变革。但与此同时，大数据是一把双刃剑，在带来巨大价值的同时，也面临着数据确权、数据安全、隐私保护等诸多问题。党的十八大以来，党中央高度重视大数据发展，全面实施国家大数据战略，加快建设数字中国。习近平总书记明确指出，"要依法加强对大数据的管理"。在实施全面依法治国的今天，没有健全的法制呵护，大数据就不可能真正迎来最好的时代。大数据法治是法治中国建设的重要内容，是推进国家治理体系和治理能力现代化的应有之义，是维护人民群众合法权益的必然要求，是推动大数据健康发展的必由之路。当前，如何建设大数据法治体系以推动数字经济持续健康发展，已成为推进法治中国建设和数字中国建设进程中面临的重要议题。

一 中国大数据法治发展的新表现

（一）国家治理

1. 数字基础设施建设快速推进

数字基础设施建设是缩小数字鸿沟的重要路径，也是助推数字中国发展的重要基石。作为新型基础设施建设的重要内容，我国数字基础设施建设持续加快推进。"截至 2020 年 12 月，我国 IPv6 地址数量为 57634 块/32"①。从网络接入环境看，"2020 年，新建光缆线路长度 428 万公里，全国光缆线路总长度已达 5169 万公里。截至 2020 年底，互联网宽带接入端口数量达到 9.46 亿个，比上年末净增 3027 万个。其中，光纤接入（FTTH/0）端口达到 8.8 亿个，比上年末净增 4361 万个，占互联网接入端口的比重由上年末的 91.3% 提升至 93%"②。此外，数据中心数量和机架规模呈平稳增长，以

---

① 中国互联网络信息中心：第47次《中国互联网络发展状况统计报告》，http：//www.cac.gov.cn/2021−02/03/c_1613923423079314.htm，2021 年 2 月 3 日。
② 工业和信息化部：《2020 年通信业统计公报》，https：//www.miit.gov.cn/jgsj/yxj/xxfb/art/2021/art_f2e9a4844b964586bfea3977c2e1baf2.html，2021 年 1 月 22 日。

5G为引领的数字基础设施建设步伐不断加快。据初步统计，2020年我国新增约58万个5G基站，建成共享5G基站33万个，实现全国所有地级市覆盖5G网络，建成了全球最大规模的5G网。

2. 数字化手段提高政务服务效率

政务服务数字化是推进国家治理现代化的有效途径，也是不可缺少的重要手段。各级政府主动融入国家大数据战略，借助云计算、物联网、大数据和人工智能等新一代信息技术，充分整合现有政务数据资源，推进政务数据共享与开放，创新服务举措，增强服务效能，推动政务服务线上线下融合发展，实现了政务服务从物理聚集向化学合成的转变。据统计，2020年"全国32个省级政府均建成全省统一的互联网政务服务平台和全省统一的政务服务App，各省互联网政务服务平台均与国家平台实现了互联互通"①，"约360万项各级政务服务事项初步实现标准化办理，省级行政许可事项网上受理和'最多跑一次'比例超过82%"。② 此外，各地区、各部门积极运用政府网站和政务新媒体为企业和群众建设"指尖上的网上政府"，让企业和群众普遍感受到了数字政务服务带来的方便和快捷。

3. 机构改革优化大数据部门管理体系

2018年3月，中共中央印发了《深化党和国家机构改革方案》。"作为深化党和国家机构改革的重要组成部分"③，地方机构改革按照党中央确定的"规划图"、"施工图"和"时间表"，蹄疾步稳向前迈进。在此过程中，各地在与中央基本对应设置省级党政机构的同时，还结合具体情况，成立了大量新的机构。从全国31个省份对外公布的机构改革方案看，围绕"大数据"发展已成为此轮省级机构改革中的一大特色，"多个省份设置了大数据

---

① 中国电子信息产业发展研究院：《"2020年数字政府服务能力"成绩单出炉》，http://www.cinic.org.cn/sj/sdxz/zzjj/997566.html，2020年12月17日。

② 郭倩：《数字化转型提升政府治理能力现代化水平》，《经济参考报》2020年12月24日。

③ 《31省份机构改革方案全部获批》，http://www.xinhuanet.com/politics/2018-11/16/c_1123724452.htm，2018年11月16日。

管理机构,整合相关部门的数据资源管理、大数据应用和产业发展、信息化等职责"。① 自 2014 年 2 月广东省作为"先行者"在全国成立首个大数据管理局以来,浙江、贵州等地纷纷在省级层面先后成立大数据管理机构。据统计,截至 2020 年 6 月,"全国 23 个地方已设置省级大数据管理机构"②。整体而言,全国 31 个省份均已组建相应的大数据管理机构,大数据管理机构功能逐渐完善,定位逐渐清晰,建设成效日益显著。

4. 大数据驱动审判体系与审判能力现代化

"大数据时代,法院现代化的核心范畴即审判体系和审判能力现代化"。③ 而加快推进审判体系和审判能力现代化,必须要坚持把智慧法院建设作为重要依托和主要驱动力,实现新一代信息技术与审判执行工作的深度融合。随着全国智慧法院建设进程的深入推进,各级法院依托大数据技术努力搭建高水平、高标准、高质量司法审判"新阵地",积极开拓新思路,探索大数据司法新途径、新机制和新模式,不断研究大数据治理新情况、总结大数据治理新经验、解决大数据治理新问题,在促进审判体系和审判能力现代化发展的道路上取得了丰硕成果。据不完全统计,在疫情防控期间,"全国法院网上立案 136 万件、开庭 25 万次、调解 59 万次,电子送达 446 万次,网络查控 266 万件"④。此外,《中国法院信息化发展报告(2020)》显示,2019 年,最高人民法院已经基本完成了 16 个最高法院本级核心应用系统数据向大数据平台的数据汇聚,大数据平台向全国法院干警和各应用系统提供近 4 亿次服务,有力推动和促进了审判体系和审判能力现代化。

---

① 赵兵、杨烁壁、贺勇:《31 省份机构改革方案全部获批 多省份设置大数据管理机构》,《人民日报》2018 年 11 月 17 日。
② 赛迪智库信息化与软件产业研究所:《中国大数据区域发展水平评估白皮书 2020》,https://www.ccidgroup.com/info/1010/20076.htm,2020 年 8 月 26 日。
③ 刘艳红:《大数据时代审判体系和审判能力现代化的理论基础与实践展开》,《安徽大学学报》(哲学社会科学版)2019 年第 3 期。
④ 《2020 年最高人民法院工作报告》,http://www.xinhuanet.com/legal/2020-06/01/c_1126059430.htm,2020 年 6 月 1 日。

（二）内容治理

1. 传统立法规制契合时代特点

2020 年 5 月，十三届全国人大三次会议表决通过的《中华人民共和国民法典》[①]，紧跟大数据时代发展特点，要求任何组织或个人禁止通过侵扰、泄露和公开等方式侵害他人的隐私权，[②] 同时还规定医疗机构及其医务工作者对患者的隐私和个人信息负有保密义务，未经本人许可公开患者病历资料或泄露其隐私和个人信息应当承担侵权责任。[③] 2021 年 1 月，杭州市报告 1 例境外输入复阳无症状感染者时，发现此患者包括联系电话和身份信息在内的个人信息被发布到互联网上，造成广泛传播和恶劣影响。"经公安机关查明，位于西湖区的某医院院感科医师林某将相关流调报告转发至微信群，致使在互联网上大面积扩散，已涉嫌侵犯他人隐私"。[④] 根据 2021 年 1 月 1 日实施的《中华人民共和国民法典》及有关法律法规的规定，公安机关依法对林某作出了行政拘留五日的处罚。

2. 紧跟新兴技术填补立法空白

自 2008 年诞生之日起，区块链通过十余年的发展，逐渐从少数技术极客探索的新兴产物，成长为改变各行各业的关键性力量。2018 年，各种区块链概念股股价在资本市场上涨跌犹如过山车般惊心动魄，各种区块链联盟、区块链协会以及各种区块链实验室纷纷成立。作为一个火热的技术新概念，区块链一时间被炒作起来，但极少有人真正去关注区块链技术本身。

---

① 《十三届全国人大三次会议表决通过了〈中华人民共和国民法典〉》，http：//www. xinhuanet. com/2020－05/28/c_ 1126045061. htm? tdsourcetag＝s_ pctim_ aiomsg，2020 年 5 月 28 日。

② 《中华人民共和国民法典》第一千零三十二条规定："任何组织或者个人不得以刺探、侵扰、泄露、公开等方式侵害他人的隐私权。隐私是自然人的私人生活安宁和不愿为他人知晓的私密空间、私密活动、私密信息。"

③ 《中华人民共和国民法典》第一千二百二十六条规定："医疗机构及其医务人员应当对患者的隐私和个人信息保密。泄露患者的隐私和个人信息，或者未经患者同意公开其病历资料的，应当承担侵权责任。"

④ 《杭州某医师故意泄露流调报告被拘》，《杭州日报》2020 年 1 月 7 日。

"为了规范区块链信息服务活动……促进区块链技术及相关服务的健康发展"①，2019 年 1 月，国家互联网信息办公室出台了《区块链信息服务管理规定》，明确了"区块链信息服务提供者的信息安全管理责任，规范和促进区块链技术及相关服务健康发展，规避区块链信息服务安全风险，为区块链信息服务的提供、使用、管理等提供了有效的法律依据"②。

3. 数据安全合规要求不断提升

数字经济时代，数据体量和维度不断增大，在"智能 +"的产业数字化转型中，安全合规是重中之重。近年来，我国在数据安全合规方面的重视程度越来越高，相关要求不断提升。一是数据相关法律监管日趋严格规范。2019 年以来，我国在数据安全方面的立法进程不断加快，伴随《数据安全法（草案）》和《个人信息保护法（草案）》的陆续发布，数据安全合规体系不断健全。二是数据安全技术助力数据合规要求落地。随着公众数据安全意识的提升和技术的进步，数据安全技术逐渐朝着标准化、规范化方向发展。三是数据安全标准规范体系不断完善。截至 2020 年，我国出台了《大数据服务安全能力要求》《信息安全技术 个人信息安全规范》等一系列数据安全国家标准，这些标准对于我国数据安全领域起到了重要的指导作用。

（三）国际治理

1. 搭建数据共享共治国际平台

随着数字经济在全球加速推进以及云计算、大数据、人工智能等新一代信息技术的快速发展，数据已成为影响全球竞争的关键战略性资源。我国秉持创新、协调、绿色、开放、共享的发展理念，围绕建设网络强国、数字中国、智慧社会，积极搭建以中国国际大数据产业博览会、中国国际智能产业

---

① 《区块链信息服务管理规定》第一条规定："为了规范区块链信息服务活动，维护国家安全和社会公共利益，保护公民、法人和其他组织的合法权益，促进区块链技术及相关服务的健康发展，根据《中华人民共和国网络安全法》、《互联网信息服务管理办法》和《国务院关于授权国家互联网信息办公室负责互联网信息内容管理工作的通知》，制定本规定。"

② 《国家互联网信息办公室发布〈区块链信息服务管理规定〉》，http：//www. cac. gov.cn/2019 - 01/10/c_ 1123971138. htm，2019 年 1 月 10 日。

博览会、中国国际数字经济博览会等为代表的数据共享共治国际平台，致力于与世界各国携手共建人类命运共同体、共享大数据发展机遇、共谋全球数据治理之道，致力于向各国阐释大数据发展治理的中国声音、中国方案和中国智慧。

2. 积极参与国际数据规则制定

大数据领域面临发展不平衡、规则不健全、秩序不合理等诸多问题，对各国数据治理能力构成了新的挑战。对此，世界各国通过战略合作、法律合作、多边合作等方式，积极回应大数据发展带来的负面问题。然而，尽管如此，大数据的前景依旧笼罩着不确定性，难以健康持续地发展。为了全球大数据产业的健康发展，世界迫切需要一套全球性的国际数据规则。近年来，我国充分利用数据资源和市场优势，将大数据发展作为规则制定的重要内容，积极主动地参与数据安全、数据跨境流动等国际数据规则体系建设，主导立项《大数据术语》《大数据技术参考模型》等多项国际标准提案，出版全球首部全面系统研究大数据标准术语的多语种专业工具书《数典》，进一步提升了我国在大数据领域的国际话语权和规则制定权。

3. 推动互联网全球治理体系变革

互联网是人类共同的活动空间，但这一空间并不太平。"互联网治理格局中的实力不平衡威胁着整个国际社会的稳定，网络违法犯罪问题和网络恐怖主义困扰着国家安全、社会稳定以及公民人身财产安全"。[①] 在此背景下，推动互联网全球治理体系变革已成为国际社会与世界各国普遍关注的重大问题。作为负责任的网络大国，近年来，我国通过多种途径积极推动建立公正合理的国际网络新秩序。受新冠肺炎疫情影响，除 2020 年第七届世界互联网大会未举办之外，迄今为止，"我国已连续成功举办 6 届世界互联网大会，并通过大会不断发出中国声音，提出构建全球互联网治理体系的中国方案"[②]，特别是在第二届世界互联网大会上，中国国家主席习近平提出的"四项原

---

① 熊光清：《如何推进全球互联网治理体系变革》，http：//www. rmlt. com. cn/2018/0515/518950. shtml，2018 年 5 月 15 日。

② 王达品、刘东建、于璇：《讲好全球互联网治理的中国故事》，《经济日报》2019 年 12 月 6 日。

则"和"五点主张",为互联网全球治理体系变革指明了方向,已逐渐成为国际共识。

二 大数据法治理论研究的新动向

大数据法治理论研究是大数据法治的基础,对于解决大数据发展过程中面临的法律问题、构建大数据法制体系、实现大数据产业规范发展具有重要意义。本部分从论文、专著、课题等角度介绍大数据法治理论研究的现状,并对其近几年的理论成果、研究热点进行总结,最后对大数据法治未来的理论研究趋势进行预判。

(一)研究现状综述

自 2013 年大数据元年以来,我国就已陆续有大数据法治研究的论文发表,各类课题立项数不断增长,大数据法治的理论研究取得丰硕成果。截至 2019 年,我国各类期刊发表的大数据法治研究论文达千余篇,出版专著 60 部。截至 2020 年底,国家社科基金项目数据库以"隐私"为关键词检索法学类立项 11 项,以"个人信息"为关键词检索法学类立项 24 项,以"数据"为关键词检索法学类立项 57 项。但整体而言,我国的大数据法治研究仍未步入较为成熟阶段,学术界对于数据权属争议及其分类界定等基础性问题尚未达成一致的认识,研究内容也过于分散和零碎,缺乏系统而又深入的理论研究成果。

1. 论文方面

发文量及其变化能在一定程度上反映大数据法治研究的热度和不同时期的发展情况,截至 2019 年,知网可查询的刊登于各类期刊的大数据法治研究论文达 1444 篇,其中刊登于列入 CSSCI 目录的法学核心期刊的文章为 218 篇。研究的主要内容集中在个人信息权利的行使与保护、数据安全、域外数据规范、被遗忘权及可携权、数据及数据权利的性质与权属等法律问题。同时,大数据与人工智能、算法,大数据与知识产权保护,大数据与竞争和垄断,大数据监管,政府数据开放等问题也受到了许多学者的关注。

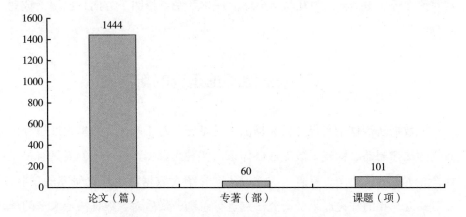

图1　2013～2019年大数据法治理论研究成果

2. 专著方面

大数据法治研究专著是大数据法治理论研究的重要产物，截至2019年，通过当当、淘宝、京东、亚马逊等电商平台查询到的大数据法治相关研究专著达60部。其中，多数研究专著为综合性大数据专著，直接涉及大数据法治相关问题的理论研究专著较少。在现已出版的60部专著中，数据安全、大数据立法与法治、个人信息权利的行使与保护是主要的研究方向。就2019年出版的大数据法治著作来看，89.66%的大数据法治专著研究都与个人信息权利的行使与保护、大数据立法与法治、数据安全等法律问题紧密相关，其他大数据法治专著聚焦被遗忘权、大数据与竞争、政府数据开放与法治政府建设等领域的研究。

3. 课题方面

大数据法治理论法学研究课题对大数据法治理论研究具有重要的学术价值，这种理论认知对于大数据法治的未来发展也具有现实意义。截至2019年，我国已立项的大数据法治理论法学研究课题共101项。从课题的研究方向来看，大数据法治理论研究的热点和前沿问题主要集中在七大领域：被遗忘权，大数据与算法，数据权利的性质及权属，大数据法治体系的构建，大数据在具体领域的应用，个人信息权利的行使与保护，数据的流通、交易与利用。其中，大数据在具体领域的应用，个人信息权利的行使与保护，数据的流通、交易与利用三大研究热点受到了政府、学术界和企业界的广泛关注和重视。

（二）理论研究现状评析

1. 研究趋势

从研究成果的数量来看，在论文方面，2013 年起就有大数据法治研究相关论文发表，尽管只有 8 篇，却标志着大数据法治理论研究的开端。此后，随着法学学者对大数据法律问题关注度的提高和对大数据法治研究必要性的认识，相关论文的发表数量逐年递增（见图 2）。

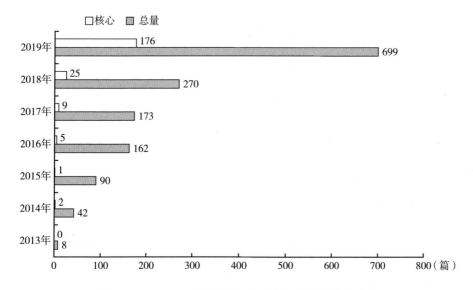

图 2　2013～2019 年大数据法治相关研究论文发表情况

在专著方面，尽管大数据法治专著不多，但从 2013 年第 1 部大数据法治专著出版以来，每年都有大数据法治相关研究专著出版（见图 3）。

在课题方面，2013～2019 年的课题总数来看，大数据法治研究课题数量稳步增加，部分研究课题已取得了初步的成果，并多以论文刊登的形式发表（见图 4）。

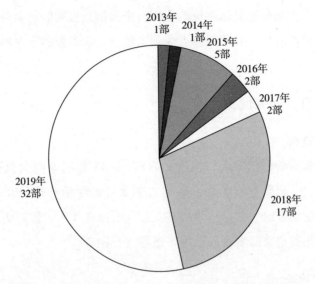

图3　2013～2019年大数据法治相关研究专著出版情况

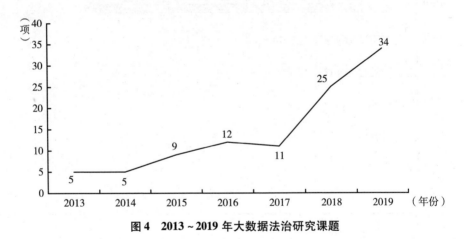

图4　2013～2019年大数据法治研究课题

　　从成果内容来看，1444篇大数据法治研究论文主要涉及十二大领域①，其中排前六位的研究内容依次为：个人信息权利的行使与保护、域外数据规

---

　① 大数据法治研究论文主要涉及十二大领域：数据安全，大数据监管，域外数据规范，政府数据开放，被遗忘权及可携带权，大数据与竞争和垄断，大数据与知识产权保护，大数据与人工智能、算法，个人信息权利的行使与保护，数据及数据权利的性质及权属，数据的收集、处理、流通、交易与利用，大数据在具体领域的应用中产生的法律问题。

范、大数据在具体领域的应用中产生的法律问题、数据安全、被遗忘权及可携带权、数据及数据权利的性质及权属，其余的论文则是在大数据技术的背景下，对某一具体的法律问题进行研究，研究领域广泛、主题多样，如政府数据开放、大数据监管等。60 余部专著的研究内容主要聚焦六大领域①，其中排前三位的研究内容依次为：个人信息权利的行使与保护、大数据立法与法治、数据安全。而 101 项大数据法治研究课题主要集中在七大领域②，其中排前四位的研究内容依次为：个人信息权利的行使与保护，数据的流通、交易与利用，大数据在具体领域的应用，大数据与算法。

2. 研究热点

（1）数据安全

在数据成为基础性战略资源和关键性生产要素的今天，最大的问题就是数据安全问题。"谁掌握了数据安全，谁就占领了大数据时代的制高点，谁就拥有了'制数据权'"。③ 目前，"随着大数据在国家治理、现代经济体系运行和民生方面的影响日益加深，数据安全问题日益凸显"④，影响广度和深度前所未有，已成为事关国家安全与经济社会发展的重大问题。在此背景下，如何在大数据发展过程中处理好数据安全问题成为大数据法治理论研究中的首要问题。

（2）被遗忘权

随着大数据时代信息数据的数字化，数千年来遗忘与记忆的平衡被打破，记忆成为常态，遗忘却成了例外。维克托·迈尔-舍恩伯格在《删除》一书中写道："完善的数字化记忆，可能会让我们失去一项人类重要的能力——坚

---

① 大数据法治研究专著主要涉及六大领域：数据安全、被遗忘权、大数据与竞争、大数据立法与法治、个人信息权利的行使与保护、政府数据开放与法治政府建设。

② 大数据法治研究课题主要涉及七大领域：被遗忘权，大数据与算法，大数据法治体系的构建，数据权利的性质及权属，大数据在具体领域的应用，个人信息权利的行使与保护，数据的流通、交易与利用。

③ 大数据战略重点实验室：《主权区块链 1.0：秩序互联网与人类命运共同体》，浙江大学出版社，2020。

④ 李兰松：《阿里巴巴杜跃进：构建数据安全治理生态 让安全与发展并行》，http：//www.cbdio.com/BigData/2019－05/30/content_ 6156619.htm，2019 年 5 月 30 日。

定地生活在当下的能力。"被遗忘权"开始受到广泛的关注。被遗忘权是大数据时代下所孕育而生的全新的权利,其对于"平衡个人信息权、隐私权所保护的个人利益与表达自由权、知情权所保护的公共利益之间的冲突"[①] 具有特别重要的现实意义,因此被遗忘权问题已成为大数据法治理论研究的要点。

(3) 个人信息权利的行使与保护

近年来,随着信息技术的迅速发展和广泛应用,数据在社会生活生产中的地位愈发突出,已然成了社会交往中的重要内容,而个人数据则是"大数据时代条件下数据的主要来源之一,其中包括个人信息和隐私。因此对个人数据的开发便涉及个人信保护的问题"。[②] 当前,越来越多碎片化的个人数据被大数据技术进行二次利用或开发,人们的个人信息权利似乎越来越透明,个人信息权利的行使与保护难度不断增大。因此,如何平衡个人信息权利的行使与保护和合理开发利用数据资源之间的关系,成为大数据法治理论研究中最受关注的课题。

(4) 数据的法律性质、权利属性及权利归属问题

数据的法律性质、权利属性及权利归属是"制定数据资源确权、开放、流通、交易相关制度,完善数据产权保护制度"的起点和基石,然而目前学界对此所进行的研究还不够深入,相关讨论缺乏系统性、科学性。大数据技术的基础在于对数据的获取、存储、分析、处理和应用,若数据的法律性质、权利属性及权利归属不明确,则将直接影响到这些数据行为的进行,阻碍大数据技术应用的进一步深化和普及。因此,明确数据的法律性质、权利属性及权利归属的研究,是大数据法治理论研究的基础内容。

(三)未来研究趋势

1. 数据要素市场法治化被提至新高度

2020 年 4 月,中共中央、国务院印发《关于构建更加完善的要素市场

---

① 张里安、韩旭至:《"被遗忘权":大数据时代下的新问题》,《河北法学》2017 年第 3 期。
② 《民法典时代个人信息的保护和开发》,https://www.thepaper.cn/newsDetail_forward_7715537,2020 年 6 月 5 日。

化配置体制机制的意见》，"首次将'数据'与土地、劳动力、资本、技术等传统要素并列为要素之一，提出要加快培育数据要素市场"。① 尽管国家在顶层设计上高度重视数据要素的市场化，但在数据要素市场化过程中仍存在诸多瓶颈制约，严重阻碍着数据要素市场化的进程。数据要素市场的健康、有序发展依赖于市场的法治化水平，"只有在法治的轨道上才能实现大数据应用与安全的平衡，才能在应用大数据的同时，保证国家安全、公共利益和个人信息安全"。② 目前，我国数据要素市场尚处于发展的起步阶段，相关规则体系还不够完善。未来，随着相关规则体系的建立需求，我国数据要素市场法治化将被提至新高度，成为整个大数据法治理论研究的重点。

2. 法律科技应用问题持续升温

法律与科技是人类文明的双翼，法治昌明和科技发展决定了人类文明的程度。"在持续发展进化的数字时代，法律与科技的融合成为显著的发展趋势，给法律的发展和进化开辟新天地"。③ 作为法律与科技融合的产物，法律科技是推动法治中国建设的重要支撑，其对于实现数字社会的治理能力与治理规则的全面提升具有重要意义。当前，法律科技的创新发展驶入快车道，其蓬勃发展"让法律服务更为智能、便捷、高效，并正在改变传统律师服务的交付方式，互联网法庭、在线仲裁、电子合同、网络版权存证等多样化的全新法律服务陆续出现，已然成为法律服务市场的关注热点"。④ 未来，随着法律与科技深度融合，法律科技应用问题将持续升温，成为大数据法治理论研究的重点与发展方向。

3. 未来法治成为理论研究热点

"未来法治"已成为法学领域的一个热门词。"'未来法治'既是一个新

---

① 《中央首份要素市场化配置文件：数据正式被纳入生产要素范围》，http：//www. cbdio. com/BigData/2020 - 04/10/content_ 6155542. htm，2020 年 4 月 10 日。

② 《陆书春：实现大数据法治化需解决三方面问题》，《金融时报》2017 年 11 月 27 日。

③ 赵蕾、曹建峰：《法律科技：法律与科技的深度融合与相互成就》，《大数据时代》2020 年第 5 期。

④ 《法律科技为律师业务创新赋能，提供全新发展机遇》，https：//www. sohu. com/a/216735768_ 387302，2018 年 1 月 15 日。

概念，也是一个新命题，更代表了一种新思维"。① 当前，有学者从"区块链与未来法治""数字经济与未来法治""人工智能与未来法治构建"等角度对未来法治相关内容进行了研究和探索。然而遗憾的是，迄今为止，对于如何理解和表征"未来法治"理论上尚存在争议，同时对于如何规划和建构"未来法治"也未形成系统化、科学化的理论和方略。未来法治是"面向未来"的法治、"走向未来"的法治和"引领未来"的法治，是我们在法学领域必须面对的重大课题。随着科技与法治的不断融合，未来法治必将成为大数据法治理论研究的热点。

三 大数据法治指数体系的创新与完善

（一）测评重点与理论体系

"大数据法治指数"是对某一地区大数据法治状况在不同阶段总体发展水平和发展特点进行的综合描述和价值判断，是一个理论与实践、定性与定量相结合的评价体系。为客观反映我国大数据法治发展现状和潜力，结合新时代中国大数据法治发展的热点和趋势，采用数据立法、数字司法和数权保护三个维度对大数据法治进行评估，形成大数据法治指数的基本架构。其中，数据立法是大数据法治建设的源头，是构建我国大数据法治体系的关键所在。该维度聚焦大数据领域的法律法规建设，重点针对立法统筹、立法实践和政策约束建设方面的情况进行评估。数字司法是大数据法治建设的重要路径，是推动我国大数据法治发展的重要方向。该维度聚焦司法信息化建设领域，重点针对智慧公安、智慧检务和智慧法院建设方面的情况进行评估。数权保护是大数据法治建设的重要支撑，是促进我国大数据法治的重要力量。该维度聚焦数据权利的保护，重点针对司法判例、法律咨询和数权研究建设方面的情况进行评估。在此基础上考虑地区大数据法治统计指标的可获

① 张文显:《"未来法治"当为长远发展谋》，《新华日报》2018 年 12 月 4 日。

得性和数据质量，建立由 9 个二级指标和 16 个三级指标组成的大数据法治指数理论指标体系。

（二）指数构成与指标调整

1. 指数构成

大数据法治处于快速发展阶段，不断有新的特征表现。随着大数据法治评价的深入和完善，需要不断对大数据法治指数进行修订。本次理论指标体系修订延续了大数据法治指数指标体系的核心评价，即大数据法治评价的维度不变，仍然是对数据立法、数字司法、数权保护三个维度进行评价。经修订后，大数据法治指数理论体系由数据立法、数字司法、数权保护 3 个一级指标、9 个二级指标和 16 个三级指标构成（见表 1）。

表 1　大数据法治指数理论指标体系

一级指标	二级指标	三级指标	指标含义
数据立法	立法统筹	立法计划与调研项目	反映地区人大立法计划中涉及大数据领域的计划法规和调研项目情况
	立法实践	地方性法规出台	反映地区大数据相关的地方性法规出台情况
		地方性政府规章	反映某一阶段内地方性政府规章制定情况（与大数据、信息保护相关）
		规范性约束文件	反映某一阶段内地区规范性约束文件制定情况（与大数据、信息保护相关）
	政策约束	效力性政策补充	反映地区制定大数据相关政策的情况
数字司法	智慧公安	智慧公安建设	反映智慧公安近三年创新案例情况
		警务平台支撑	反映警务平台可办理业务情况
	智慧检务	智慧检务创新	反映智慧检务近三年创新案例情况
		检务信息公开	反映检务信息的公开透明程度
	智慧法院	数字审判发展	反映人民法院开展互联网法院 + 科技审判庭的情况
		智慧法院创新	反映智慧法院近三年创新案例情况
		法院信息公开	反映人民法院信息的公开透明程度
数权保护	司法判例	数据安全审理	反映地区数据安全司法判例情况
		个人信息保护	反映地区个人信息保护司法判例情况
	法律咨询	数据专委设置	反映各地区律协大数据专业委员会设置情况
	数权研究	数权理论研究	反映地区"数权"领域学术研究状况

2. 指标调整

自 2019 年开始进行大数据法治指数测评以来，每年的指标体系都会遵循动态性和稳定性平衡原则，基于当年的大数据法治发展重点与基础性指标的变化予以相应调整。与 2019 年大数据法治指数理论指标体系相比（见表 2），2020 年大数据法治指数理论指标体系进行了较大幅度的调整、充实和优化（见表 3）。其中部分修改内容为：数据立法指标更换了"立法活跃度""省级政府文件导向性""市级政府文件导向性"，增加了"政策约束"；数字司法指标删除了"线上法院普及率""公安微博影响力"，更换了"智慧检务创新性"，增加了"智慧公安""智慧法院"；数权保护指标删除了"国家政策落实率"，更换了"司法判例案例""法律服务专业性"，增加了"数权研究"。

表 2　2019 年大数据法治指数理论指标体系

一级指标	二级指标	三级指标
数据立法	立法活跃度	立法相关性
		立法趋势性
	省级政府文件导向性	省级政策导向性
		省级规范导向性
	市级政府文件导向性	市级政策导向性
		市级规范导向性
数字司法	线上法院普及率	互联网法院
		线上审判
	智慧检务创新性	试点城市
		系统创新性
	公安微博影响力	公安微博普及率
		公安微博关注度
数权保护	司法判例案例	个人信息案例发生率
	国家政策落实率	个人信息保护政策落实率
		数据安全政策落实率
	法律服务专业性	法律咨询数据领域相关度

表3 2020年大数据法治指数理论指标体系调整结果

一级指标	二级指标	三级指标	具体指标
数据立法	立法统筹	立法计划与调研项目	立法计划与调研项目数
	立法实践	地方性法规出台	地方性法规出台数
		地方性政府规章	地方性政府规章数
		规范性约束文件	规范性文件数
	政策约束	效力性政策补充	大数据政策数
数字司法	智慧公安	智慧公安建设	近三年创新案例总数
		警务平台支撑	政务平台可办理业务数
	智慧检务	智慧检务创新	近三年创新案例总数
		检务信息公开	透明度指数
	智慧法院	数字审判发展	互联网法院+科技审判庭数
		智慧法院创新	近三年创新案例总数
		法院信息公开	透明度指数
数权保护	司法判例	数据安全审理	数据安全司法判例数
		个人信息保护	个人信息保护司法判例数
	法律咨询	数据专委设置	各省律协大数据专业委员会设置情况
	数权研究	数权理论研究	"数权"领域学术论文数

（三）数据处理与测算方法

1. 数据处理

（1）数据无量纲化

大数据法治指数是一个具有整体性、连贯性和灵活性的系统指标集，由计算合成指标、直接统计指标和比例变化指标构成，构成该指标体系的数据单位存在量纲不统一的现象。"为了消除各指标单位不同的问题，首先对数据进行'无量纲化处理'，计算出无量纲化后的相对值"。[1] 目前，数据的无量纲化处理有多种方法，归纳起来可以分为以升半 Γ 型分布法为代表的曲

---

[1] 张洪国：《中国大数据发展水平评估蓝皮书（2019）》，电子工业出版社，2019。

线型方法、以极值法与标准差标准化法为代表的直线型方法和以三折线法为代表的折线型方法。综合考虑，本处采用直线型方法中的极值法对大数据法治指数计算过程中的数据进行无量纲化处理。"规定每一项指标最大值为满分 100 分，最小值为 0 分，再分别计算各指标实现程度，确定各指标的得分"。[①] 计算公式如下：

$$X_i = f(x_i) = \frac{x_i - x_{\min}}{x_{\max} - x_{\min}}$$

式中，x_i 代表 i 地区某一评估指标的原始值；$X_i = f(x_i)$ 表示评估指标 x_i 的标准化结果值（或标准化得分），取值范围为 [0，1]；$x_{\max}$ 表示评估指标的最大值；$x_{\min}$ 表示评估指标的最小值。

（2）指标权重确定

大数据法治指数是一个综合评估结果，包含 3 个一级指标、9 个二级指标和 16 个三级指标。由于每项指标对大数据法治的评价结果存在一定差异，为了能准确衡量各地区大数据法治水平，需要对每项指标的权重进行确定。根据常用的权重确定方法，我们采用"德尔菲法"来确定大数据法治指数指标权重，即"由专家组对评估指标体系内二级指标的权重进行打分，各指标体系权重总分为 100 分。二级指标的最终权重为专家打分的平均值，一级指标的权重为所属二级指标权重的加总"。[②]

2. 指数测算方法

在经过数据的无量纲化处理与各项指标的权重确定之后，进入指数测算环节。指数测算方法有很多，我们采用常用的综合评分方法，即以加权平均为基础的指标评分方法，详细操作步骤是运用上述方法，对各分指数二级指标无量纲化处理的标准化结果值（或标准化得分）进行求和，以得出各地区大数据法治指数综合评价值。

---

① 连玉明主编《中国大数据发展报告 No. 1》，社会科学文献出版社，2017。
② 张洪国：《中国大数据发展水平评估蓝皮书（2019）》，电子工业出版社，2019。

综上，某地区大数据法治指数计算公式表现如下①：

$$S = s(x,y,z) = \sum_{i=1}^{m} w_i X_i + \sum_{j=1}^{n} w_j Y_j + \sum_{k=1}^{l} w_k Z_k$$

式中，S 表示某地区大数据法治综合评价值，X_i、Y_j、Z_k 分别表示某地区数据立法指数、数字司法指数和数权保护指数下二级指标的标准化得分；w_i、w_j、w_k 分别为二级指标对应的权数；m、n、l 分别为分指数下二级指标的具体个数，此处 $m = n = l = 3$。i、j、k 分别表示分指数下二级指标的项数，其中 $1 \leqslant i \leqslant m$，$1 \leqslant j \leqslant n$，$1 \leqslant k \leqslant l$。

（四）中国大数据法治评估的未来走向

近年来，大数据法治评估和各种大数据法律评估日益成为政界、学界关注的焦点，特别是大数据法治评估已成为理论研究的热点问题，并在数据治理实践中进行了有益尝试。目前，我国数据法学研究人员和大数据法律工作者结合实际情况，立足本职工作，积极投身数字中国和法治中国建设，推动大数据法治评估创新发展，形成了一大批有分量、有价值、有深度的理论研究成果，对促进我国大数据法治建设发挥了积极作用和作出了重要贡献。但同时也要看到，我国大数据法治评估还面临着各种各样的问题。未来，随着国家大数据战略的纵深推进，大数据法治在我国的发展进程不断加快，中国大数据法治评估将呈现出三大走向：一是从理论探索逐渐走向实践创新。当前，我国的大数据法治评估还停留在理论层面上，实践创新层面的东西较少。未来大数据法治评估将开展各种评估实践或试验，以准确把握评估的真实问题和研究方向。二是内部评估和外部评估共存。大数据法治评估一般可以分为内部评估和外部评估两种模式，未来内部评估和外部评估两种模式在我国将长期存在，并且外部评估从弱到强逐渐成为常态。三是从国内法治评估逐渐走向国际法治评估。在国际上，关于中国的法治状况，评估话语主要由世界银行、世界正义工程等机构掌握。未来随着大数据法治评估的逐步成

---

① 本报告涉及的所有指标均为正指标，因此只列出正指标计算公式。

熟完善，我国将适应"走出去"的趋势，开展国际性的大数据法治评估，牢牢掌握大数据法治评估话语权。

参考文献

连玉明主编《中国大数据发展报告 No. 4》，社会科学文献出版社，2020。

大数据战略重点实验室：《主权区块链 1.0：秩序互联网与人类命运共同体》，浙江大学出版社，2020。

孟涛：《法治评估与法治大数据》，法律出版社，2020。

李林、支振峰：《中国网络法治发展报告（2019）》，社会科学文献出版社，2020。

张洪国：《中国大数据发展水平评估蓝皮书（2019）》，电子工业出版社，2019。

李爱君：《中国大数据法治发展报告》，法律出版社，2018。

连玉明主编《中国大数据发展报告 No. 1》，社会科学文献出版社，2017。

钱弘道：《中国法治评估的兴起和未来走向》，《中国法律评论》2017 年第 4 期。

张里安、韩旭至：《"被遗忘权"：大数据时代下的新问题》，《河北法学》2017 年第 3 期。

张文显：《"未来法治"当为长远发展谋》，《新华日报》2018 年 12 月 4 日。

B.8
2020年中国大数据法治指数分析报告

摘　要：　新时代科技创新与实体经济的深度融合催生了数字经济，数据作为信息时代重要的生产要素，已成为数字经济发展的核心支撑力量。近年来，数字经济的蓬勃发展使得大数据法治呼声愈强，数据安全治理与个人信息保护成为各方关注的焦点。本报告立足我国大数据法治发展实际，通过构建大数据法治指数，从数据立法、数字司法与数权保护三个方面综合评测我国31个省（自治区、直辖市）大数据法治发展水平。通过评估发现，东部地区大数据法治发展居全国领先地位，中部地区呈现两极分化态势，西部地区仍需持续补强，东北地区位于全国中游水平。数据立法已现全面开花格局，数字司法稳步并进，数权保护日趋完善，大数据法治已取得长足进步。

关键词：　大数据法治　数据立法　数字司法　数权保护

　　大数据信息技术所催生的重要资源，广泛而大量地运用于经济、社会、政治、行政和司法管理以及教育和学术研究活动等方面。从传统的法律数据存储，到法律知识图谱化下的数据检索，再到法律知识的智能化处理和输出等等，大数据技术促进人类能够渐次摆脱低级繁杂的工作桎梏，探索更具创造性的领域，数据化正在成为法治和法律发展的一个重要方向。此外，大数据的发展和产业化进程中，既涉及国家网络空间主权，也涉及自然人和商业主体的财产权、人格权等私权利。对大数据背景下传统权利义务关系进行新的思考，并由此构建新的制度，是当下更为重要、更为深刻也更为艰难的法治命题。大数据法律制度应当以明确相关主体的权利、利益的内容与边界，依法规范数据的收集、处理、存储、使用、流通等行为为宗旨，促进大数据的有益发展。

一 中国大数据法治发展总体评估

（一）中国大数据法治发展水平：总指数分析

2020 年中国大数据法治发展评估继续以 2019 年评估的数据立法、数字司法与数权保护三个分指数为主要评估方面，基于数据可得性与评估可持续性的原则对评估体系进行了系统优化和针对性调整，针对我国 31 个省（自治区、直辖市）的评估结果与排名情况如表 1 所示。

表 1　2020 年各地区大数据法治指数评价结果及排名情况

地 区	总指数	排名	数据立法	排名	数字司法	排名	数权保护	排名
浙 江	59.51	1	23.17	2	18.26	5	18.08	1
广 东	48.85	2	8.25	12	26.67	1	13.93	5
江 苏	47.13	3	4.80	23	24.95	2	17.38	2
贵 州	46.39	4	28.26	1	10.63	18	7.50	14
北 京	46.24	5	7.34	15	21.76	3	17.15	3
山 东	37.73	6	10.03	7	18.41	4	9.29	10
安 徽	36.92	7	14.73	3	12.62	13	9.57	8
湖 北	34.26	8	7.91	13	14.60	9	11.75	6
上 海	33.47	9	5.84	21	11.32	15	16.31	4
福 建	32.41	10	13.46	5	13.32	10	5.62	19
重 庆	30.52	11	11.33	6	8.19	24	11.00	7
吉 林	30.27	12	6.76	17	16.01	7	7.50	13
四 川	25.91	13	7.32	16	15.29	8	3.30	20
陕 西	25.62	14	7.44	14	11.22	16	6.95	17
辽 宁	24.98	15	8.98	10	8.30	23	7.70	12
江 西	24.40	16	3.58	27	12.96	12	7.87	11

地　区	总指数	排名	数据立法	排名	数字司法	排名	数权保护	排名
天　津	24.38	17	3.74	24	13.25	11	7.39	15
海　南	22.55	18	13.47	4	8.72	22	0.36	26
河　北	22.25	19	8.88	11	10.74	17	2.63	22
湖　南	22.20	20	3.68	25	8.98	21	9.54	9
内蒙古	21.64	21	3.64	26	17.80	6	0.19	27
山　西	20.65	22	9.99	8	3.77	28	6.88	18
河　南	17.39	23	5.43	22	9.08	20	2.89	21
黑龙江	17.14	24	6.37	19	9.96	19	0.82	23
甘　肃	16.65	25	6.44	18	3.09	29	7.12	16
云　南	15.02	26	1.87	28	12.58	14	0.58	25
广　西	14.25	27	6.18	20	7.32	25	0.75	24
宁　夏	13.96	28	9.52	9	4.38	27	0.06	29
新　疆	6.07	29	0.28	30	5.61	26	0.18	28
青　海	4.56	30	1.76	29	2.76	30	0.04	30
西　藏	2.01	31	0.00	31	2.01	31	0.00	31
均　值	26.62		8.08		11.76		6.79	

1. 经济发达地区优势突出，浙江独占鳌头，策源地贵州异军列前

从大数据法治发展评估结果来看，2020年排名前五的地区分别为浙江、广东、江苏、贵州、北京，2019年排名前五的地区则分别为浙江、贵州、广东、北京与安徽。2020年浙江省总指数得分接近60，远高于排名第二的地区，这一差距与2019年的得分情况几乎一致，浙江大数据法治发展依旧独占鳌头。值得一提的是，2020年排前十的地区中有7个席位由东部地区占据，且排前五的地区中仅有贵州省来自非东部地区。由此可见，得益于相当稳固的经济发展基础和技术创新优势，东部地区经济发达地区的大数据法治发展已积累了相当优势。而作为大数据发展的策源地，贵州省能名列前五，更多的是要得益于其在大数据法治方面做了大量前瞻且卓有成效的探索。

2. 各地区非均衡性特征明显，后发地区亟须加快法治体系建设

2020年各地区大数据法治指数得分与均值比较情况如图1所示，经过

测算，我国 31 个省（自治区、直辖市）平均得分为 26.62，而超过这一平均值的地区仅有 12 个，占比仅达 38.71%，即超过六成的地区大数据法治发展水平仍处于全国平均水平以下。这虽然侧面反映出少数地区在我国大数据法治发展进程中发挥了重要作用，带动了后发地区的法治发展，但同时也暴露出我国 31 个省（自治区、直辖市）在大数据法治发展间存在巨大差距，这种差距一定范围内是由经济发展水平和技术创新优势间的非均衡性引起的。大数据作为新时代的重要生产要素，对于发展数字经济、促进经济社会转型升级具有重要作用，大数据法治发展的稳步提升是数字经济法治体系顶层设计的重要方面。因此，无论是先发地区还是后发地区都要积极探索建立完备有效的数字经济法治体系，促进数据产权保护，规范数据收集、处理和使用，以法治保障和鼓励市场主体创新，依托大数据技术优势提升治理能力，不断推进法治中国和数字中国建设进程。

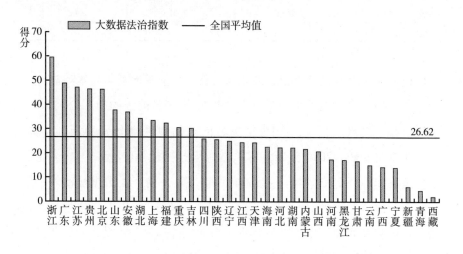

图 1　2020 年各省份大数据法治指数得分与均值比较情况

3. 国家大数据综合试验区整体发展水平靠前，凸显示范引领作用

从评估结果来看，8 个国家大数据综合试验区的大数据法治评估总指数得分在所有地区中的占比接近 33%，用 1/4 的地区数量贡献了 1/3 的得分，整体示范引领作用突出。具体来看，除内蒙古国家大数据综合试验区与国家大

数据（河南）综合试验区外，其余试验区均位列综合排名前20，广东、贵州、北京3个试验区名列前五，8个国家大数据综合试验区综合排名在前10中占据4个席位，4个地区在全国大数据发展总指数中占比超过20%，发展优势进一步凸显。随着国家大数据战略的积极推进和深入实施，各个试验区围绕大数据管理组织建设、政策规范制定、产业体系构建、企业主体创新等方面积极发力，开展了众多有益探索和积极实践并取得了显著而丰硕的成果，极大地促进了大数据产业发展，进一步推动了地方大数据法治建设进程。

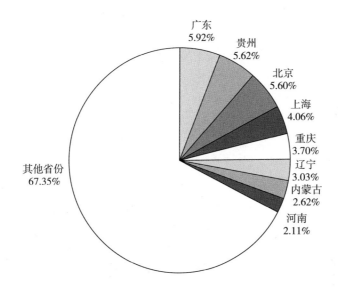

图2　国家级大数据综合试验区大数据法治指数得分占比情况

（二）中国大数据法治发展水平：分区域评估分析

1. 东部遥遥领先，中部两极分化，西部相对滞后，东北有待加强

将我国31个省（自治区、直辖市）的评估结果按区域划分来看，东部地区大数据法治发展水平位于全国领先位置，平均值达37.45，总指数贡献率达35%，综合得分占据全国大数据法治发展指数前10中的7个席位并且垄断前3。中部地区与东北地区平均值与平均排名相近，发展水平相仿。中部地区两极分化态势凸显，安徽与湖北位列前10，表现亮眼，东北地区吉

林与辽宁有望突进前列。西部地区平均值仅为东部地区平均值的一半，发展水平相对滞后，亟待后发赶超跨越。同时，渝贵川陕表现亮眼，贵州发展势头迅猛，总指数排名跻身全国前5，大数据策源地优势充分显现。

表2 分区域大数据法治指数评估结果

东部地区			中部地区			西部地区			东北地区		
地区	得分	排名	地区	得分	排名	地区	得分	排名	地区	得分	排名
北 京	46.24	5	山 西	20.65	22	内蒙古	21.64	21	辽 宁	24.98	15
天 津	24.38	17	安 徽	36.92	7	广 西	14.25	27	吉 林	30.27	12
河 北	22.25	19	江 西	24.40	16	重 庆	30.52	11	黑龙江	17.14	24
上 海	33.47	9	河 南	17.39	23	四 川	25.91	13			
江 苏	47.13	3	湖 北	34.26	8	贵 州	46.39	4			
浙 江	59.51	1	湖 南	22.20	20	云 南	15.02	26			
福 建	32.41	10				西 藏	2.01	31			
山 东	37.73	6				陕 西	25.62	14			
广 东	48.85	2				甘 肃	16.65	25			
海 南	22.55	18				青 海	4.56	30			
						宁 夏	13.96	28			
						新 疆	6.07	29			
平均值	37.45		平均值	25.97		平均值	18.55		平均值	24.13	
标准差	12.71		标准差	7.84		标准差	12.48		标准差	6.60	

2. 数据立法稳步推进，数字司法创新跨越，数权保护持续发力

如图3所示，从各区域分指数得分情况来看，东部地区3个分指数在4个区域中依然占据领先地位。东部地区不仅总指数排名4个区域第1，各分指数也排名第1，表明了其大数据法治发展水平领先的内在质量。从各分指数的评估情况来看，4个区域数据立法指数相差不大，各个区域数据立法工作均稳步推进。数字司法实践在三大分指数中表现突出，东部地区贡献率达36%，东北地区贡献率接近25%，多数地区实现了创新跨越。数权保护在4个区域的发展中差异性较大，尤其是西部地区与东北地区，两地的合计贡献率仅为31%，而东部地区贡献率则达到40%，非均衡性进一步凸显，

相关地区数权保护仍需持续补强。在科技创新支撑法治中国建设的大框架下，着重开展数字法治、智慧司法科技创新工程等具有重大意义，将推动全面展开科技创新和技术攻关，释放创新动能，为司法行政事业注入更强更持久的科技驱动力。与此同时，要做好制度保障和市场保护，加快推进相关数据立法进程和提升数权保护力度。

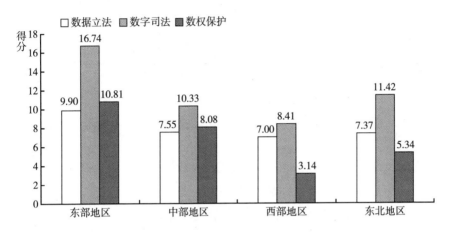

图3　分区域大数据法治指数评估各分指数平均得分情况

二　数据立法分指数评估

（一）数据立法评估总体分析

2020年各地区数据立法分指数得分与均值比较情况如图4所示，总体来看呈现以下特征。

1. 前十地区分布于四大区域，数据立法呈现全面开花格局

从评估结果来看，数据立法分指数排名前10的地区中有4个来自东部地区，2个来自中部地区，3个来自西部地区，1个来自东北地区，我国已然形成全面竞相发展格局。随着地方发展大数据积极性高涨，我国大数据发展的区域性集聚特征已然显现，在长三角、珠三角、京津冀、成渝等城市群

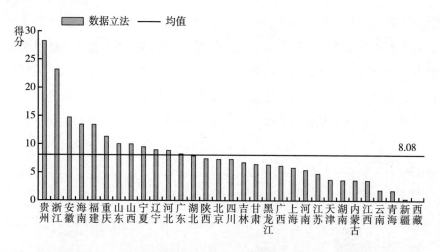

图4 2020年各地区数据立法分指数得分与均值比较情况

区域形成集聚态势，这些区域相应地在完善数据立法、规范数据交易行为、鼓励数据互联互通等方面已取得重要突破。

2. 均线以上地区略显不足，各地数据立法进程亟待加快

在前十地区的驱动带领下，我国各地数据立法有序推进，取得了积极进展。但同时，从评估结果与全国均值比较情况可以看出，全国仅有12个地区超过全国平均水平，占比仅为39%左右，从侧面反映出各地区数据立法工作推进的差异性特征较为突出。大数据法治制度体系强弱分化的现状甚至有可能进一步发展成为两极分化的趋势，不利于全国大数据发展的统一推进，各地亟须加快相关数据立法进程，夯实制度保障。

3. 黔浙领先地位突出，各地区密集出台相关数据规范

据不完全统计，截至2020年底全国各地区已出台各级各类大数据法律效力文件和发展支持政策1500余份，其中包含现行有效的15份地方性法规、13份地方政府规章、1130余份规范性文件以及2020年新增的230余份促进大数据发展的相关政策。2020年各地区也相继公布了涉及大数据方面的53项立法计划与调研项目，其中贵州省与浙江省数量最多，各有7项，两地占比达26.41%，充分显示了黔浙两省在数据立法方面的积极工作和有益实践，为其他地区开创了行业法治风口。

（二）数据立法评估分指标分析

1. 立法统筹：多地区立法计划逐渐涉及数据领域，大数据立法进展稳步推进

根据评估结果，浙江、贵州、海南三个地区立法统筹评估得分位列前3，三地累计共有大数据相应立法计划与调研项目数18个，而全国共有12个地区没有大数据相应立法计划与调研项目，占比达38.7%，立法统筹差异性较为显著。当前，我国数字经济发展异常迅猛，各领域数字化程度显著提高，规范化发展要求也愈发凸显。从一般性发展规律来看，市场某个方面发展的往往会显著领先于制度规范，相关的保障措施和管理规范具有一定滞后性。因此，为避免数字经济与现有法律保障滞后性的矛盾进一步激化，切实保障和稳步促进数字经济持续健康发展，不仅要将发展重心放在数字创新引领域，更要重视数据及其运用的保护，兼顾发展与安全。从数据立法的地方实践来看，我国各个地区不断将保障数据领域健康发展的相关法律规范制定提上立法日程，以贵州、浙江、北京等为代表的先发地区在近年立法计划与调研项目中纷纷加入大数据与数字经济领域相关内容，为全国大数据法治建设开创了良好局面，相应地区亦乘势追赶，充分借鉴先发经验，不断发展创新，大数据相关立法进展得到稳步推进。

2. 立法实践：各地数据领域法律规范相继出台，细分领域发展得到充分保障

据北大法宝平台统计，截至2020年底我国已出台数据领域现行有效的15份地方性法规、13份地方政府规章以及1130余份规范性文件，涉及大数据发展、信息安全、数据安全、数字经济、数据开放等相关领域，大数据细分领域发展得到充分保障。此外，2020年国家层面在网络安全与数据合规领域的立法进入了快车道，《民法典》正式颁布，《中华人民共和国数据安全法（草案）》和《中华人民共和国个人信息保护法（草案）》相继发布并征求意见，加上2017年生效的《中华人民共和国网络安全法》，网络安全与数据保护的基础性法律架构逐渐成型。上述两个草案已经过了一审，2021

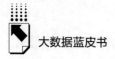

年有可能经过二审和三审并得以颁布，由此，网络空间监管和数据保护的
"三驾马车"成型。2021年《民法典》正式实施，数据安全的立法保障也
进一步得到加强，我国数据安全体系框架正变得更加完善。

3. 政策约束：效力性政策有效填补法律规范空档，大数据发展得到全面
支持

产业政策是具有一定法律效力的法律规范补充，虽然效力级别有限，但
也是产业发展过程中不可缺少的重要保障措施和方向指导。据不完全统计，
我国各地区在2020年新出台了各级各类促进大数据发展的相关政策230余
份，重点涉及加强数据安全与信息保护、探索构建数据综合治理体系、打造
数据开放共享平台、促进产业数据融合和运用创新，重点打造治理有序、应
用繁荣、资源富集、产业进步的大数据生态体系等多个方面。从国家层面的
《促进大数据发展行动纲要》到《大数据产业发展规划（2016～2020年）》，
我国正加快建设数据强国，释放数据红利、制度红利和创新红利。以推动促
进数据开放与共享、加强技术产品研发、深化应用创新为重点和以完善发展
环境和提升安全保障能力为支撑，打造数据、技术、应用与安全协同发展的
自主产业生态体系逐渐形成，大数据法治建设得到全面深化。

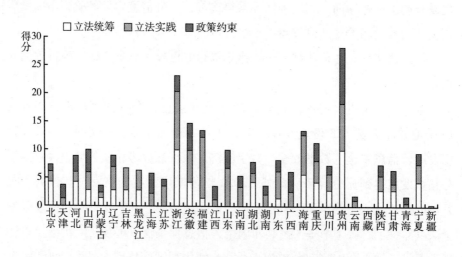

图5　2020年各地区数据立法分指数得分情况

三　数字司法分指数评估

（一）数字司法评估总体分析

2020 年各地区数字司法分指数得分与均值比较情况如图 6 所示，总体来看呈现以下特征。

1. 全国数字法治稳步并进，智慧司法与科技创新融合走向纵深

司法部于 2018 年 10 月印发的《"数字法治　智慧司法"信息化体系建设实施方案》与《"数字法治　智慧司法"信息化体系建设指导意见》提出，我国要基本建成"数字法治　智慧司法"法治信息化新体系，推动形成"大平台共享、大系统共治、大数据慧治"的智慧司法新格局。两年来，各地围绕建设总体目标、重点任务和关键步骤，系统谋划，科学推进，深化聚焦全面启动依法治国信息化工作、全面发挥信息化引擎作用、全面提升大数据慧治能力、全面打造智慧司法大脑、全面深化司法行政科技创新、全面加强网络安全建设等六方面重点工作，取得积极成效。在各地深入推进和切实落实下，大数据充分显示了其对法治中国信息化智慧化建设的核心支撑力，在引领、驱动和助推国家治理体系和治理能力现代化上发挥了重要作用。

2. 东部五省市得分独揽前五，区域数字司法发展呈现非均衡性

在我国"数字法治　智慧司法"信息化体系新格局基本建成的大环境下，也不可否认出现了区域发展不均衡的情况。评估结果显示，数字司法分指数综合排名前 5 的分别为广东、江苏、北京、山东、浙江，均来自东部地区。同时，全国只有 14 个地区综合评估结果超过全国均值，占比仅为 45%。可以看出，东部发达地区数字司法发展成效明显好于其他地区，大多数西部地区数字司法发展水平依然有待提高。运用云计算、大数据和人工智能等新技术加快"数字法治　智慧司法"信息化体系建设，对于提升全面推进依法治国实践的能力和水平具有重要作用和意义，相关地区更应加快推进科技创新与法治深度融合，不断支撑智慧法院、智慧检务、智慧司法。

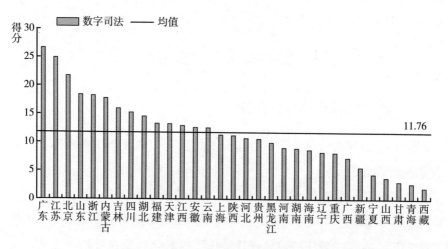

图6　2020年各地区数字司法分指数得分与均值比较情况

3. 国家大数据综合试验区示范引领作用显著，政策优势充分发挥

从评估结果来看，八大国家大数据综合试验区中有6个综合排名位于全国前20，广东、北京、内蒙古分列第1、第3及第6位，表现亮眼。八大国家大数据综合试验区深入推进"数字法治　智慧司法"建设，"大平台共享、大系统共治、大数据慧治"的发展格局已然成型。以内蒙古国家大数据综合试验区为例，内蒙古把法治信息化建设提升为"一把手"工程，各级"一把手"亲自督导、亲自部署、亲自推动。通过依托大数据等信息化手段，构建全域一体化的智能化、信息化、网络化法治交互平台，在技术手段和创新平台建设的支撑下，基本实现了"数据多跑路、群众少跑腿"，有针对性地解决了内蒙古地方法治资源分布不均衡的问题。此外，当地通过创新开展法治宣传，将科技法治元素有效地融入具有地方特色的牧区活动和文艺表演，组织宣讲工作团队深入牧民地区开展法治信息化宣传，取得了良好的社会效果。

（二）数字司法评估分指标分析

1. 智慧公安：公安大数据战略深入推进，数字警务取得新突破

随着物联网、云计算、移动互联网的发展，智慧警务、治安防控、警务研判系统已逐渐成为新一轮警务改革与发展的潮流。根据评估结果，广东、

内蒙古、江苏、黑龙江、福建、北京、山东、湖北、吉林、安徽智慧公安评估得分名列全国前10，这些地区在智慧公安建设与警务平台支撑发展方面已取得重要突破。从地方具体实践来看，江苏警方依托物联网、大数据、云计算等新一代信息技术，建成覆盖全省的警情大数据应用服务平台，对全省72个110接警区数据实现了按秒呈现，通过大数据平台对全省的警情数据进行了实时监测，并在展示呈现和分析研判上实现智能化智慧化，促进达成了"全省警情秒级感知、治安态势一网掌控、警情资源全警应用"。重庆通过大数据等技术驱动，对原有智能交通系统进行了升级改造，并分类建立了多个涵盖出行分析、交通规划、综合协调等多方共建的创新研究平台，在智能化平台和相关交通创新产品的推广使用下，重庆主城区高峰时段的拥堵延时问题得到显著改善，创新协同、智慧治堵成效显著。上海打造智能安防社区，运用物联网、大数据、云计算、人工智能等前沿科学技术，实现"防患未然、快处即然、妥处已然"。贵州贵阳警方近年来依托大数据平台，从110报警平台升级、扁平化指挥、网格化接处警等方面不断深化改革，实现1分钟左右警情指派、5分钟之内赶到现场处置。整体来看，公安大数据战略正在深入推进实施，数字警务为履行新时代公安使命任务提供了有力支撑。

2. 智慧检务：科技强检新引擎不断深化，数字检务实现新跨越

当前，近现代检察制度和工作模式正在面临着来自信息社会方方面面的挑战，检察机关正处于一场以互联网为代表的新技术革命浪潮中。为了更好地履行法律监督职能，检察机关必须积极拥抱大数据、云计算、人工智能等现代科技，建设"智慧检察院"，发展"智慧检务"。从评估来看，2020年，江苏、内蒙古、陕西、四川、云南列智慧检务指标综合评估得分前5位，江苏、内蒙古、云南3个地区智慧检务创新实践较为突出。2020年两会期间，最高人民法院工作报告指出，通过建成全国统一的司法区块链平台，创新电子化证据的在线存证取证方式，有助于推动解决电子证据取证难、存证难、认证难等相关问题。智慧检务依托大数据、人工智能等技术手段，对搜集、积累的司法数据予以智能整合、分析，服务于司法办案、司法公开等检察实

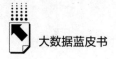

务，实现了检察工作全局性变革的战略转型，也是检察事业发展的"新引擎"。智慧检务是未来检察发展的潮流，以检察业务为核心、大数据为基础，辅以人工智能等手段的创新模式正在推动检查事业不断实现新的突破和跨越。

3. 智慧法院：电子诉讼智能化持续跃升，数字审判引领新趋势

科技"牵手"司法，碰撞出智慧"火花"，大数据等智能化手段正在与司法工作实现深度的跨界融合。相关数据显示，截至 2020 年底，全国人民法院智能语音云平台已在全国 1500 多家法院广泛运用，覆盖了上万个科技法庭，智能语音云平台共上线各级各类运算支持模型 40 余个，并且保持了每年更新两次以保证平台在实际应用场景中的良好效果。智能语音云平台的广泛运用，大幅降低了各级各类法院庭书记员的笔录压力，在几乎准确还原庭审相关记录的基础上极大提升了庭审效率，同时也大幅提高了裁判文书撰稿人员的工作效能，减少了文字误差和差错率。此外，相关地区已推出移动微法院等网诉服务，访问量和诉讼量累计超千万人次。随着诉讼服务网上办理改革的进一步推进，电子诉讼智能化将持续跃升，诉讼服务更加便利快捷，接诉办理也更加集成高效。总之，数字审判已成新趋势，科技创新和智慧司法的融合效果将愈发显著。

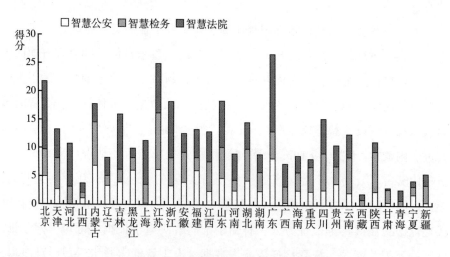

图 7　2020 年各地区数字司法分指数得分情况

四 数权保护分指数评估

（一）数权保护评估总体分析

2020年各地区数权保护分指数得分与均值比较情况如图8所示，总体来看呈现以下特征。

1. 数据权利保护尚待完善，数字经济发展环境亟须切实保障

新时代下数据已成为新的重要生产要素，而我国相关法规尚未将数据财产属性纳入数据权利范围。当前，在涉及数据安全的法律制度领域，我国已颁布实施电子商务法、网络安全法等法律，正在提请审议更有针对性的数据安全法和个人信息保护法等法律草案。但同时也显示出我国在关于数据资源要素的确权和产权保护、组织和个人数据的利益保障以及鼓励和规范各方数据开放共享与合规利用等方面的法律制度尚不完备。相关各方更需尽快完善数据权利保护相关法律，营造安全有序的数治环境，为数字经济健康发展提供切实保障。

2. 东强西弱态势逐渐分化，全国数据保护迫切需要统筹推进

从评估结果来看，数权保护综合评估排名前5的地区均来自东部地区，前10地区中仅有1个地区来自西部地区，4个区域中东部地区平均值最高，达到10.81，西部地区平均值仅为3.14，不足东部地区的1/3。可以看出，在数权保护的力度和强度上，东部地区具有相当的优势，西部地区总体尚弱，东强西弱态势逐渐分化。后发地区亟须跟紧步伐，加快数权保护制度建设，实现各地统筹推进的竞相发展格局。

（二）数权保护评估分指标分析

1. 司法判例：数据安全治理与个人保护信息呼声愈涨

北大法宝案例大数据分析平台统计数据显示，截至2020年底，全国各地依法审理"非法获取计算机信息系统数据罪"案件数1166件，接诉审理

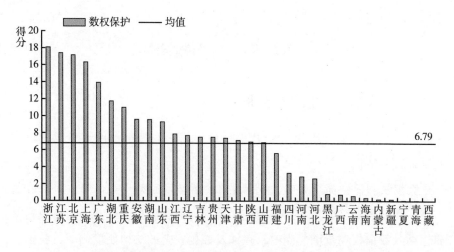

图8 2020年各地区数权保护分指数得分与均值比较情况

"出售、非法提供公民个人信息罪""侵犯公民个人信息罪""非法获取公民个人信息罪"相关案件数达6765件。其中,江苏审理数最多,分别为321件与1138件,占全国的比重为28%与17%;浙江审理数分别为248件与755件,占比为21%与11%,苏浙两地合计分别占比为49%与28%。随着数据安全和个人信息保护领域违法犯罪行为频发,数据安全治理与个人保护信息呼声愈涨,国家层面也在加紧审议数据安全法、个人信息保护法等法律草案,各地立法机关围绕信息数据保护、数据权益维护等需求积极行动,探索和完善数据安全和个人信息保护相关法律制度体系,数字治理正在稳步推进。

2. 法律咨询:大数据专委会在各地律协纷纷应势建立

近年来,以物联网、大数据、云计算、区块链等为代表的革新性技术正在广泛而深入地渗透至经济社会发展的各个领域,创新应用显著增多、产业融合不断加快,各个领域涉及的法律问题也层出不穷。随着大数据行业的深入发展,大数据相关领域出现的法律纠纷及法律需求不断增加,给律师业务带来了不少新的机遇。根据相关统计,截至2020年底,全国31个省(自治区、直辖市)中已有17个省市或自治区省级律师协会设立了大数据相关专业委员会。各地区律协大数据相关专业委员的设立，将助力法律行业就大数据相关前沿法律问题和社会热点法律问题开展理论研讨和论证，推进立法和法律实施，向立法、司法和行政机关提出意见和建议，极大地有利于大数据领域的法治发展和诉讼实践。

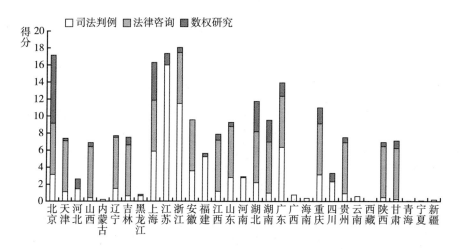

图9　2020年各地区数权保护分指数各要素得分分布情况

3. 数权研究：数据权益保护理论探索进入井喷高产期

数据已成为重要的生产要素和企业的核心资产，数据资产的产权保护和利益分配归属问题的解决，需要有相应的确权和维权制度体系支撑。国家社科基金项目数据库统计显示，大数据领域的法学类项目课题已达33项，按关键词搜索亦可在中国知网平台查到数权领域研究文献近千篇，各级各类研究机构和国内众多著名学府竞相建言献策，数据权益保护理论研究探索已进入快速发展的井喷高产期。《中共中央关于制定国民经济和社会发展第十四个五年规划和二〇三五年远景目标的建议》明确提出，要"建立数据资源产权、交易流通、跨境传输和安全保护等基础制度和标准规范，推动数据资源开发利用"。当前，切实打造一个安全稳定、流通有序的数据资源交易和流通环境已是数字经济发展的迫切呼唤。随着数据权益保护问题的日益凸显，相关学者和研究机构纷纷涉足数据相关领域的理论研究和法治探索。

五 大数据法治发展建议与展望

（一）把握急用先行，同步推进数据立法进入发展快车道

在当前及未来的一段历史时期，我国大数据发展将不断向深水区大踏步挺进。与此同时，大数据相关领域也必然会存在数据开放共享不彻底、数据权利保护不全面、数据交易方式不规范、数据流通市场无序化、政企部门协调不畅通等问题。随着数据安全和个人信息保护领域违法犯罪行为频发，数据安全治理与个人保护信息呼声愈涨，国家层面也正在加紧审议数据安全法、个人信息保护法等法律草案。但从整体环境来看，关于鼓励和保障数据开放共享、保护数据资源要素产权、规范数据交易流通等方面的地方法律尚不完备。因此，各地立法机关亟须按照"急用先行"的原则，围绕信息数据保护、数据权利明晰、数据权益维护等需求积极行动，尽快将相关法律列入立法计划并及时审议出台，探索建立并逐步完善数据安全和个人信息保护领域的相关法律制度体系，推进大数据法治与大数据发展协同共进。

（二）创新科技融合，加快数字赋能司法开辟法治新蓝海

近年来，运用云计算、大数据和人工智能等技术辅助司法审判逐渐得到国家顶层政策的关注和认可，以大数据为基础的人工智能科技也越来越成熟的应用于司法领域场景。然而，当前智慧司法建设过程中仍面临各种挑战。如未能搭建具备前瞻性、开放性的一体化数据平台，致使法院全流程审判过程中产生的数据无法伴随科技发展而满足人民群众、司法从业人员、管理人员对数据的需求，出现数据处理不统一、数据交换不真实、数据难以积累、数据对接成本高等发展瓶颈。为此，要坚持司法改革和智慧司法建设"双轮驱动"，把两股力量形成合力真正地促进司法信息化发展。通过"场景连接"与"法律科技赋能创新"相互驱动，结合大数据、人工智能等前沿技术，整合优秀产品、解决方案及服务，构建覆盖政法委系统、纪检监察等法

律机关，律师、公司法务等商业法律服务领域以及高校、科研院所等机构的法律服务生态，不断开辟数字赋能的智慧法治新蓝海。

（三）建立健全数据所有权制度，切实筑牢数据维权坝

数据权益法律制度的完善是数字经济健康发展的根本性需要和基础性支撑。习近平总书记指出，"要制定数据资源确权、开放、流通、交易相关制度，完善数据产权保护制度"。建立健全数据产权制度，不仅有利于发挥数据生产要素在我国经济社会发展中的基础资源作用和创新引擎作用，更加有利于维护市场发展环境安全，保护数据企业创新积极性，避免恶性竞争和数据垄断行为。数据产权的清晰界定将是数据要素有效配置的基础。具体来说，要重点解决对各种类型数据的合理确权，明晰数据权利和使用义务边界，解决数据属谁所有、数据谁能使用、数据收益归谁、数据谁来管理等问题，根本在于针对全过程、各环节的数据权益保护制度进行分层设计、分类实施，厘清数据主体的权利边界和责任义务，根据数据的属性特点建立针对性的数据产权制度，为大数据行业发展中所遇到的司法实践提供明确法律依据，促进大数据交易流通和维权诉讼有序化发展。

参考文献

连玉明主编《中国大数据发展报告 No. 4》，社会科学文献出版社，2020。

陈甦、田禾：《中国法治发展报告 No. 18（2020）》，社会科学文献出版社，2020。

陈甦、田禾：《中国法院信息化发展报告 No. 4（2020）》，社会科学文献出版社，2020。

中国网络空间研究院：《中国互联网发展报告 2020》，电子工业出版社，2020。

B.9
数权制度体系与国际比较研究

摘　要： 当前，全球已有140余个国家或国际组织制定了隐私、信息或数据保护方面的法律法规。美国将数据保护纳入隐私权之中，欧盟和德国从数据权利的角度赋予数据法律属性，日本则较好地吸纳了各大法系中数据制度的优点，而我国《网络安全法》以及即将出台的《数据安全法》《个人信息保护法》构筑了数据领域的基础性法律。本报告在比较国内外数权制度的基础上，对数权制度体系之于互联网全球治理的意义进行了阐释，旨在推动互联网全球治理朝着系统化和法治化方向迈进。

关键词： 数权制度　数据安全　互联网全球治理

一　数权制度概述

（一）数据成为数字时代的关键生产要素

数据已成为基础性战略资源和关键性生产要素。2019 年，党的十九届四中全会提出，"健全劳动、资本、土地、知识、技术、管理、数据等生产要素由市场评价贡献、按贡献决定报酬的机制"。[1] 数据第一次以生产要素的身份出现在中央文件中。国家高度重视数据要素市场化，2020 年 3

---

[1] 中央党校（国家行政学院）习近平新时代中国特色社会主义思想研究中心：《健全和完善生产要素参与分配机制》，《经济日报》2020 年 3 月 5 日。

月，中共中央、国务院发布《关于构建更完善的要素市场化配置体制机制的意见》① 指出，将数据上升至主要生产要素范畴。2020 年 5 月，"中共中央、国务院在《关于新时代加快完善社会主义市场经济体制的意见》中再次提出，要加快培育发展数据要素市场，建立数据资源清单管理机制，完善数据权属界定、开放共享、交易流通等标准和措施，发挥社会数据资源价值"。② 当数据作为生产要素进入市场，必将打破传统经济的壁垒，加快整个经济社会的数字化发展进程。

数权制度是推动数据要素市场快速发展和有效发挥作用的基本保障。近年来，由于数权制度的缺位，数据的确权、定价和流通等问题日益凸显，并成为社会关注的重点。特别地，在数据爆发式增长和数据要素市场快速发展的阶段，建立起完善的制度体系将是市场持续发展的重要保障。数权制度建构、数据伦理约束、行业自律监督，将有助于促进数据要素市场混乱、垄断、浪费等难题的解决。加快构建数权制度体系，助推数据确权、开放、流通、交易、监管机制建设，促进数据要素市场培育。

（二）隐私、信息与数据区分的法律意义

在数字时代，任何关于隐私、信息和数据的区分最终都具有内容和形式的双重性，三者之间不可完全割裂开来（见图 1）。从承载内容来看，隐私承载着自然人的机密信息，信息承载着包含部分隐私在内的其他内容，而数据只能通过专业手段才能读取其中蕴含的意思，三者之间所传达的意思可以是相同的、交叉的，甚至是完全相异的。从存在形式来看，隐私基于自然人主观意识而存在，信息则是将现实世界的所有内容进行剥离并归纳总结，而数据可以是隐私、信息乃至现实世界的数字化。从主要目标来看，隐私保护是为了自然人可以有尊严地、体面地活着，信息保护注重于平衡安全和利

---

① 中共中央、国务院：《关于构建更加完善的要素市场化配置体制机制的意见》，http://www.gov. cn/zhengce/2020 -04/09/content_ 5500622. htm，2020 年 4 月 9 日。

② 中共中央、国务院：《关于新时代加快完善社会主义市场经济体制的意见》，http://www.gov. cn/zhengce/2020 -05/18/content_ 5512696. htm，2020 年 5 月 18 日。

用，数据保护则是兼顾隐私保护和信息保护。从一定程度上来讲，三者之间是可以动态转换的（见图2）。

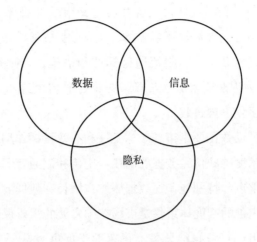

图1　隐私、信息与数据的关系

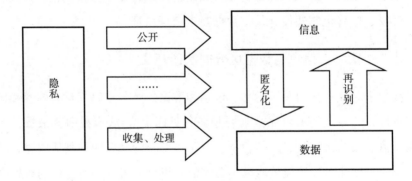

图2　隐私、信息与数据的动态转换

新近颁布的《民法典》对隐私、信息、数据并未作出明确界定，事实上，已经搭建了隐私权、信息权和数据权并存的基本框架。隐私权是较为纯粹的精神性人格权，是一种防御性的权利，主要包括私生活不被骚扰和侵犯、个人私密不被公开和非法披露、私人活动不被打扰和侵入。需要注意的是，该权利以事后救济为主，事前的风险防范相对薄弱。个人信息权既包含精神层面的权利，也包含财产层面的权利，是一种主动性的权利，除了被动防御第三人的侵害之外，还可以对其进行积极利用。数权则是注重数字规则构建、数字经济和数字社会发展中数据人的基本权益保护。

（三）数字人权视域下的数权制度体系建构

当今世界已经进入数字时代，物理空间与数字空间逐渐融为一体，以互联网、大数据、物联网、区块链、人工智能等为代表的数字科技成为这个时代的主要标志。人类的生存、生活、生产高度依赖数字科技，人民对美好生活的需要可以说时时处处体现为对数字科技的需要。人权会根据社会的实践发展演变而不断充实和完善，基于人权的数字时代特性，将数字价值注入其中，强化人权的数字属性，"数字人权"由此诞生。国际学界通常认为，世界范围内的人权形态曾有三次历史性转型。第一代、第二代、第三代人权观围绕物理世界中人对财和物的各种行为展开，而第四代人权就是以数字人权为代表的新型人权观。

要确认和保障数字人权，还需要一系列的中间桥梁及制度构建来完善和引导这些规定的具体实现。数权制度以隐私、信息和数据等为主要研究对象，以数据在全生命周期中的权属、权利、利用和保护等为主要研究内容，是具体调整数据主体、数据控制者、数据处理者等之间法律关系的制度体系的总称。数权制度并不是要取代传统的法律体系，而是以一种交叉研究方法，综合运用各部门法的既有知识图谱，全面回应并持续解决数字时代不断涌现的法律风险和难题。数权制度体系聚焦各部门法在数字领域衍生的共性问题，在横向上整合传统法律部门职能，在纵向上打破部门法之间的隔阂，通过不同研究角度探索数据全生命周期的保护和应用普遍规律，形成具有内生性、整体性、协同性的制度框架和制度安排。

二 数权制度的国际比较

（一）数权法律保护比较

数据的安全治理是互联网全球治理的核心，不仅是世界各国立法的焦

点，更是国家软实力的体现（见表 1）。欧洲各国在数据安全的法律保护上处于世界前列，绝大部分国家都设有个人数据保护等方面的法律，并且趋于完善，早在 20 世纪下半叶，法国、德国、英国等国家就已经对数据安全问题展开研究和探讨并制定相关法律法规。在美洲区域内，美国是数据安全保护的先行者，率先将个人数据保护纳入隐私权法案，并扩展至未成年范围内。20 世纪末，大洋洲各国也注意到个人数据保护的重要性，并制定了个人数据的相关保护法。非洲各国只有极少数国家制定了个人数据保护法，如南非、突尼斯等 9 个国家。在亚洲国家中，属以色列最早，而日本的最为详细。

表 1　主要国家和地区数权法律制度

大洲	国家（地区）	年份	法律名称
欧洲	瑞典	1973	《数据法》
		1998	《个人数据法》
	芬兰	1999	《个人数据保护法》
	丹麦	1978	《私人数据库法》
		1987	《公共数据资料库法》
		2000	《个人数据处理法》
	挪威	1978	《私人数据库法》《公共数据库法》
		2000	《个人数据档案法》
		2018	《2018 年个人数据法》
	法国	1978	《数据保护法》
		2016	《数字共和国法案》
		2019	《数字税法》
	奥地利	1978	《数据保护法》
		2000	《联邦数据保护法》
	德国	1977	《德国联邦数据保护法》（1990 年/1994 年/1997 年/2001 年/2009 年修正）
		2020	《信息技术安全法》
		2021	《数字竞争法》
	比利时	1992	《数据保护法》（1998 年修正）
		2018	《隐私法案》

续表

大洲	国家(地区)	年份	法律名称
欧洲	卢森堡	1979	《有关电子计算机处理数据之限制利用法》
		2002	《与个人资料处理相关的个人保护法》
		2005	《电子通讯组个人资料处理方面的具体规定》
		2018	《通用数据保护框架》
	瑞士	1992	《联邦数据保护法》
	西班牙	1992	《个人数据自动化处理管理法》(1999 年修正)
		1999	《个人数据保护法》
	葡萄牙	1991	《自动化处理中的个人资料保护法》
		1998	《个人数据保护法》
	意大利	1996	《数据保护法》
		2019	《网络安全法案》
	希腊	1997	《与个人数据处理相关的个人保护法》
		2019	《个人数据保护及有关 GDPR 实施的规定》
	英国	1984	《资料保护法》
		1998	《数据保护法》
		2000	《2000 年信息自由法案》
		2009	《通信数据法案》
		2018	《2018 年数据保护法案》《通用数据保护条例指南》
		2019	《数据共享行为守则》
	爱尔兰	1988	《数据保护法》(2003 年修正)
		2018	《2018 年数据保护法案》
		2019	《GDPR 下的个人数据泄露通知实用指南》
		2020	《数据共享与治理法案》
	俄罗斯	2014	《数据本土化法》
		2015	《个人数据保护法》
		2016	《信息安全学说》
		2018	《联邦信息、信息化和信息保护法》
		2019	《联邦通信法》《俄罗斯联邦关于信息、信息技术和信息保护法修正案》
	罗马尼亚	2001	《与个人数据处理和数据自由移动相关的个人保护法》
		2018	《罗马尼亚第 190/2018 号法令》

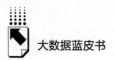

续表

大洲	国家（地区）	年份	法律名称
美洲	美国	1974	《隐私法案》（各州分立）
		1986	《电子通信隐私法》
		1998	《儿童线上隐私保护法》
		2014	《数据隐私和智能电网：自愿行为守则》
		2015	《消费者隐私法案》《公共网络安全法》
		2019	《开放政府数据法》《隐私权法案》
		2020	《2020物联网网络安全改进法案》《新冠数据公平收集和披露法令》《加州隐私权法案》
	加拿大	1983	《隐私法》
		2000	《个人信息保护与电子文件法》
		2001	《信息安全法》
		2003	《个人信息保护法》
		2020	《2020年数字宪章实施法》
	阿根廷	1998	《个人数据保护法》
		2000	《个人数据保护法》
	智利	1999	《个人生活保护法》
	乌拉圭	2002	《数据保护法》
		2020	《乌拉圭第64/2020号法令》
	巴西	1997	《数据保护法》
		2012	《反互联网犯罪法》
		2018	《一般个人数据保护法》
	巴拉圭	2000	《个人数据保护法》
	巴哈马	2003	《数据保护（个人信息的隐私）行为》
亚洲	韩国	1997	《公共机关个人信息保护法》
		2011	《个人信息保护法》
		2015	《云计算发展与用户保护相关法》
	日本	1988	《有关行政机关电子计算机自动化处理个人资料保护法》
		1989	《非公务机关计算机处理个人数据保护法》
		2000	《禁止非法读取信息法》《高度信息网络社会形成基本法》
		2003	《关于保护独立行政法人等所持有之个人信息的法律》《信息公开与个人信息保护审查会设置法》《个人信息保护法》
		2014	《网络安全基本法》

续表

大洲	国家（地区）	年份	法律名称
亚洲	新加坡	2002	《私营机构信息保护示范法》
		2012	《个人信息保护法案》
		2016	《网络安全策略》
		2018	《网络安全法》
		2020	《个人数据保护法》
	以色列	1981	《隐私保护法》（1985年修正）
	泰国	1997	《公共信息法》
		2019	《个人数据保护法》《网络安全法案》
	亚美尼亚	2002	《个人数据法》
	阿拉伯联合酋长国	2007	《数据保护法》
	中国	2016	《网络安全法》
		2020	《个人信息保护法》《数据安全法》
大洋洲	澳大利亚	1988	《隐私法》（2000年修正）
		2002	《私营部门隐私修正法》
		2012	《信息安全管理指导方针》
		2017	《数据泄露通报法案》
		2019	《消费者数据权利法案》
		2020	《2020年隐私法修订法案（公众卫生联络资料）》
	新西兰	1993	《隐私法》
非洲	南非	2013	《个人信息保护法》（2014年/2018年/2020年修订）
	突尼斯	2004	《数据保护法》
	塞内加尔	2008	《个人数据保护法》
	毛里求斯	2004	《数据保护法》
		2012	《2012年网络安全法案》

在国外立法实践中，就数权法律概念名称的使用而言，"隐私""个人信息""个人数据"在各国法律中比较常见。在这三个术语中，使用"个人数据"的国家比例较大，包括欧洲各国和大多数国际组织，以及受到 GDPR 影响而设立个人数据保护法的国家或地区。在根本法和基本法之外，使用"隐私"概念的国家较使用"个人数据"的国家要少，主要是美国及深受美国法律影响的国家及组织，如日本、加拿大、APEC 等。使用"个人信息"的国家大多分布在亚欧地区，主要有俄罗斯、日本、韩国等。除上述三个法

律概念之外，"私生活""隐私与信息""隐私与数据""信息与数据"等也出现在智利、加拿大、OECD 等的法律中。国际上对数权保护使用的概念不同主要源于不同的法律文化，不会影响法律的实质内容。

从国际法的角度，各国个人数据保护法的形式虽然有所差异，但内容都包含如下三点：第一，法律设立的根本目的是保护自然人的合法权益，而不是由技术衍生出的机器人或虚拟人的权益。第二，法律以公平公正、合理合法、成本最小化等手段实现权益最大化。第三，法律维护个人数据的安全，以个人信息不被泄露、个人隐私不被窥视为主要目的，严厉打击各种侵犯数权的行为。综上可知，个人数据保护法的设立不仅只是维护数据的安全，还要规制与数据相关的一切行为和活动。

以美国、德国、日本的数权法律保护为例，在美国的法律语境中讨论如何保护数权等同于维护隐私权。美国在 1974 年发布的《隐私法案》，虽然探讨的是隐私权，但主要保护对象是承载着个人隐私的数据和信息。美国宪法第 1、第 4、第 5、第 14 修正案认为，凡是侵犯个人隐私的行为，皆可认定为违宪行为。值得注意的是，在美国直接围绕数权设立的法案较为罕见，但是在实际案例中，以隐私权名义维护数权的法案却很常见（见表 2）。

表 2　美国数权法律制度

时间	法案	说明
1974 年	《隐私法案》	授予个人查阅权,保证个人信息档案准确、信息收集目的的准确,不得保留秘密档案,个人有民事诉讼补救
1980 年	《财务隐私权法》	规范联邦政府财政机构查询银行记录
1980 年	《隐私权保护法》	确立执法机构使用报纸和其他媒体记录的信息标准
1984 年	《电报通信政策法》	明确了个人收集告知,本人有权查阅、有权拒绝提供不相关信息
1986 年	《电子通讯隐私法案》	规定了通过截获或泄露保存的通信信息侵害个人隐私权的情况及责任
1988 年	《录像隐私保护法》	规定对购买和租借录像提供安全的隐私保护
1994 年	《驾驶员隐私保护法》	该法对州交通部门使用和披露个人的车辆记录做了限制
1996 年	《健康保险携带和责任法》	保障个人的健康隐私信息的机密性,防止未经授权的使用和泄露

续表

时间	法案	说明
1999 年	《金融服务现代化法案》	要求金融机构保护消费者个人信息的隐私
2000 年	《儿童网上隐私保护法》	保护由网络和互联网的在线服务所处理的个人信息,没有父母的同意,联邦法律和法规限制搜集和使用儿童的个人信息
2008 年	《基因信息反歧视法》	对基因信息实行更强的隐私和安全保护
2010 年	《消费者保护法》	授权消费者金融保护局对金融隐私领域进行监管和保护
2018 年	《加利福尼亚州消费者隐私法案》	大幅扩充适用范围,还创建访问权、删除权、知情权等一系列消费者隐私权利,进一步强调企业保护个人数据的责任(2020 年修订)
2019 年	《开放政府数据法》	首先,政府信息应以机器可读的格式,默认向公众开放,且此类出版物不会损害隐私或安全;其次,联邦机构在制定公共政策时,应循证使用
2020 年	《2020 物联网网络安全改进法案》	联邦政府各机构的网络安全强度与数字技术转型的积极作用都依赖于在联邦政府采购与操作物联网设备时,强调网络安全的重要性
2020 年	《新冠数据公平收集和披露法令》	旨在收集新冠测试、治疗、死亡率等人口统计数据来进行最终的研究

　　德国从人格权的角度赋予数权法律属性,这与美国的隐私法案有着明显的区别（见表3）。整体上看,德国将数权与人格权建立的联系和美国法律中数权与隐私权的关系有着相似之处,都是以基本权利为切入点,实现数权的宪法与其他法保护。相应的,德国联邦宪法法院在"人口普查案"中首次提出"信息自决权",认为公民有自我决定是否向政府公开个人信息的权利。具体上看,与德国关于数权保护的研究角度有所不同,美国以隐私理论为主,而德国从人格权理论出发,强调隐私数据、自我决定和人格尊严是人格权中最重要的三个保护对象。

表3　德国数权法律制度

时间	法案	说明
1970 年	《黑森数据保护法》	世界上第一部《数据保护法》,开启了通过立法保护数据的新时代
1976 年	《德国联邦个人资料保护法》	该法 1977 年生效,正式名称是《防止个人资料处理滥用法》,人们习惯称其为"个人资料保护法"

时间	法案	说明
1977 年	《德国联邦数据保护法》	在世界上率先采取了对公共机构和私人机构统一规制的模式,不仅要求公共机构保护个人数据,也要求私人机构保护个人数据,实现个人数据保护工作全面覆盖
1997 年	《信息和通信服务规范法》	亦称《多媒体法》,是世界上第一部规范互联网传播的法律,其对德国互联网监管产生的影响主要体现在三个方面:一是强调了对非法内容传播责任的确定;二是通过法令设立特定的"网络警察"监控危害性内容的传播;三是将在网上制造或传播对儿童有害内容的言论视为一种犯罪
1997 年	《电信服务法》	网络服务商根据一般法律对提供的内容负责。服务商在不违背《电信法》有关保守电信秘密规定的情况下,有义务按一般法律阻止违法的内容。如果已有证据证明服务商已知信息含有违法内容,且在技术上能够阻止但不加以阻止的,构成"主观上犯罪的故意",服务商"必须承担违法的共同责任"
1997 年	《电信服务数据保护法》	对网络运行过程中可能产生的侵害个人信息的情况进行了严格规定
2007 年	《电信媒体法》(2010 年/2016 年/2017 年修订)	德国互联网领域的一部核心立法,俗称德国"互联网法"。"电信媒体"是德国传媒法中的一个特有概念,该词在德国涵盖几乎所有互联网服务
2020 年	《信息技术安全法》	旨在进一步提高网络信息安全
2021 年	《数字竞争法》	给德国竞争法格局带来以下变化:一是大幅提高德国互联网企业合并制度的申报门槛,二是为联邦卡特尔办公室(FCO)引入针对"数字守门人"的新工具,三是贯彻《欧盟指令(EU)2019/1》的要求,以便更有效地调查反竞争行为,四是对垄断行为的处罚规则进行修改

日本自明治维新到第二次世界大战战败,国家制度体系先后受到欧洲和美国的影响,体现在法律制度上,即综合了欧美两种法律体制的传统(见表4)。无论是 1973 年日本德岛市探索个人信息保护的地方立法,还是 1988 年出台的《有关行政机关电子计算机自动化处理个人资料保护法》,大多以美国《隐私法案》立法理念为参考。2003 年出台的《个人信息保护法》则是日本个人信息保护制度的分水岭,该法在形式上采纳了欧盟立法要求,在内容上吸收了美国立法特点,同时结合本国国情,融入本国立法理念。此外,在立法模式上,日本综合考虑了欧盟的统一立法方式和美国的分散立法模式。

表4　日本数权法律制度

时间	法案	说明
1973 年	《德岛市关于保护电子计算机处理的个人信息的条例》	对政府处理个人数据时涉及个人隐私权益的尊重进行了立法规范
1988 年	《有关行政机关电子计算机自动化处理个人资料保护法》	保护范围仅限于计算机处理的个人数据信息，不涉及人工处理的数据信息
1997 年	《关于民间部门电子计算机处理和保护个人信息的指南》	向保护措施得力的企业颁发隐私认证标识（P－MARK 认证）等
2003 年	颁布《个人信息保护法》，并配套《关于保护行政机关所持有之个人信息的法律》《关于保护独立行政法人等所持有之个人信息的法律》《信息公开与个人信息保护审查设置法》《对〈关于保护行政机关所持有之个人信息的法律〉等的实施所涉及的相关法律进行完善等的法律》系列法规	《个人信息保护法》被称为统领各领域个人信息保护基本法，与其他的 4 部法统称为"个人信息保护五联法"
2015 年	《个人信息保护法》（修订）	进一步扩大个人信息保护范围和法律适用范围、促进匿名化个人信息应用等

（二）数据安全立法比较

数据安全是数权保护的前提和基础。欧盟、美国、日本等国家和组织先后颁布了诸多关于数据安全的法律法规。尽管这些法律法规在思路和策略上不尽相同，但都是以数据为基本要素。其中，欧盟法采用统一式立法模式，欧盟各国主张个人数据中蕴含人格利益，而人格利益是人格权的重要组成部分，需要通过宪法和其他法共同保护。此外，作为一个整合政治和经济的国际组织，欧盟既能有效统一欧盟各成员国的立法系统，又能保留各成员国自主发展的空间，形成"欧盟法＋成员国家法"的法律大格局。美国数据安全立法较欧盟立法模式有所不同，美国没有统一的个人数据保护的法律规范，而是区分不同领域或事项对个人数据分别立法保护。在美国数据安全相关法律中，个人数据通过宪法、隐私权法案等法律规范予以保护，重要行业、领域的重要数据通过专门立法予以保护，一般数据则通过行业自律和市场调节予以规范，形成了数据安全多元共治的法律大格局。进一步看，隐私权是美国个人数据安全立法保护的法理基础，美国数据安全法律制度是全面保护人格权的法律制度，这在美国个人数据安全法律法规和行业自律上均有所体现。此外，日本数据安全立法相较于欧美国家起步比较晚，但在亚洲国家个人数据安全立法方面，却属于立法较早且较完善的国家。日本数据安全立法模式是对美国分散式立法和欧盟统一式立法的折衷，不仅注意到本国行业自律、地方立法和第三方监督的重要性，还借鉴了欧盟以隐私权为核心的立法外壳和美国以实用主义为核心的立法经验，试图在保护个人数据与数据应用之间寻找最佳平衡点。

（三）政府治理制度比较

数字时代，无论是发达国家还是发展中国家都在思考和探索政府自身变革和治理制度的建构。欧盟、美国、德国、日本既是"数字政府"的先行者、领导者，也是受益者（见表5）。

表5　主要国家或组织数字政府战略

国家或组织	数字政府战略	发布年份	主要内容
德国	《数字化战略2025》	2016	对数字化政府等重点领域的目标进行了描述，并提出了具体而又极具针对性的实施措施，对加速德国"工业4.0"落地具有重要作用
法国	"2022年公共行动"	2017	主要目标是精简行政流程，推动数字化发展，其关于实现公共服务数字化转型的愿景目标是到2022年实现100%无纸化公共服务
意大利	《2025政府数字转型战略》	2018	主要职责是通过作为开放式政府数据的中央数据库改善公共服务的交付，为用户和整个社会创造新的价值。战略愿景是为了全体澳大利亚人的利益，到2025年将澳大利亚建设成为全球三大领先数字政府之一
美国	《数字战略2020~2024》	2020	该战略基于两个主要目标，一是使用数字技术来实现重大发展和人道主义援助；二是加强国家级数字生态系统的开放性、包容性和安全性，以此"促进和实现国外的民主价值观，并促进一个自由、和平与繁荣的世界"

国家或组织	数字政府战略	发布年份	主要内容
英国	《国家数据战略》	2020	阐明了在英国如何释放数据的力量,为处理和投资数据以促进经济发展建立了框架。基于英国发展现状来推动更好、更安全、更具创新性的数据使用。通过数据使用推动增长,改善社会公共服务,使英国成为下一轮数据驱动型创新的领导者
欧盟	《塑造欧洲的数字未来》	2020	欧盟的数字化战略主要立足于以下三个方面:一是积极发展以人为本的技术;二是发展公平且具有竞争力的数字经济;三是通过数字化塑造开放、民主和可持续的社会
日本	《数字厅设置法》	2021	数字厅作为以首相为最高负责人的直辖组织,将把各省厅的信息系统预算汇总计入并统一管理。为改变系统规格未统一、协同合作不充分的现状,包括地方政府在内将推行标准化。数字厅还将被赋予向不遵从总体方针的其他府省厅,提出纠正建议的强力权限

欧盟以电子政府建设为着力点,提升政府治理能力。2005 年,欧盟部长理事会发布电子政府宣言。2006 年,欧盟委员会发布《电子政府行动计划》,是欧盟信息化建设总体战略目标之一,同时也标志着欧盟电子政府的建设正式启动。另外,2020 年,欧盟委员会发布《塑造欧洲的数字未来》,目标是保障每个公民都能平等地参与政府治理,能够自由、安全地发表言论。相较于欧盟,美国以政府数据开放为突破口,提升政府治理效率。2009年,美国联邦政府颁布《开放政府指令》。2012 年,联邦政府发布《数字政府战略》。2020 年,国际开发署发布《数字战略 2020~2024》。整体来看,美国数字政府战略主要有"以信息为中心、建设共享平台、以客户为中心、安全隐私平台"四大原则,以及"使美国人民和流动性加强的劳动力随时、随地、通过任何设备访问高质量的数字政府信息和服务;确保美国政府适应新的数字世界,抓住机遇,以智慧、安全和实惠的方式采购和管理设备、应用和数据;开发政府数据以刺激全国的创新,改进政务服务的质量"三个目标。相较于欧盟,日本以现代化战略为总抓手,提升政府治理水平。围绕或立足于数字政府战略,日本先后推出了"e-Japan 战略""e-Japan 战略Ⅱ"

"新 IT 改革战略""u-Japan 战略""i-Japan 战略 2015"。此外，日本政府提出将在 2021 年成立"数字厅"，并由首相直接管理。

三 数权制度的中国实践

（一）数权法律保护体系现状

据不完全统计，我国现有近 40 部法律、30 部法规，以及近 200 部规章涉及隐私、个人信息或数据保护。我国涉及数权保护的制度规范大多分布在宪法、刑法、民法和《网络安全法》《密码法》等其他法律中（见表6）。但是，目前所有涉及数权保护的法律法规都未对数权做出界定，亦没有给出应保护的数权范围，分散化、低层次、缺乏有效性及操作性等问题屡见不鲜。

表6 中国数权保护相关法律条款

法律类别	法律名称	实施日期	相关条款
宪法	《宪法》	2018 年 3 月 11 日	第 33 条、第 37 条、第 38 条、第 39 条、第 41 条
刑法	《刑法》	2017 年 11 月 4 日	第 253 条之一、第 286 条之一、第 287 条之一、第 287 条之二
民法	《民法典》	2021 年 1 月 1 日	第 109 条、第 111 条、第 110 条、第 127 条、第 1034 条、第 1035 条、第 1036 条、第 1038 条、第 1039 条
其他法律	《国家安全法》	2015 年 7 月 1 日	第 51 条、第 52 条、第 53 条、第 54 条
	《网络安全法》	2017 年 6 月 1 日	第 10 条、第 18 条、第 21 条、第 22 条、第 27 条、第 37 条、第 40 条、第 41 条、第 42 条、第 43 条、第 44 条、第 45 条、第 66 条、第 76 条
	《密码法》	2020 年 1 月 1 日	第 1 条、第 2 条、第 7 条、第 8 条、第 12 条、第 14 条、第 17 条、第 30 条、第 31 条、第 32 条

数权的宪法保护方面，《宪法》第 33 条、第 37 条、第 38 条、第 39 条、第 41 条可以说是保护个人数据权利的重要依据之一，这几条通过对公民的人格权、自由权、隐私权等基本权利的保护，间接说明了个人数据不受侵

犯，也间接为数权立法提供了重要依据。刑法保护方面，2009 年通过的
《刑法修正案（七）》和 2015 年通过的《刑法修正案（九）》都专门对个人
信息和网络安全方面的犯罪作了相关规定。《刑法修正案（七）》在第 253
条规定非法窃取、藏匿、破坏、出售公民个人信息等行为属刑事犯罪，将被
处以侵犯通信自由罪、侵犯公民个人信息罪等，第 286 条增加了拒不履行信
息网络安全管理义务罪，第 287 条增加了非法利用信息网络罪、帮助信息网
络犯罪活动罪。民法保护方面，《民法典》人格权编中将个人信息与隐私权
并列，并侧重于对个体及弱势群体的保护，同时，明确了数据、网络虚拟财
产保护的法律适用，合理划定信息开发者责任范围。除此之外，《网络安全
法》和即将出台的《数据安全法》《个人信息保护法》将逐渐推动我国数权
制度体系四梁八柱的建立和完善。

（二）数据安全立法实践创新

目前，我国抢抓大数据发展机遇，在布局数据安全立法方面进行了积极的
探索（见表7），形成了"国家推动、地方先行"的数据安全立法良好生态。

表7　中国数权立法实践

法规名称	发布机构	发布时间	实施时间
全国性法律			
《网络安全法》	全国人大常委会	2016 年 11 月 7 日	2017 年 6 月 1 日
《数据安全法（草案）》	中国人人网	2020 年 7 月 2 日	—
《个人信息保护法（草案）》	全国人大常委会法工委	2020 年 10 月 21 日	—
地方性法规			
《贵州省大数据发展应用促进条例》	贵州省人大（含常委会）	2016 年 1 月 15 日	2016 年 3 月 1 日
《贵阳市政府数据共享开放条例》	贵阳市人大（含常委会）	2017 年 4 月 11 日	2017 年 5 月 1 日
《贵阳市大数据安全管理条例》	贵阳市人大（含常委会）	2018 年 8 月 2 日	2018 年 10 月 1 日
《贵阳市健康医疗大数据应用发展条例》	贵阳市人大（含常委会）	2018 年 10 月 9 日	2019 年 1 月 1 日
《天津市促进大数据发展应用条例》	天津市人大（含常委会）	2018 年 12 月 14 日	2019 年 1 月 1 日
《贵州省大数据安全保障条例》	贵州省人大（含常委会）	2019 年 8 月 1 日	2019 年 10 月 1 日
《贵州省政府数据共享开放条例》	贵州省人大（含常委会）	2020 年 9 月 25 日	2020 年 12 月 1 日

续表

法规名称	发布机构	发布时间	实施时间
地方政府规章			
《贵阳市政府数据资源管理办法》	贵阳市人民政府	2017 年 11 月 23 日	2018 年 1 月 1 日
《贵阳市政府数据共享开放实施办法》	贵阳市人民政府	2018 年 1 月 12 日	2018 年 3 月 1 日
《成都市公共数据管理应用规定》	成都市人民政府	2018 年 6 月 6 日	2018 年 7 月 1 日
《贵阳市政府数据共享开放考核暂行办法》	贵阳市人民政府	2018 年 6 月 27 日	2018 年 9 月 1 日
《上海市公共数据和一网通办管理办法》	上海市人民政府	2018 年 9 月 30 日	2018 年 11 月 1 日
《天津市数据安全管理办法（暂行）》	天津市互联网信息办公室	2019 年 6 月 26 日	2019 年 8 月 1 日
《上海市公共数据开放暂行办法》	上海市人民政府	2019 年 8 月 29 日	2019 年 10 月 1 日
《浙江省公共数据开放与安全管理暂行办法》	浙江省人民政府	2020 年 6 月 4 日	2020 年 8 月 1 日

从国家立法实践看，2016 年，为应对国际网络发展带来的安全威胁、维护网络主权、保障网民合法利益，全国人大常委会发布了《网络安全法》，对个人信息的保护提出了基本原则和具体要求，一度成为我国网络空间的"基本法"。2020 年，《数据安全法（草案）》和《个人信息保护法（草案）》相继公布，从数据安全保护和个人信息保护的角度，构建我国数权保护的基本框架。这是信息时代的重大立法成果，也是数据法治的标志性进步。2020 年 9 月，中国在"抓住数字机遇，共谋合作发展"国际研讨会上提出《全球数据安全倡议》，表达了我国对国际数据安全的看法和主张，在关键时刻纠偏，防止网络空间陷入文明冲突论和冷战思维的陷阱。

从地方立法实践看，全国各地均进行了积极探索。贵州省是国内最早研究大数据安全立法的地区之一，2016 年，贵州率先出台了《贵州省大数据发展应用促进条例》，从实际应用和未来发展的角度对大数据安全加以概括，并给出了指引性规定。2018 年，贵阳市出台《贵阳市大数据安全管理条例》，以《网络安全法》的规定为主要依据，对大数据安全责任的认证及落实进行了细化，实现了大数据安全风险全方位、全天时的监控。此外，天津、上海、浙江等地也出台了相应政策。2019 年，贵州出台《贵州省大数据安全保障条例》，成为中国首部省级大数据安全法规，是省内其他数据安全制度的顶层设计。特别地，深圳在探索出台国内首部数据领域综合性专门立法过程中，于立法层面率先提出了"数据权益"概念，为构建中国特色数权制度提供了有益经验。

（三）数字政府治理制度探索

随着"数字政府"建设目标的不断推进，国家及地方政府在原有政策的基础上，为不断适应社会发展形势做出相应调整和适时修改，加快出台数字政府工作要点及工作计划（见表 8）。

表 8　中国数字政府规划

法规名称	发布机构	发布时间
《政府信息公开条例》	中华人民共和国国务院	2008 年 3 月 28 日
《贵阳市政府数据共享开放条例》	贵阳市人民政府	2017 年 4 月 10 日
《北京市推进政务服务"一网通办"工作实施方案》	北京市人民政府办公厅	2018 年 7 月 27 日
《广西数字经济发展规划（2018～2025 年）》	广西壮族自治区人民政府	2018 年 8 月 29 日
《浙江省深化"最多跑一次"改革推进政府职能转变和"放管服"改革行动计划（2018～2022 年）》	浙江省人民政府	2018 年 12 月 28 日
《山东省数字政府建设实施方案（2019～2022 年）》	山东省人民政府	2019 年 3 月 13 日
《广东省数字政府改革建设 2020 年工作要点》	广东省人民政府	2020 年 2 月 24 日
《宁夏回族自治区 2020 年"数字政府"建设工作要点》	宁夏回族自治区人民政府	2020 年 4 月 2 日
《2020 年数字福建工作要点》	福建省人民政府	2020 年 6 月 12 日
《湖北省数字政府建设总体规划（2020～2022 年）》	湖北省人民政府	2020 年 7 月 3 日
《山西省数字政府建设规划（2020～2022 年）》	山西省人民政府	2020 年 9 月 30 日
《安徽省"数字政府"建设规划（2020～2025 年）》	安徽省人民政府	2020 年 11 月 11 日

国家层面，我国在"十三五"规划中提出，"要实施网络强国战略"，在《国家信息化发展战略纲要》中把数字中国建设和发展信息经济作为信息化工作的重中之重，在《"十三五"国家信息化规划》中对数字中国的建设目标进行了细化，党的十九届四中全会对"推进数字政府建设"作出了明确指示，党的十九届五中全会强调了要提升政府和社会的智能化、数字化水平。地方层面，随着"数字中国"战略的不断推进，北京、广东、浙江等省份也相继制定了数字政府建设方案。在中国数谷，贵阳市人民政府2017年发布了《贵阳市政府数据共享开放条例》，对数据采集、开放共享等问题进行了详细说明，政府数据的公开不仅要及时还要受到监督和考核。截至2021年3月9日，贵阳市政府数据开放平台已开放14515117条数据、2729个数据集、381个API，涉及44个市级部门、13个区。①

四 数权制度对互联网全球治理的意义与启示

（一）互联网全球治理的国际意义

互联网全球治理是步入数字时代的关键问题。随着互联网全球治理体系的不断完善，国际间的文化往来与文明互鉴日益加强，互联网技术对国际交往方式的影响将进一步凸显。可以预料，在人类命运共同体的倡议下，建设网络空间命运共同体，不仅可以得到"1＋1＞2"的效果，更会极大地改变国家间交往和合作方式。自斯诺登事件以来，网络战已经真实地展示在各国面前，它可能将人类置于新的失序世界。在这样的背景下，世界各国应该共同建立一套互联网全球治理机制，进一步加强互联网全球治理，这不仅有利于强化国际合作，还为全球持续稳定健康

① 数据来自"贵阳市政府数据开放平台"，https：//data. guiyang. gov. cn/city/index. htm，2021年3月9日。

和平发展提供制度保障。互联网为全人类提供了进入数字时代的均等机会，人人可以享受同等优质的互联网服务，保障网络空间中弱势群体的合法利益。对应的，全球 5G 技术研究的如火如荼，国际间互联互通的速率将更高，不仅降低了交流上的时间成本和空间成本，还削弱了世界各国的"信息鸿沟"和"数据孤岛"，在一定程度上可以促进人类朝着更加全面和更加高质量的方向发展，激发人类的主动性和创造性，维护社会的公平正义。

（二）互联网全球治理的法治困境

互联网是世界各国竞争的重要战场，也是全球治理的重要领域。当前，互联网全球治理存在沟通机制不完善、数字鸿沟巨大、缺乏国际互信、监管能力不足和技术水平不均衡等问题。究其根本，是缺乏系统化的互联网全球治理方案。这一方案的形成，受制于以下三个因素。一是全球互联网运行与管理失衡。如 IP 地址、域名、端口、协议等必要资源大多掌握在 ICANN、IETF、IRTF 等机构手中，它们是全球互联网治理的"中坚力量"。但是，这些机构所拥有的核心技术，主要掌控在以美国为首的西方技术强国手中。二是网络霸权与网络宰制问题不容忽视。美国拥有世界上最先进的互联网技术和最高端的互联网基础设施，不仅掌控着全球的根服务器，还制造网络宰制，对包括中国在内的部分国家采用"双重标准"。三是网络安全与网络犯罪频频发生。网络黑客凭借互联网去中心、跨国界、匿名性等特点，对国际互联网实施网络犯罪，如发布勒索病毒、发起阻断服务、盗取网络信息等等，给世界造成了巨额的经济损失。在这样的复杂背景下，互联网全球治理依旧存在三个法治困境：一是全球互联网技术大多掌握在部分国家手中，而其他技术落后国家的秩序建成、体系建设、规则制定和法律设立等都受制于人；二是个人的信息、数据、隐私等遭受侵害，犯罪分子非法实施数据掠夺、信息滥用和隐私威胁等行为时有发生；三是互联网全球治理的概念模糊、体系分散、范围局限，且缺乏明确统一的治理系统、治理机制和治理机构。

（三）互联网全球治理的数权方案

网络空间不是法外之地，法治是互联网全球治理的重要手段，互联网法治从 1.0 迈向 3.0（见表 9）。互联网发展至今，全球互联网技术得到了大突破、数字化产业实现了大跨步，但也是危机四伏、险象环生，亟须一套系统性、前瞻性和公正性的法律来加以规范。

表 9　互联网法治进程

阶段	特征表述
互联网法治 1.0 阶段（1994～2000 年）	互联网主要传递信息，且以静态内容的信息为主。信息的传递方式比较单一，互联网并没有深刻的影响社会、经济和生活。因此，这个阶段的互联网法治以 IP 地址管理、域名管理、计算机信息系统安全管理等互联网基础设施的治理为主
互联网法治 2.0 阶段（2000～2013 年）	互联网主要传递价值，电子商务、社交媒体、搜索引擎成为互联网的"三大支柱"，并逐渐由信息流转向价值流，用户成为互联网服务的核心。此阶段的互联网法治以互联网行业管理、互联网信息服务、互联网等级保护及网络交易管理等为主
互联网法治 3.0 阶段（2013 年至今）	呈现互联网快速发展且亟须秩序维护的混乱状态。此阶段，大数据、人工智能、区块链等新一代信息技术的迅速兴起，信息经济、网络经济、数字经济等发展为新的经济形态。同时，个人信息泄露、数据跨境传输、网络恐怖主义活动等对互联网的负面影响拉开了序幕，敲响了警钟。网络安全、数据安全、数权保护等互联网问题亟须法治规范

实际上，数权法的本质是为网络空间立规矩、画红线、定秩序、建规则，强调的是数字红利共享、数字产业共建、数字权利共保等。可以这样推断，工业文明的法律准绳是物权法，那么数字文明的法律支柱就是数权法。除此之外，数权法既满足了国际数据安全治理和制度供给的需要，又满足了人们日益增长的权益需求，以技术之治和法律之治共同构建全球法治新体系，体现的是互联网全球治理的法治方案。

在人类命运共同体的治理框架下，携手共建网络空间命运共同体是平衡各方关系的重要手段，是让互联网更好造福人类的重要保证，是互联网全球治理的新型方案。在网络空间命运共同体的引领下，着眼于各国获得公平发展机会，以及对国家或个人等弱势群体的保护，构建"数权—数权制度—数权法"的全球数权制度体系，则是重塑互联网秩序，推动世界秩序变革，推进人类从工业文明迈向数字文明的法理重器。

参考文献

大数据战略重点实验室：《数权法2.0：数权的制度建构》，社会科学文献出版社，2020。

大数据战略重点实验室：《主权区块链1.0：秩序互联网与人类命运共同体》，浙江大学出版社，2020。

杨涛：《数据要素：领导干部公开课》，人民日报出版社，2020。

〔德〕卡尔·拉伦茨：《法学方法论》（第六版），黄家镇译，商务印书馆，2020。

大数据战略重点实验室：《数权法1.0：数权的理论基础》，社会科学文献出版社，2019。

周汉华：《对〈个人信息保护法〉（专家建议稿）若干问题的说明》，《中国科技法学年刊》2005年第1期。

支振锋：《网络空间命运共同体的全球愿景与中国担当》，《光明日报》2016年11月27日。

中央党校（国家行政学院）习近平新时代中国特色社会主义思想研究中心：《健全和完善生产要素参与分配机制》，《经济日报》2020年3月5日。

张国庆：《互联网全球治理的国际意义》，《中国社会科学报》2015年12月18日。

大数据安全指数篇

Big Data Security Index

B.10
数据安全风险与大数据安全指数研究

摘　要：　数字经济时代，数据已成为关键生产要素，打破了传统要素
有限供给对经济增长推动作用的制约，全面激发对经济社会
价值创造的乘数效应。数据作为新型生产要素，其独特性、
复杂性给数据治理带来了一系列的新问题与新挑战，数据安
全已成为大数据时代最为紧迫的核心问题。本报告在梳理数
据安全风险与数据安全因素的基础上，从安全制度、安全产
业、安全能力、安全生态维度出发，构建大数据安全指标体
系，旨在量化评估大数据安全发展状况，为数据安全能力评
估工作提供参考，助力提升数据安全能力和水平。

关键词：　数据安全　数据治理　大数据安全指数

　　当今世界正经历百年未有之大变局，数字经济成为撬动经济增长的新杠
杆和引领未来经济高质量发展的新引擎。特别是在国际经济环境复杂严峻、

国内发展任务艰巨繁重和新冠肺炎疫情影响的环境下，我国数字经济依然保持了较快增长，正成为重振经济高质量和可持续发展的重要支撑，在国民经济中的作用和地位举足轻重。随着数字经济的蓬勃发展，数据资源开发利用背后的数据泄密、窃取、篡改、非法使用及隐私泄露等现象值得警惕。

一　数据安全风险与安全形势分析

当前，数据安全呈现技术应用化发展、事件爆发式增长、政策多维度深化、风险弥漫性扩散等特征，数据泄露、数据攻击、数据跨境等数据安全问题不断引发关注。主要国家和地区在对传统网络安全进行防护的同时，更多地关注数据安全领域，从实际情况出发，积极部署国家安全战略、数据战略，强化数据风险控制。

（一）数据安全风险的发展形势

数据要素属性复杂独特，缺乏与之相适应的法律法规体系支撑。数据要素较之传统生产要素属性呈现出独特性、复杂性，其市场化配置机制还处于探索期，数据资源产权、交易流通、跨境传输和安全防护保障等一系列基础制度和标准规范有待深入研究、精准确立并持续完善。

网络"黑灰产"密度大、祸害广，数字经济健康生态的营建和保护不足。受制于法律规定模糊不清、监管与打击力度偏弱、取证难和维权难等问题，电信诈骗、钓鱼网站、木马病毒、黑客勒索等寄附在互联网肌体之上的"黑灰产"如毒瘤般只增不减，直接损害着用户利益，戕害社会信用体系与公众消费信心，严重扰乱数字经济发展健康生态。数据资源争夺、数字内容侵权、软件恶意干扰和平台垄断等正深刻改变着数字经济时代市场竞争范式，给数据治理工作带来了严峻的挑战。

互联网超级平台呈现出数据垄断趋势，危及国家数据主权安全。网络售假、数据杀熟、秒杀代拍、刷单返利、中奖免单、"二选一"等问题治理形势依然严峻，特别是新兴超大型平台企业的崛起，数据、算法、法律责任与社会责任等平台垄断性争议性问题引发社会强烈关注。尤其是一些互联网超级平台凭借先发优势和技术优势不断获取数据，却"有收无放"，这种数据垄断不仅不利于数字经济的健康发展，而且危及国家数据主权安全。

跨境数据流通风险大，缺乏健全的跨境数据流动监管机制。跨境数字贸易机遇与风险并存，随之引发的跨境数据传输安全、跨境知识产权保护、跨境支付结算风险等危及国家数据安全的问题逐渐显现。

（二）国际数据安全治理措施及进展

部署国家安全规划，强化风险管控措施。2020 年，为了确保关键信息基础设施供应链安全，主要国家对数据安全均采取了积极部署行动和全方位巩固措施，同时积极利用网络技术手段加强数据安全保障水平。一是关注基础设施安全。例如，2020 年 1 月爱尔兰政府发布的《2019～2024 年国家网络安全战略》中提出了开发国家网络安全中心的路线图，强调提高国家关键基础设施和公共服务的稳定性。二是关注供应链安全。例如，2020 年 9 月美国发布《美国在更具生产力的新兴技术经济中的竞争力法案》，特别针对确保供应链安全提出了要求；11 月英国议会提出《电信（安全）法案》，明确赋予政府前所未有的新权力以提高英国电信网络的安全标准。三是积极利用网络技术手段助力保障国家安全。如 2020 年 8 月，英国发布《自由保护法 2012》①的指南修订案，允许警察部队基于国家安全目的保留和使用生物识别信息。

表1　2020 年国际数据安全规划出台情况

序号	国家或地区	出台时间	政策	主要内容
1	爱尔兰	2020 年 1 月	《2019～2024 年国家网络安全战略》	强调提高国家关键基础设施和公共服务的稳定性
2	英国	2020 年 8 月	《自由保护法 2012》	允许警察部队基于国家安全目的保留和使用生物识别信息

① 英文名称：Protection of Freedoms Act 2012。

续表

序号	国家或地区	出台时间	政策	主要内容
3	美国	2020年9月	《美国在更具生产力的新兴科技经济中的竞争力法案》	为确保供应链安全提出要求
4	英国	2020年11月	《电信(安全)法案》	明确赋予政府前所未有的新权力以提高英国电信网络的安全标准

资料来源：中国信息通信研究院：《互联网法律白皮书（2020年）》，http：//www.caict.ac.cn/kxyj/qwfb/bps/202012/t20201229_367255.htm，2020年12月29日。

制定法规和指南，加强个人信息保护。2020年，各国个人信息保护立法进程加快。2020年2月澳大利亚公平竞争和消费者委员会（ACCC）发布《竞争与消费者（消费者数据权）规则》[1]，保证个人能够开展便利访问活动、企业能够高效处理消费者数据。11月，加拿大创新、科学和工业部提出了新的数据保护法规《数字宪章实施法》[2]，旨在适应数字时代需要，更好地保护个人的隐私，并大幅提高罚款额度。同时，修改现行法规和出台保护指南。2020年5月，新加坡通信信息部（MCI）和个人数据保护委员会（PDPC）联合发布了《个人数据保护法（修订）》（草案）[3]，加强机构问责制，对个人的同意作出更加详细的规定。6月新西兰通过了对1993年《隐私法》[4]的修订，加强了个人信息保护监管机构的权力，规范了数据跨境流动以及数据违规报告制度。8月韩国公布了《个人信息保护法》执行令修订案，明确了个人信息追加利用或转移的标准，扩大了敏感信息的范围。

表2 2020年国际个人信息保护政策出台情况

序号	国家或地区	出台时间	政策	主要内容
1	澳大利亚	2020年2月	《竞争与消费者(消费者数据权)规则》	保证个人能够开展便利访问活动、企业能够高效处理消费者数据
2	新加坡	2020年5月	《个人数据保护法(修订)》(草案)	加强机构问责制，对个人的同意作出更加详细的规定

---

[1] 英文名称：Computation And Consumer（Consumer Data Right）Rules。

[2] 英文名称：Digital Charter Implementation Act。

[3] 英文名称：Personal Data Protection（Amendmnt）。

[4] 英文名称：New Zealand Privacy Act 1993。

续表

序号	国家或地区	出台时间	政策	主要内容
3	新西兰	2020 年 6 月	《隐私法》	规范了数据跨境流动以及数据违规报告制度
4	韩国	2020 年 8 月	《个人信息保护法》	明确了个人信息追加利用或转移的标准，扩大了敏感信息的范围
5	加拿大	2020 年 11 月	《数字宪章实施法》	旨在适应数字时代需要，更好保护个人的隐私，并大幅提高罚款额度

资料来源：中国信息通信研究院：《互联网法律白皮书（2020 年）》，http：//www.caict.ac.cn/kxyj/qwfb/bps/202012/t20201229_ 367255.htm，2020 年 12 月 29 日。

聚焦新兴科技领域，保障数据安全地位。根据全球网络空间安全的总体形势，各国网络安全政策主要聚焦在 5G、人工智能等未来技术创新领域中保持领先地位。5G 安全方面，2020 年初美国发布《促进美国 5G 国际领导力法案》《保障 5G 安全及其他法案》《5G 安全国家战略》，旨在引导研发、部署和管理安全可靠的信息通信基础设施，提高美国在国际电信界的声誉和领导地位。2020 年 10 月欧盟先后发布《欧盟 5G 网络安全风险评估》《5G 网络的威胁状况》《5G 网络安全风险缓解措施工具箱》等系列文件和指南，持续推进 5G 安全风险评估。在人工智能领域，2020 年 1 月韩国科技部公布 2020 年度工作计划，正式启动《人工智能国家战略》。

表 3　2020 年国际新兴科技政策出台情况

序号	国家或地区	出台时间	政策	主要内容
1	美国	2020 年初	《促进美国 5G 国际领导力法案》《保障 5G 安全及其他法案》《5G 安全国家战略》	引导研发、部署和管理安全可靠的信息通信基础设施
2	韩国	2020 年 1 月	《人工智能国家战略》	公布 2020 年度工作计划，启动人工智能战略
3	欧盟	2020 年 10 月	《欧盟 5G 网络安全风险评估》《5G 网络的威胁状况》《5G 网络安全风险缓解措施工具箱》等	持续推进 5G 安全风险评估

资料来源：中国信息通信研究院：《互联网法律白皮书（2020 年）》，http：//www.caict.ac.cn/kxyj/qwfb/bps/202012/t20201229_ 367255.htm，2020 年 12 月 29 日。

开展数据安全执法，完善数据安全保障。2020年，主要国家和地区围绕数据安全保护，针对大型互联网企业、大型产品和服务提供商、政府机构等重点主体开展多方面多层次执法司法活动。一是关注生物识别数据的处理行为，通过执法司法活动限制处理范围，明确处理要求。2020年8月，英国南威尔士上诉法院推翻了英国"人脸识别首案"的判决，明确英国警方在辖区街道使用自动面部识别技术抓取用户面部数据违反《数据保护法》①，侵犯了原告的隐私权等合法权利。二是对数据收集、使用、共享等违规滥用行为进行调查。2020年9月，法国数据保护监管机构（CNIL）针对一位政府官员违规将国家档案局中的高中生数据传输给他人的行为展开调查，认为该官员的滥用个人数据行为违反了《通用数据保护条例》② 中对个人数据使用目的的规定。三是对侵犯用户数据权利及未履行数据安全保障义务的行为进行执法处罚。2020年1月，欧洲手机零售商迪克森公司（Dixons Carphone）因遭受网络攻击导致黑客窃取了1400万人的个人信息，英国信息专员办公室（ICO）对其处以50万英镑的罚款。四是数据跨境流动的多边/双边机制在复杂国际形势下变化明显。2020年7月，欧盟最高司法机构欧洲法院认为欧美"隐私盾协定"③ 对于欧美间数据跨境未达到《通用数据保护条例》要求的"充分保护"标准，裁决该协定无效。

（三）中国数据安全治理措施及进展

产业规模呈现持续高速增长态势。自2013年开始，随着新一代信息技术的融合发展和对网络空间安全的认知深化，网络安全产业在迅速成长的道路上不断提速增效。近年来，受下游需求及政府政策的推动，我国网络安全企业数量不断增加，网络安全产业规模也不断发展。根据新的统计测算，

---

① 英文名称：Data Protection Act。
② 英文名称：General Data Protection Regulation。
③ 英文名称：EU-U. S. Privacy Shield。

2015～2019年，市场规模增速始终保持在17%以上①，至2019年我国网络安全产业规模达到1563.59亿元，较2018年增长17.1%，2020年产业规模约为1702亿元，增速约为8.85%②。

网络安全产业技术布局逐步完整。网络安全企业积极向新兴的网络安全产品和服务相关产业链布局，向5G、物联网、移动互联网和工业控制等新兴应用场景拓展并延伸链条。在安全产品和服务明确的保护目标、广泛的应用场景和健全的安全功能基础之上，我国网络安全产品和服务涵盖基础技术、基础安全、安全服务等多层次的内容，网络安全产品和服务体系日益完善，网络安全产业生命力与生产力日趋增强。③

数据安全法律法规逐步完善。2013年11月国家安全委员会正式成立，2014年2月组建国家网络安全领导小组，从中央到地方都在不断完善数据安全相关法律法规与政策，为促进网络安全产业发展和保障数据安全应用提供了良法善治的环境。2020年1月颁布实施的《中华人民共和国密码法》，为我国商用密码技术和产业的发展开放了平台。2020年7月《中华人民共和国数据安全法（草案）》公开征求意见，2021年3月《中华人民共和国个人信息保护法（草案）》提请全国人大常委会进行审议，两部法律的制定将使数据安全和个人信息保护有法可依。2021年2月，《网络关键设备安全通用要求》强制性国家标准发布，这是工业和信息化部为落实《中华人民共和国网络安全法》中有关网络关键设备安全要求的一项重要标准。

新兴领域政策举措密集落地。2020年以来，聚焦新一代前瞻性技术创新，工业和信息化部印发《关于推动5G加快发展的通知》《关于工业大数据发展的指导意见》《关于推动工业互联网加快发展的通知》，国家标准化管理委员会等五部门联合发布《国家新一代人工智能标准体系建设指南》

---

① 前瞻产业研究院：《2020年中国网络安全行业市场规模及发展前景分析》，https://www.qianzhan.com/analyst/detail/220/200923-1bd8f46e.html，2020年9月23日。

② 中国信息通信研究院：《中国网络安全产业皮书》，http://www.caict.ac.cn/kxyj/qwfb/bps/202012/t20201229_367255.htm，2020年12月29日。

③ 中国互联网络信息中心：《CNNIC发布第46次〈中国互联网络发展状况统计报告〉》，http://www.cac.gov.cn/2020-09/29/c_1602939909285141.htm，2020年9月29日。

等政策指引，为产业奠定长期发展的政策基础。随着等保2.0制度将等级保护对象范围扩大到云计算、物联网、大数据等领域，新兴技术安全政策加速落地。中国通信企业协会通信网络安全专业委员会2011年至2020年9月共为120家单位颁发192个网络安全服务能力评定证书，为推动行业健康发展、维护市场秩序等方面发挥了桥梁纽带作用。

地方政府加速网络安全产业布局。2019年下半年以来，多地积极推动网络安全相关产业促进政策出台，为产业发展指明重点及方向。2020年3月的《成都市加快网络信息安全产业高质量发展的若干政策（征求意见稿）》和2020年4月的《长沙市关于加快网络安全产业发展若干政策实施细则》，为鼓励企业发展积极部署产业创新、应用示范、园区发展等方面的优惠政策，为加快提升地方网络安全产业整体化水平进行筹划。2019年至2020年9月，已有近30个省发布了5G产业推动计划。其中，超过20个省明确提及强化网络信息安全保障的相关内容，旨在推动5G与网络安全产业融合，对推动5G安全地落地和推广具有重要作用。

表4　2020年中国各地网络安全领域布局情况

序号	省会	出台时间	政策	主要内容
1	湖南	2020年2月	《加快第五代移动通信产业发展的若干政策》	强化网络信息安全保障，推动5G与网络安全产业融合
2	四川	2020年3月	《成都市加快网络信息安全产业高质量发展的若干政策（征求意见稿）》	从产业创新、应用示范、园区发展等方面落实整体部署和激励措施
3	湖南省长沙市	2020年4月	《长沙市关于加快网络安全产业发展若干政策实施细则》	

资料来源：中国信息通信研究院：《中国网络安全产业皮书（2020年）》，http：//www.caict.ac.cn/kxyj/qwfb/bps/202012/t20201229_367255.htm，2020年12月29日。

网络安全产业园建设显成效。国家网络安全产业园（北京），由海淀园、通州园和经开区信创园三园组成。截至2020年5月，海淀园主体大楼开工建设、通州园完成揭牌、经开区信创园实现开园，30家信创领域支柱型企业集

中签约入驻信创园，落地项目涵盖软硬件、芯片和集成服务等领域，5G 技术、云计算、云存储等新型基础设施建设项目。国家网络安全产业园（长沙）于 2019 年 12 月正式获批。2020 年 6 月该园正式揭牌，目前基本形成涵盖基础硬件、基础软件、信息安全服务、工业互联网安全等众多领域的产业链条，以及集聚中科院王小云院士等 20 余名专家的国内首个商用密码产业示范基地。

二 数据安全风险与数据安全治理

（一）数据安全风险的新内涵

大数据安全的定义随着信息技术的发展而变化。计算机时代，信息的完整性、保密性和有效性是公众关注的重点。互联网时代，数据安全的重点则聚焦在网络信息目标的真实性、可依赖性、可控性。大数据时代，数据自身安全以及数据保护的安全成为关注的重点。

表 5 大数据安全框架

层面	具体内涵
系统层面	保障数据安全和大数据正常应用需要通过系统、全局地构建安全防护体系，保障大数据系统正确、安全可靠的运行，防止大数据被泄密、篡改或滥用。主流大数据系统是由通用的云计算、云存储、数据采集终端、应用软件、网络通信等组成，保障大数据系统中各组成部分的安全是保障大数据安全的重要前提
数据层面	大数据应用涉及采集、传输、存储、处理、交换、销毁等各个环节，每个环节都面临不同的安全威胁，需要采取不同的安全防护措施，确保数据在各个环节的保密性、完整性、可用性，并且要采取分级分类、去标识化、脱敏等方法保护用户个人信息安全
服务层面	大数据应用在各行业蓬勃发展，为用户提供数据驱动的信息技术服务，因此，需要在服务层面加强大数据的安全运营管理、风险管理，做好数据资产保护工作，确保大数据服务安全可靠，从而充分挖掘大数据的价值，提高生产效率，同时防范各种安全隐患

资料来源：连玉明主编《中国大数据发展报告 No. 1》，社会科学文献出版社，2017。

综合当前对大数据安全的定义，大数据安全主要有两类：第一类是数据自身安全，主要是指运用先进密码算法对数据进行加密，进而主动保护数据；第二类是数据保护的安全，如表5所示，主要指构建包括系统层面、数据层面和服务层面的大数据安全框架。

表6　数据安全在层次结构上的主要内容

安全层次	内涵
实体安全	又称物理安全,是指保护计算机硬件设备、网络设施、存储介质及其他免遭天灾人祸的措施及其过程。具体包括数据环境安全、数据设备安全等
系统安全	是指保护计算机网络系统、操作系统及数据库安全。包括数据库运行安全、数据存储安全、数据传输安全、计算机系统安全等
信息安全	是指计算机存储介质上存放的数据及网络中传输的信息安全保护。包括数据处理的机密性和数据传输过程中的完整性
制度安全	是指数据自主可控并能够防范风险,数据安全管理制度可以依据"风险限定"制定
战略安全	是指从国家和国际的全局高度筹划和指导维护国家数据安全利益的方略。包括国家制定的数据安全战略、规划文件,以及研究性成果、军工科研项目等

资料来源：连玉明主编《中国大数据发展报告 No.1》，社会科学文献出版社，2017。

（二）数据安全风险环节分析

1. 数据资源开放中的安全风险

世界大国之间的主要威胁来自网络，网络安全已经成为一种最重要、最现实的安全威胁，并成为世界大国竞争的战略制高点。国家敌对势力网络暗战持续不减，广度、力度、深度不断拓展，主要表现为利用破网技术进行反宣渗透，借助云存储平台实施网络舆论战，通过黑客组织攻击政府系统、攻击境内网站，利用网络新媒体策划网络行动。特别是目前我国的一些核心的技术产品自主可控能力比较弱，这些产品和服务存在的安全隐患较大，关键信息基础设施新旧隐患交替频发。特别是公共系统成为大规模、持续性攻击的首选目标，互联网金融安全问题频发，全国域名解析系统遭受攻击，广电等公众网络脆弱凸显，有线电视插播等重大问题事件经常发生，多个政府网站遭到黑客联盟攻击等。

2. 数据资源流通中的安全风险

在数据采集的过程中可能存在数据损坏、数据丢失、数据泄露、数据窃

取等安全威胁。现行数据采集的范围和内容没有具体规定和统一标准的约束，数据安全在采集过程中无法得到有效的保障。数据传输面临的安全问题包括机密性、完整性、真实性。数据在传输过程中存在被截取和篡改的问题，特别是在无线网络传输环境下，网络传输中的数据安全问题尤为突出。数据存储的安全问题突出地表现为数据的管理权限不确定、访问控制问题以及存储能力不足等风险。如何确保数据的所有权和访问权得到合法的保护，隐私保护、数据加工、备份和予以恢复都成为数据存储过程中急需解决的重点和难点。

3. 数据资源应用中的安全风险

数据资源应用安全风险主要表现在数据应用安全和数据管理安全两个方面。网络应用的攻击和漏洞正在向批量化、规模化方向发展，主要表现在针对账户的攻击愈演愈烈，全网知识库大大丰富，建账系统的漏洞被广泛应用，漏洞发现和利用的速度越来越快，第三方代码托管平台被攻击，政府、企业信息、个人隐私得不到有效保护等，网络违法犯罪活动呈高发态势。数据管理的安全问题主要是网络设备管理的防御体系不完善，对网络信息的安全依法管理缺失，立法之间的协调性和相互性不够，相互衔接上缺乏系统性和全面性。另外，网络系统管理人员和网站管理人员安全防范意识薄弱，安全管理不到位出现疏漏，内部监管机制不健全出现技术错误和人为失误进而引发安全风险。

三　大数据安全指数指标体系构建

（一）指标体系

针对大数据安全风险和挑战，延续上年大数据安全指数评价指标体系的整体框架，按照动态性和平衡性原则，构建包括安全制度、安全产业、安全能力、安全生态在内的 4 个一级指标、12 个二级指标、14 个三级指标的评价体系（见表 7）。

表7 大数据安全指标体系

一级指标	二级指标	三级指标	指标含义
安全制度	安全立法	地方性法规或规章数量	通过地方性法规或规章数量反映地方法治建设与保障能力
		规范性文件数量	通过数据安全规范性文件数量反映规则制定能力
	政策规范	政策规范数量	通过数据安全相关政策数量反映政策支持与保障力度
	标准评估	标准评估数量	通过数据安全相关标准评估数量反映管理规范能力
安全产业	产业发展	信息安全收入	通过信息安全收入反映数据安全相关行业市场规模
	安全企业	中国百强网络安全企业数量	通过中国百强网络安全企业数量反映安全产业的整体竞争力
	人才建设	相关专业高校数量	通过相关专业高校数量反映数据安全产业所需人才的培养水平
安全能力	技术应用	网络安全技术应用试点示范	通过网络安全技术应用试点示范工作反映相关技术协同创新和应用部署情况
	漏洞侦察	漏洞侦察数量	通过网络漏洞侦察数量反映风险监测和安全防御能力
	应用加固	移动应用加固	通过移动应用加固能力反映预测、检测及应对安全事件能力
安全生态	风险态势	恶意程序攻击（逆指标）	通过恶意程序攻击实情反映网络环境安全隐患程度
		病毒感染率（逆指标）	通过病毒感染反映网络环境安全隐患程度
	安全设备	工业互联网标识解析体系建设	通过工业互联网标识解析体系建设水平反映网络安全基础设施建设与标识生态培育水平
	技术先行性	新基建竞争力指数	通过新基建竞争力指数反映数字技术创新发展水平

（二）指标选择

1.安全制度指标选择

安全制度下设安全立法、政策规范、标准评估3个二级指标，反映各地对数据安全发展的支持力度。安全立法主要考察各地数据相关立法情况，选取相关的地方性法规或规章数量、规范性文件数量进行测评；政策规范是以地方制定出台的大数据相关政策为评价基础，选取相关政策规范数量进行测评；标准评估主要考察地方参与制定以及自主制定的数据标准，选取相关的标准数量进行测评。

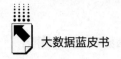

2. 安全产业指标选择

安全产业下设产业发展、安全企业和人才建设 3 个二级指标，从产业角度反映数据安全发展现状。产业发展主要考察数据安全相关产业的发展规模，选取各地信息安全收入进行测评；安全企业主要考察相关行业内的企业发展情况，选取 2020 年中国百强网络安全企业数量进行测评；人才建设主要考察各地数据安全人才引进、培养情况，选取各地开设相关专业高校数量进行测评。

3. 安全能力指标选择

安全能力下设技术应用、漏洞侦察、应用加固 3 个二级指标，反映各地数据安全防护部署和水平。技术应用主要从应用试点示范考察数据安全相关先进技术协同创新和应用部署，选取网络安全技术应用试点示范进行测评；漏洞侦察主要考察各地主动发现侦察漏洞的能力，选取各地单位上报的漏洞侦察数量进行测评；应用加固主要考察各地对软件和应用的安全防护情况，选取移动应用加固进行测评。

4. 安全生态指标选择

安全生态下设风险态势、安全设备、技术先行性 3 个二级指标，反映各地数据安全发展的环境和态势。风险态势主要考察各地数据安全总体形势，选取恶意程序攻击、病毒感染率进行测评；安全设备主要考察各地相关安全设备建设情况，选取工业互联网标识解析体系建设进行测评；技术先行性主要考察各地数字安全相关技术的发展水平，选取新基建竞争力指数进行测评。

（三）数据处理与测算方法

在数据收集方面，大数据安全指数的资料来源主要包括：一是国家官方发布的统计数据，如工业和信息化部统计发布的"软件和信息技术服务业主要指标"、国家信息安全漏洞共享平台发布的"漏洞信息通报"；二是国内权威数据库平台，如北大法宝、全国标准信息公共服务平台；三是相关研究报告，如数世咨询《中国网络安全能力 100 强报告》、信通院《数字金融

App 安全观测报告》、清华大学互联网产业研究院《中国新基建竞争力指数白皮书》。

在数据处理方面，为消除数据间的量纲关系，采用标准差对数据进行无量纲化，并根据专家意见法判定各指标的作用及影响程度，进而确定指标权重，最后通过加权平均的方法得到评价值。

综上，i 地区大数据安全指数计算公式[①]为：

$$M_i = f(x_1) \cdot w_1 + f(x_2) \cdot w_2 + \cdots + f(x_n) \cdot w_n$$

式中，M_i 表示 i 地区大数据安全指数综合评价值，$f(x)$ 代表 i 地区第 n 项评分，w_n 表示 i 地区第 n 项指标的权数，其中 n 为指标的项数，i 为地区的个数。

参考文献

中国信息通信研究院：《大数据白皮书》，http：//www. caict. ac. cn/kxyj/qwfb/bps/202012/t20201229_ 367255. htm，2020 年 12 月 29 日。

中国信息通信研究院：《互联网法律白皮书》，http：//www. caict. ac. cn/kxyj/qwfb/bps/202012/t20201229_ 367255. htm，2020 年 12 月 29 日。

中国信息通信研究院：《中国网络安全产业皮书》，http：//www. caict. ac. cn/kxyj/qwfb/bps/202012/t20201229_ 367255. htm，2020 年 12 月 29 日。

51CTO 社区：《2020 年网络安全事件回顾（国际篇）》，https：//netsecurity. 51cto. com/art/202101/639460. htm，2021 年 1 月 7 日。

《后疫情时期，网络安全形势如何？》，http：//www. ecas. cas. cn/dtfb/yjdt/202009/t20200928_ 4558373. html，2020 年 9 月 28 日。

顾健：《基于云计算的数据安全风险和防范措施分析》，《网络安全技术与应用》2021 年第 1 期。

郭一帆：《数字政府建设中的法律制度完善》，《云南行政学院学报》2021 年第 1 期。

刘曼琳：《大数据面临的网络安全威胁及应对策略》，《网络安全技术与应用》2021

---

① 连玉明主编《中国大数据发展报告 No. 4》，社会科学文献出版社，2020。

年第 1 期。

程琳：《切实保障国家数据安全》，http：//www. cssn. cn/zx/201807/t20180710_ 4499452. shtml，2018 年 7 月 10 日。

赵杨：《大数据时代数据安全风险及应对策略》，《网络安全技术与应用》2020 年第 8 期。

北京市经济和信息化局：《北京市经济和信息化局关于印发〈北京市促进数字经济创新发展行动纲要（2020～2022 年）〉的通知》，http：//www. beijing. gov. cn/zhengce/gfxwj/sj/202009/t20200924_ 2089591. html，2020 年 9 月 24 日。

刘全飞：《基于云计算的数据安全风险及防范策略》，《无线互联科技》2018 年第 12 期。

肖菲：《互联网网络安全何去何从》，《信息安全》2020 年第 11 期。

刘若南：《工业大数据安全风险与技术应对》，《中国工业与信息化》2020 年第 8 期。

B.11
2020年中国大数据安全指数分析报告

摘　要： 延续上年对全国36个大中城市的评估思路和方法，本报告按照所构建的大数据安全指标体系，运用无量纲化、指标权重赋值等方法，对全国31个省、自治区、直辖市进行综合评估。根据测评结果，各地区大数据安全指数呈阶梯发展特征，东部地区大数据安全发展领先。具体来看，贵州安全制度得分最高，北京在安全产业和安全能力两方面表现出明显优势，重庆在安全生态方面排名第一。此外，本报告针对大数据安全发展提出了政策建议，以期对全国地方大数据安全发展提供有益参考。

关键词： 大数据安全指数　省域　安全发展

一　大数据安全指数：总体情况

本报告使用由安全制度、安全产业、安全能力、安全生态4项一级指标、12项二级指标、14项三级指标构成的大数据安全指数评价体系，全面评估地方大数据安全政策、法规支撑能力，信息安全收入与网络安全能力，漏洞侦察与应用加固能力，以及安全风险态势感知、新基建竞争力、安全设备能力等，通过国家官方统计数据、互联网大数据、权威研究机构发布的行业数据等完成数据收集，运用无量纲化、指标权重赋值、加权平均分析等方法，对全国31个省、自治区、直辖市的大数据安全情况进行评价，进而得出测评结果。

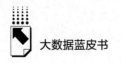

大数据蓝皮书

（一）各地区大数据安全指数呈阶梯发展特征

根据测评结果，2020 年，北京、广东、浙江等地区大数据安全指数处于领先水平，其中北京大数据安全指数得分最高，为 69.62，遥遥领先，在安全产业、安全能力和安全生态等方面表现突出，显示出强大的综合安全发展水平（见表 1）。31 个地区的大数据安全指数分为四个梯队：第一梯队大数据安全指数得分区间为 32.53 ~ 69.62，包括北京、广东、浙江、上海、江苏 5 个地区；第二梯队大数据安全指数得分区间为 22.72 ~ 29.96，包括贵州、山东、湖北、四川、重庆、辽宁、天津、福建等 8 个地区；第三梯队大数据安全指数得分区间为 15.27 ~ 21.27，包括河北、安徽、陕西、广西等 8 个地区；第四梯队大数据安全指数得分区间为 7.42 ~ 14.42，包括江西、黑龙江、吉林等 10 个地区。可以看出，各地区大数据安全指数的阶梯发展特征明显。

表1　2020 年 31 个地区大数据安全指数评价结果

地 区	总指数	排名	安全制度	排名	安全产业	排名	安全能力	排名	安全生态	排名
北 京	69.62	1	3.74	19	25.00	1	25.00	1	15.88	3
广 东	43.47	2	10.90	3	8.59	2	8.77	2	15.21	5
浙 江	37.78	3	13.76	2	3.59	8	4.33	4	16.10	2
上 海	32.70	4	6.02	10	3.42	9	8.59	3	14.67	6
江 苏	32.53	5	8.44	5	5.08	5	3.17	5	15.85	4
贵 州	29.96	6	15.50	1	1.29	22	0.72	17	12.46	10
山 东	26.51	7	7.84	6	3.73	7	2.51	7	12.44	11
湖 北	25.54	8	3.40	20	5.35	4	2.70	6	14.09	7
四 川	25.45	9	5.02	12	6.94	3	1.51	10	11.98	12
重 庆	24.57	10	4.24	15	0.39	28	0.81	14	19.14	1
辽 宁	23.48	11	8.90	4	2.43	15	0.33	25	11.82	13
天 津	22.95	12	7.18	7	2.83	12	1.84	9	11.10	14
福 建	22.72	13	4.84	13	3.95	6	1.31	12	12.61	9
河 北	21.27	14	5.66	11	2.50	14	0.46	22	12.64	8

续表

地 区	总指数	排名	安全制度	排名	安全产业	排名	安全能力	排名	安全生态	排名
安 徽	20.91	15	6.36	9	2.35	16	1.25	13	10.94	15
陕 西	19.04	16	6.90	8	2.07	18	0.43	23	9.64	21
广 西	18.34	17	4.02	17	3.22	11	0.34	24	10.77	16
湖 南	17.30	18	4.12	16	0.99	25	1.44	11	10.76	17
山 西	16.76	19	4.70	14	1.08	23	0.27	26	10.71	18
云 南	16.03	20	1.96	27	3.22	10	0.62	19	10.24	20
河 南	15.27	21	3.80	18	1.79	20	2.13	8	7.55	29
江 西	14.42	22	2.68	23	1.79	19	0.65	18	9.29	25
黑龙江	14.33	23	2.50	24	1.44	21	0.78	15	9.62	22
吉 林	14.06	24	1.50	29	2.74	13	0.49	21	9.33	24
甘 肃	13.84	25	3.18	21	1.07	24	0.16	28	9.42	23
新 疆	13.30	26	2.50	24	2.15	17	0.74	16	7.91	28
宁 夏	13.26	27	2.40	26	0.36	29	0.01	29	10.49	19
内蒙古	12.76	28	3.14	22	0.36	30	0.50	20	8.76	27
海 南	11.33	29	1.56	28	0.57	27	0.25	27	8.94	26
青 海	9.22	30	1.34	30	0.71	26	0.00	30	7.16	31
西 藏	7.42	31	0.00	31	0.00	31	0.00	31	7.42	30

（二）东部地区大数据安全发展领先全国

分区域来看，东部10个地区中有8个地区大数据安全指数得分高于平均值，整体发展处于领先水平；中部地区大数据安全指数得分只有湖北高于平均值，但整体得分均衡，潜力较大；在西部地区中，仅有贵州、四川、重庆3个地区大数据安全指数得分高于平均值，贵州表现突出，排名第6，领衔西部地区大数据安全发展，四川、重庆进入前10；东北地区只有辽宁大数据安全指数得分高于平均值。地区间大数据安全指数发展差距明显，中部地区、西部地区和东北地区较东部地区大数据安全发展水平还有待进一步提升（见表2）。

表2　31个地区大数据安全指数评价结果

区域	地区	总指数	排名	区域	地区	总指数	排名
东部地区	北　京	69.62	1	西部地区	贵　州	29.96	6
	广　东	43.47	2		四　川	25.45	9
	浙　江	37.78	3		重　庆	24.57	10
	上　海	32.70	4		陕　西	19.04	16
	江　苏	32.53	5		广　西	18.34	17
	山　东	26.51	7		云　南	16.03	20
	天　津	22.95	12		甘　肃	13.84	25
	福　建	22.72	13		新　疆	13.30	26
	河　北	21.27	14		宁　夏	13.26	27
	海　南	11.33	29		内蒙古	12.76	28
中部地区	湖　北	25.54	8		青　海	9.22	30
	安　徽	20.91	15		西　藏	7.42	31
	湖　南	17.30	18	东北地区	辽　宁	23.48	11
	山　西	16.76	19		黑龙江	14.33	23
	河　南	15.27	21		吉　林	14.06	24
	江　西	14.42	22				

（三）重点区域大数据安全指数表现突出

在大数据安全指数得分前10名的地区中，从安全制度、安全产业、安全能力和安全生态四个维度看，处于重点区域的北京、广东、浙江、上海、江苏、贵州、四川、重庆等的大数据安全综合能力较强（见表2）。京津冀区域，与北京"一枝独秀"相比，天津、河北的发展水平还存在较为明显的差距；长三角区域，浙江处于领先地位，整体得分均衡；珠三角区域，广东实力强劲；成渝区域，四川、重庆分别列第9、第10。

二　大数据安全指数：安全制度指数

（一）安全制度指数：总体评估

从安全制度指数测评可以看出，贵州得分15.50，排名第一，其次是浙江和广东，得分分别为 13.76 和 10.90。根据表 3，在东部地区中，浙江、广东、江苏、山东得分较高；在中部地区中，安徽安全制度指数得分 6.36，排名第 9，引领中部地区的发展；在西部地区中，贵州排名第 1，陕西排名第 8，表现可圈可点；在东北地区中，辽宁得分 8.90，位列第 4，发展态势较好。

此外，从表 3 可以看出，东部地区安全制度整体水平较高，且各地区间较均衡；中部地区中，安徽位列第 9，地区间发展较为均衡；西部地区中，贵州安全制度发展独领风骚，地区间安全制度发展差异较大；东北地区中，辽宁发展领先。中部地区、西部地区和东北地区安全制度整体水平低于东部地区，尚需进一步发展。

表 3   31 个地区大数据安全制度指数评价结果

区域	地区	安全制度	排名	区域	地区	安全制度	排名
东部地区	浙 江	13.76	2	西部地区	贵 州	15.50	1
	广 东	10.90	3		陕 西	6.90	8
	江 苏	8.44	5		四 川	5.02	12
	山 东	7.84	6		重 庆	4.24	15
	天 津	7.18	7		广 西	4.02	17
	上 海	6.02	10		甘 肃	3.18	21
	河 北	5.66	11		内蒙古	3.14	22
	福 建	4.84	13		新 疆	2.50	24
	北 京	3.74	19		宁 夏	2.40	26
	海 南	1.56	28		云 南	1.96	27
中部地区	安 徽	6.36	9		青 海	1.34	30
	山 西	4.70	14		西 藏	0.00	31
	湖 南	4.12	16	东北地区	辽 宁	8.90	4
	河 南	3.80	18		黑龙江	2.50	24
	湖 北	3.40	20		吉 林	1.50	29
	江 西	2.68	23				

在 31 个地区中，贵州的安全制度指数排名第一位，贵州拥有首个国家级大数据综合试验区。2016 年以来，贵州大数据安全制度建设持续推

进，出台了一系列相关政策文件，抢占了大数据规则创新的制高点（见表4）。

表4 贵州国家大数据综合试验区出台的相关政策文件

序号	出台时间	政策文件
1	2016 年 12 月	《贵州省"十三五"信息基础设施专项规划》
2	2017 年 9 月	《贵州省数字经济发展规划(2017～2020 年)》
3	2017 年 10 月	《智能贵州发展规划(2017～2020 年)》
4	2018 年 3 月	《贵州省"十三五"以大数据为引领的电子信息产业发展规划》
5	2019 年 4 月	《贵州省大数据战略行动 2019 年工作要点》
6	2019 年 5 月	《贵州省大数据新领域百企引领行动方案》
7	2019 年 5 月	《2019 年贵州省深化提升"万企融合"大行动推动大数据应用和产业转型工作方案》
8	2019 年 9 月	《贵州省大数据安全保障条例》
9	2020 年 6 月	《贵州省大数据融合创新发展工程专项行动方案》

资料来源：根据贵州省人民政府官网发布文件整理。

浙江的安全制度指数排名第二，从具体指标来看，浙江在大数据安全立法方面走在全国前列。浙江积极出台一系列大数据发展相关政策，对数据安全方面进行了相应规范，在数据安全地方立法方面出台《浙江省公共数据开放与安全管理暂行办法》，该办法也是全国首部省域公共数据开放立法。

广东安全制度指数排名第三，其中，大数据安全政策特别值得关注。为加快推动珠江三角洲跨区域类国家大数据综合试验区建设，广东先后出台了相关政策文件（见表5），为地方开展数据安全管理工作提供广东方案。

表5 广东出台大数据发展相关政策文件

序号	出台时间	政策文件
1	2016 年 6 月	《广东省人民政府办公厅关于运用大数据加强对市场主体服务和监管的实施意见》
2	2016 年 7 月	《广东省促进大数据发展行动计划(2016～2020 年)》
3	2018 年 10 月	《广东省"数字政府"建设总体规划(2018～2020 年)实施方案》
4	2020 年 2 月	《广东省数字政府改革建设 2020 年工作要点》
5	2020 年 11 月	《广东省建设国家数字经济创新发展试验区工作方案》

资料来源：根据广东省人民政府官网发布文件整理。

（二）安全制度指数：分指标分析

1. 安全立法：浙江、贵州、广东位列前三

根据测评结果，31 个地区中，浙江数据安全立法指标得分位列第一，其次是贵州、广东、江苏、天津等。近年来，各地区陆续出台数据安全相关政策法规，为推进数据资源开放共享提供了政策依据和法律支撑。例如，浙江发布了《浙江省公共数据开放与安全管理暂行办法》，旨在规范和促进浙江省公共数据开放、利用和安全管理，加快政府数字化转型，推动数字经济、数字社会发展。《贵州省大数据发展应用促进条例》作为全国首个大数据地方法规，是贵州在大数据发展方面的又一有益探索。它的颁布实施将把贵州大数据产业纳入法治轨道，推动贵州大数据产业蓬勃发展。在 2020 年公布的北京市政府立法工作计划中提出将适时发布《大数据条例（草案）》，以进一步完善大数据发展的法制法规体系。

2. 政策规范：政策环境持续优化

数据安全政策规范方面，31 个地区均已出台数据安全相关政策规范，比例为 100%。建立数据安全管理制度，支持大数据、人工智能、云计算等新一代信息技术创新和应用，为保障国家数据安全夯实制度基础。其中，贵州数据政策规范指数位列第一，其次是安徽、山西、上海等。

3. 标准评估：辽宁数据安全标准数量居首位

从数据标准评估指标来看，辽宁位列第一，其次是广东，得分为 1.98，排第三名的是江苏，得分为 1.62。在 31 个地区中，有 12 个地区制定并出台了相应的数据安全标准。其中，辽宁发布《口岸申报电子数据交换》《渔业信息化基础数据元》《动物疫病防控信息数据元规范》《交通地理信息 电子地图数据分类》《公路桥梁检测评定数据采集规程》《农田小气候观测数据规范》《信息安全 个人信息数据库管理指南》《行政权力运行与监察系统数据采集交换规范》《智能公交系统规范 第 2 部分：数据管理》《环境监测数据采集传输协议技术规范》《企业质量信用信息数据规范 数据元目录》《数字林业数据库省级矢量图库建设技术规程》《数字林

业数据库省级图像库建设技术规程》《件杂货码头业务操作数据格式和信息交换流程标准》《数字林业 数据库 森林资源调查数据库结构》等地方标准。

三 大数据安全指数：安全产业指数

（一）安全产业指数：总体评估

从测评结果来看，东部地区整体发展水平较高，各地区安全产业发展较为均衡，地区间差距较小。31 个地区中，北京得分 25，位列第一，其次是广东、四川。由表 6 可以看到，西部地区中四川引领发展，位列第 3，中部地区中湖北位列第 4，两者与广东分值仅分别相差 1.65 和 3.24，东北地区中吉林得分稍低，整体水平有待提升。

表 6　31 个地区大数据安全产业指数评价结果

区域	地区	安全产业	排名	区域	地区	安全产业	排名
东部地区	北　京	25.00	1	西部地区	四　川	6.94	3
	广　东	8.59	2		云　南	3.22	10
	江　苏	5.08	5		广　西	3.22	11
	福　建	3.95	6		新　疆	2.15	17
	山　东	3.73	7		陕　西	2.07	18
	浙　江	3.59	8		贵　州	1.29	22
	上　海	3.42	9		甘　肃	1.07	24
	天　津	2.83	12		青　海	0.71	26
	河　北	2.50	14		重　庆	0.39	28
	海　南	0.57	27		宁　夏	0.36	29
中部地区	湖　北	5.35	4		内蒙古	0.36	30
	安　徽	2.35	16		西　藏	0.00	31
	江　西	1.79	19	东北地区	辽　宁	2.74	13
	河　南	1.79	20		黑龙江	2.43	15
	山　西	1.08	23		吉　林	1.44	21
	湖　南	0.99	25				

（二）安全产业指数：分指标分析

1. 产业发展：信息安全收入排前三位地区占全部地区的66.10%

衡量产业发展的指标，选用的是工信部公布的软件和信息技术服务业相关的信息安全收入。数据显示，各地区间的差异比较大，头部效应明显。31个地区中，北京在产业发展指标中位列第一，信息安全收入占所有地区总和的46.05%；前三位北京、广东和辽宁地区的收入总和占所有地区的66.10%；而前十位地区的收入总和占所有地区的96.04%。

2. 安全企业：百强企业数量中北京占据一半

相关企业前100强数量指标方面，选用了数世咨询发布的《中国网络安全能力100强报告》，对百强企业的注册地址进行地区划分。结果显示，百强企业的集中程度也非常高，排名前五位的地区集中了百强企业中的八成以上。其中，北京拥有50家，排名第1；排名第2的是广东，入选企业11家；排名第3至第5位的地区依次是浙江、江苏和上海，拥有网络安全企业百强的数量分别为8家、7家、6家。北京的科技基础和先发优势明显，凭借日趋健全的产业体系、高度活跃的技术创新、显著增强的综合实力等优势，吸引了最多的网络安全企业落户。

3. 人才建设：四川表现抢眼

人才建设是支撑发展的基础，而教育是推动人才聚焦的重要环节。本研究基于高校本科相关专业分布情况对地区安全人才建设进行评估，在31个地区中，北京、四川和湖北列前三位，只有极少数地区尚未开办高校网络安全本科专业。特别值得一提的是，四川拥有15个高校网络安全本科专业，表现非常抢眼。四川近年来高度重视人才培养和引进，印发《大数据产业培育方案》，提出积极引进数字技术领军人才，建立数字技术及应用人才教育体系，构建企业数字经济人才培训平台。

四 大数据安全指数：安全能力指数

（一）安全能力指数：总体评估

从安全能力指数测评可以看出，北京得分25，位列第一，其次是广东、上海，得分分别为8.77、8.59。从表7可以看出，31个地区中，各地区间大数据安全能力指数得分差距较小，大数据安全能力发展较为均衡。分区域看，东部地区安全能力指数的平均值为5.62，高于31个地区安全能力指数平均值2.33；中部地区中湖北列第6、河南列第8，中部地区安全能力指数的平均值为1.41；西部地区中四川列第10，西部地区安全能力指数的平均值为0.47；东北地区中黑龙江得分稍高，东北地区安全能力指数的平均值为0.53。东部地区安全能力发展水平较高，中部地区、西部地区、东北地区安全能力发展水平还有待进一步提升。

表7 31个地区大数据安全能力指数评价结果

区域	地区	安全能力	排名	区域	地区	安全能力	排名
东部地区	北 京	25.00	1	西部地区	四 川	1.51	10
	广 东	8.77	2		重 庆	0.81	14
	上 海	8.59	3		新 疆	0.74	16
	浙 江	4.33	4		贵 州	0.72	17
	江 苏	3.17	5		云 南	0.62	19
	山 东	2.51	7		内蒙古	0.50	20
	天 津	1.84	9		陕 西	0.43	23
	福 建	1.31	12		广 西	0.34	24
	河 北	0.46	22		甘 肃	0.16	28
	海 南	0.25	27		宁 夏	0.01	29
中部地区	湖 北	2.70	6		青 海	0.00	30
	河 南	2.13	8		西 藏	0.00	31
	湖 南	1.44	11	东北地区	黑龙江	0.78	15
	安 徽	1.25	13		吉 林	0.49	21
	江 西	0.65	18		辽 宁	0.33	25
	山 西	0.27	26				

（二）安全能力指数：分指标分析

1. 技术应用：四地区试点示范项目数为零

技术应用方面的测评主要参照了工信部公布的 2020 年网络安全技术应用试点示范公示项目的地区分布情况。根据测评结果，31 个地区中，北京在技术应用测评中得分位列第一，涉及项目数几乎占到全部项目的 1/3 左右；其次是广东、浙江、江苏，均占到全部项目的一成上下；而黑龙江、西藏、青海和宁夏四地的入选项目均为空白。

2. 漏洞侦察：19个地区已经进行漏洞侦察能力建设

中国是互联网大国，也是遭受互联网攻击最频繁、最严重的国家之一。漏洞侦察是按照确保网络安全发展而采取的认清风险、找出漏洞、督促整改的手段，为摸清数据安全相关底数情况、掌握安全保护现状，加强对重要数据和个人信息的保护，切实提升数据安全保障能力。从测评结果来看，31 个地区中有 19 个地区已进行漏洞侦察能力建设，占比为 61%。可以看出，北京漏洞侦察指数得分为 1，位列第一，上海紧随其后，漏洞侦察指数得分为 0.88。

3. 应用加固：北京表现突出

应用程序加固举措是添加需要加固保护的程序，通过监控应用程序的运行状态，拦截程序的异常行为，防止恶意程序利用应用程序存在的漏洞对用户计算机等终端进行破坏。该举措是衡量地区 App 供应商安全意识状况的一项指标。从数据结果来看，数量排名靠前的地区分别是：北京占总量的 28.37%，排名第一；广东占总量的 23.60%，排名第二；上海占总量的 6.57%；湖北占总量的 6.52%，这四个地区共计占到总量的 65.06%。

五　大数据安全指数：安全生态指数

（一）安全生态指数：总体评估

根据测评结果，地区间安全生态指数差距较小，处于重点区域的地区安全生态水平较高。其中，安全生态指数得分最高的地区为重庆，其次是浙江、北京、江苏（见表8）。安全生态指数平均值为11.45，大多数地区安全生态指数得分在平均水平左右，地区间差距较小。在东部地区中，浙江、北京、江苏、广东、上海得分较高；在中部地区中，湖北安全生态指数得分14.09，排名第7，引领中部地区发展；在西部地区中，重庆安全生态指数得分19.14，排名第1，贵州得分12.46，排名第10；东北地区中辽宁位列第13，整体发展相对均衡。从区域来看，京津冀、长三角、珠三角、成渝等重点区域群整体安全生态水平较高。

表8　31个地区大数据安全生态指数评价结果

区域	地区	安全生态	排名	区域	地区	安全生态	排名
东部地区	浙　江	16.10	2	西部地区	重　庆	19.14	1
	北　京	15.88	3		贵　州	12.46	10
	江　苏	15.85	4		四　川	11.98	12
	广　东	15.21	5		广　西	10.77	16
	上　海	14.67	6		宁　夏	10.49	19
	河　北	12.64	8		云　南	10.24	20
	福　建	12.61	9		陕　西	9.64	21
	山　东	12.44	11		甘　肃	9.42	23
	天　津	11.10	14		内蒙古	8.76	27
	海　南	8.94	26		新　疆	7.91	28
中部地区	湖　北	14.09	7		西　藏	7.42	30
	安　徽	10.94	15		青　海	7.16	31
	湖　南	10.76	17	东北地区	辽　宁	11.82	13
	山　西	10.71	18		黑龙江	9.62	22
	江　西	9.29	25		吉　林	9.33	24
	河　南	7.55	29				

（二）安全生态指数：分指标分析

1. 风险态势：广东受恶意攻击最多，河南App病毒感染率最高

2020年，我国网络运行总体平稳，未发生较大规模以上网络安全事件。但数据泄露事件及风险、有组织的分布式拒绝服务攻击干扰我国重要网站正常运行、鱼叉钓鱼邮件攻击事件频发，多个高危漏洞被曝出，我国网络空间仍面临诸多风险与挑战。由于资料受限，我们选择了中国信息通信研究院金融科技安全实验室联合北京智游网安科技有限公司共同完成的《数字金融 App 安全观测报告（2020 年）》中的相关数据，以观察相关安全风险态势。从地域分布来看，恶意程序感染的 App 分布在除宁夏以外的 30 个地区[①]。其中，广东受到恶意程序感染的 App 数量最多，占受到恶意程序感染的 App 总数的 45.21%；其次是湖北，占比 17.59%；江苏排第三，占比为 12.73%。受到恶意程序感染的 App 数量最多的十大省份占据感染 App 总数的 96.72%。而如果进一步计算地区 App 的病毒感染率，则河南和江苏分列前两位，感染率均超过 50%。

2. 技术先行性：东部地区占据前八位

技术先行性指标主要考量支撑大数据安全发展的基础设施完备程度。根据测评结果，31 个地区中，北京在技术先行性指标中位列第 1，其次是江苏、上海、福建、广东、山东等。从区域来看，东部地区整体水平较高；中部地区只有河南和湖北进入前十名；西部地区四川、贵州的排名相对靠前，分别列第 11 名和第 13 名；东北地区中排名最高的辽宁仅列第 23 名。

3. 安全设备：重庆引领发展

安全设备指标侧重考量工业互联网相关方面的进展。工业互联网标识解析体系是工业互联网网络体系的重要组成部分，是支撑工业互联网互联互通的神经中枢。近年来，我国围绕工业互联网顶级节点、灾备节点和二级节点建设稳步推进。根据测评结果，31 个地区中，重庆、广东安全设备指标分别位列第 1 和第 2，其次是江苏、湖北、浙江、辽宁等。

---

① 中国信息通信研究院：《数字金融 App 安全观测报告（2020 年）》，2020。

六　对策建议

（一）加速构建数字安全生态系统

在数字技术依赖程度加深、云迁移加快等因素的推动下，数字安全问题已从网络空间向经济社会的各个领域加速延伸。世界经济论坛《2020 全球风险报告》显示，数字安全是未来十年最受关注的全球十大风险之一。面对不断增长的数字安全风险，仅依靠政府部门的战略布局是不够的，需要企业、机构等市场主体的有效参与，建立基于信任的多利益攸关合作伙伴关系。世界经济论坛《网络安全信息共享：构建集体安全》认为，可信、安全和可扩展的网络安全信息共享可成为维护网络安全的解决方案。随着全球产业分工的调整，数字经济的竞争转向产业生态的竞争，数字安全主体也发生了变化。产业生态中任何一个环节被攻破，都有可能导致安全威胁沿着产业链不断延伸，给整个产业生态造成巨大损失甚至崩溃。未来，为维护和提升全球产业链供应链的稳定性和安全性，数字安全生态系统的构建将愈加迫切，各相关方应该持续加大对数字安全的资金、人员、技术等的投入，加快推动数字安全生态系统建设。

（二）聚焦数据安全核心技术能力

新兴技术发展与数据安全保障是一场竞逐，数据安全与技术发展比肩前行。数据安全应聚焦"以数据为核心"的保障理念，以大数据、人工智能等新技术为驱动，加强数据安全关键技术研究和试点应用，结合大数据综合试验区、电子政务综合试点、公共信息资源开放试点等工作，将数据安全纳入，通过广泛的实践探索积累经验。根据安全需求和监管要求，动态调整安全策略和技术措施，加强风险感知和监测预警能力建设，实施动态管理、持续监测和主动防控，针对性挖掘和防范数据生命周期各环节安全风险，筑牢数据共享开放的安全屏障，全面提升数据安全防护能力。

（三）搭建数据安全多层次人才培养体系

截至 2019 年，全球网络安全劳动力缺口 127 万人，需在现有 280 万人的基础上增加 45%，才能够满足日益增长的网络安全专业人员需求。面对日益严峻的人才短缺形势，中国从 2017 年开始，启动"一流网络安全学院建设示范项目"，目前已有两批次 11 所高校入选，有力拓展了网络安全人才培养的渠道；同时，积极通过演练、教育和培训、组建网络安全战略联盟等手段，基于网络安全学习平台、虚拟网络学校等载体，探索网络安全人才培养路径。基于以上途径，各地方应该进一步加强人才意识，整合政府部门、高等院校、行业联盟、安全企业等有效载体，积极结合自身优势与资源，通过开展在线的网络安全培训、竞赛，以及线上或线上与线下结合的网络安全会议等方式，探索人才培养与交流的新路径。

参考文献

连玉明主编《中国大数据发展报告 No. 1》，社会科学文献出版社，2017。
连玉明主编《中国大数据发展报告 No. 4》，社会科学文献出版社，2020。

B.12
中国数据安全立法现状与展望

摘　要：　当前，数据作为新生产要素和战略性资源活跃在数字经济各
　　　　　领域各环节。要实现数字经济快速发展，必须切实保障数据
　　　　　权利和数据安全，尽快推动完善数据安全立法。从进展看，
　　　　　虽然《数据安全法》引领着我国数据安全制度体系的完善，
　　　　　但是数据安全立法中仍存在基础问题尚未厘清、核心制度供
　　　　　给不足、国际博弈应对乏力等诸多困境。本报告从数据安全
　　　　　立法的必要性切入，从立法进程、立法渊源、立法精神和立
　　　　　法效果等方面阐述中国数据安全立法的现状，进而分析中国
　　　　　数据安全立法的困境，在此基础上，从立法定位、制度设
　　　　　计、平衡立法、法效范围和立法技术五个方面提出中国数据
　　　　　安全立法的方法和路径，以期为中国数据安全立法提供借鉴
　　　　　和参考。

关键词：　数据安全法　国家安全观　数据主权　国家安全

一　制定数据安全法的必要性

随着大数据、区块链、5G 等新一代信息技术的高速发展，数据成为人
们生产生活中新的生产要素和生产资料，活跃在数字经济的各领域各环节。
在这个过程中，数据安全的相关问题不断凸显，引起了全球各国和社会各界
的关注和重视，并纷纷在数据安全法律制度建设方面积极探索，加快推动数
据安全立法。在百年未有之大变局和新一轮科技革命的叠加影响下，数据安

全立法将有助于促进我国数字经济高质量发展，维护国家主权和社会安全，在很大程度上还将影响国际数据安全格局和人类数据福祉。

（一）保护国家战略资源的客观要求

数字经济时代，数据已渗透到人类社会生活的各个方面，已成为各国的重要战略资源，并成为对经济发展贡献最为典型和突出的生产要素之一。但与其他传统资源或要素不同的是，数据是一种动态资源，格式种类丰富，会随着数量的累积而呈现指数级增长。同时，以美国为首的西方发达国家正凭借在互联网和数据应用技术上的优势，不遗余力地攫取数据资源，争夺数据控制权，对他国数据资源保护提出了挑战。2015 年 8 月，国务院印发的《促进大数据发展行动纲要》明确表示，数据已成为国家基础性战略资源；2019 年 10 月，党的十九届四中全会首次提出将数据作为生产要素参与收益分配；2020 年 3 月，中共中央、国务院就建立健全要素市场化配置体制机制提出具体要求，加快培育数据要素市场，推进政府数据开放共享，提升社会数据资源价值，加强数据资源整合和安全保护。我们应在总体国家安全观引领下，不断深入挖掘我国数据资源竞争新优势，推动数据安全保护与立法实践，构建符合我国国情和时代方位的数据安全法治体系。

（二）维护国家数据主权的法理重器

近年来，数据的跨境流动对传统的国家主权观念产生了深远影响，各界对维护国家数据主权的呼吁日益增多。概括来讲，数据主权是对网络主权的继承和发展，是国家主权的重要组成部分。随着数据资源竞争加剧，数据主权日益成为各国博弈的新焦点。对于我国而言，这主要表现在数据主权作为一项新的国家权利，时刻面临数据霸权、数据壁垒以及数据恐怖主义等诸多新挑战和新威胁。与此同时，全球化背景下，无论哪个国家都无法做到独善其身，或者单独解决所面临的全部国际事务。所以，面对国家间在数据空间内引发的多重管辖权冲突等系列问题，各国应当遵循数据主权合作的方式，秉持互利共赢，通过构建共管机制制度，缓解或消除国家间的紧张局势。这

就要求我国在数据主权方面开展立法实践，探索数据主权立法的中国方案，以抢占未来数据主权规则制定的话语权。当下，《数据安全法（草案）》已进入审议程序，这是回应数据主权保护最直接的行动。但是，草案并未直接提出数据主权的保护，也并未作出系统性的规定。

（三）防范国家安全风险的重要手段

随着新一代信息技术的快速发展，我国同时面临着众多传统和非传统安全风险的威胁，非传统安全是指直接影响甚至威胁国家发展、稳定与安全的非军事因素引起的重大问题，如经济危机、数据安全等。进一步看，若产生于国内，非传统安全风险呈现"隐秘、复杂、牵涉广、影响大"等特点；若产生于国外，则非传统安全风险呈现"无硝烟、不流血、看不见"的特点。当下，非传统安全风险交替发生、相关博弈此起彼伏，越来越成为新时期国家安全的主要威胁。没有数据安全就没有国家安全，解决数据安全问题，立法是根本，技术是支撑。法治是防范和化解数据风险的重要手段，各国都在积极着手健全涉及数据安全方面的法律法规，有效预防和科学处理当下暴露出来的数据安全问题。为此，在总体国家安全观指引下，我国应加快数据安全立法进程，以法治手段妥善处理和预防数字经济发展中可能存在的国家安全问题，实现对发展与安全的高度统筹。

二　中国数据安全立法的现状

数字经济时代，数据安全已成为事关国家安全与经济社会发展的重大问题。我国在数据安全方面的立法进程不断加快，2020 年，第十三届全国人大常委会第二十次会议对《数据安全法（草案）》进行了审议。草案提出建立分级分类管理制度、安全应急处置机制、安全审查制度和出口管制制度，明确了数据安全保护义务和数据安全工作职责。但是，整体来看，我国在数据安全方面还存在立法步伐相对滞后、制度不成体系、二元矛盾对立、安全风险难以有效化解等诸多问题，数据安全法律制度体系建设仍有待探索。

（一）从立法进程看，立法步伐相对滞后

我国专门针对数据安全的相关立法起步较晚。我国首次在国家层面对"信息安全"做出明确规定的法规文件是 1994 年颁布的《中华人民共和国计算机信息系统安全保护条例》。而从全球数据安全立法实践来看，世界上第一部数据安全立法是 1970 年由前西德黑森州颁布的《数据保护法》。国外许多国家和地区的数据安全立法起步较早，且发展迅速，逐渐形成了完整的数据安全法律体系。近几年，我国高度重视数据安全治理工作，出台了多个法规政策文件，但各立法之间相对分散，缺乏有效的衔接与协调，立法层级较低。当然，必须看到，《数据安全法（草案）》进入审议程序，意味着我国在数据安全领域即将迎来一部专门法律。鉴于我国严峻的数据安全形势和尚未完善的数据安全法治体系，《数据安全法》承载着重要的使命和期望，在应对内部和外部数据安全风险、建立数据安全保障体系方面将发挥重要作用。

（二）从立法渊源看，法律制度不成体系

近年来，虽然数据安全开始不断出现在一些政策法规中，但普遍缺乏系统性，立法表现形式不一，未立足数据的全生命周期进行设计，难以形成完备的法律制度体系，碎片化特征比较显著，立法效能难以显现。《网络安全法》是我国首部网络安全法律基本法，对网络安全作出原则性规定，但约束力不够，缺乏应用场景的行为规范。与此同时，包括《数据安全法》和《个人信息保护法》在内的有关数据安全的法律，或处于审议阶段，或在立法规划当中，我国数据安全法律法规体系建设尚未健全。

（三）从立法精神看，二元对立矛盾加剧

针对数据安全立法，学界看法不一，有学者认为，数据传播具有无形与无界特征，出于对数据安全方面的考虑，应当对数据实施封闭保护管理，对

数据开放和共享实施限制管理，并禁止数据流通。这种观点过于极端，却反映了安全与发展的对立性。当然，也有人持不同的观点，认为应全面促进数据开放共享，打破数据孤岛，从而助推技术和数字经济的进一步发展，这无疑又是另一个极端、片面的观点。发展和安全是辩证的，若两者同时处于低水平线，未来发展则会面临至暗时刻；只重视其一也将面临致命的发展或停滞的安全。只有重视发展和安全的平衡，并不断提升相应水平，才能实现高质量的发展和安全。当下，综合这对矛盾，实现安全与发展的统一，是我国数据安全立法中亟须解决的问题。

（四）从立法效果看，安全风险难以化解

一方面，数据技术及应用的井喷式增长，增加了人们对数据及其安全性的界定难度，加之当前的数据安全监督管理体制尚未清晰统一，数据安全立法尚不健全，法律责任条款以及配套制度不完善，对法律责任的界定和落实均产生负面影响，致使难以有效化解数据安全风险。另一方面，数据分类规则不清，缺乏可操作性，给政府执法和企业守法造成困难。此外，我国《网络安全法》第37条规定，"在中国境内收集和产生的数据应当在境内存储，因业务需要，确需要向境外提供的，应当按照相关规定进行安全评估"。而欧盟于2018年5月实施的《通用数据保护条例》要求获取在华企业的数据或进入其设备系统的访问权限。两者围绕数据跨境等问题产生的矛盾，不仅会对企业的交流合作产生消极影响，而且将威胁我国的数据主权安全。正是基于以上问题，我国数据安全领域的诸多风险均难以得到妥善处理。

三 中国数据安全立法的困境

我国在数据安全保护方面的工作取得了积极进展，但与西方发达国家相比，我国数据安全治理起步较晚，在基础立法、关键环节监管、立法技术能力等方面还存在不足。

（一）基础问题尚未厘清，治理共识仍待推进

数据安全问题已经引发了各界的高度关注，各领域学者从民法、刑法、行政法等不同角度进行了探讨，但各界对数据安全立法的一些基本问题尚未形成明确共识，如在关键制度、价值取向、重要数据等方面存在较大争议。《网络安全法》的规制对象侧重于"网络运营者"，即网络的所有者、管理者和服务的提供者，对于负责公共管理的主管机构缺乏明确而详细的要求。《民法典》保护个人信息和数据，但并未对非个人数据进行法律定性。《数据安全法（草案）》对数据权益并未作出明确定义，而仅仅从政府监管的角度来规制数据只能作为权宜之计。此外，我国在完善数据安全立法过程中，立法定位、数据权益等理论问题仍旧突出，在此背景下，容易对介入、权责机制划定造成阻碍，这将带来治理路径混乱和治理成效低下的问题。

（二）核心制度供给不足，关键环节监管不力

1. 关键数据保护制度尚不健全

关键数据对维护国家安全至关重要。就目前来说，我国关键数据保护重大制度、保护机制等尚未建立健全。退一步讲，《网络安全法》中的关键信息基础保护制度或许能够处理上述问题，但是，由于相关配套制度缺失，以关键信息基础设施为前提的关键数据保护思路有待落实。

2. 数据利用及跨境流动机制有待健全

首先，"重采集、轻处理"思路在我国数据治理中已经成为显著特征，核心环节的监管制度不健全，影响了数据利用及跨境流动。其次，当下实施的有关网络安全与数据保护方面的法规倾向于维护网络安全，数据安全保护制度体系尚未健全。另外，网络安全等级保护制度侧重于对静态数据的保护，对动态数据的传输与利用未起到有效规范作用。

3. 数据安全监管组织体系尚未形成

基于制度设计层面分析，当下与数据安全存在直接关系的国家安全审查

制度建设刚刚起步,相关配合机制措施有待完善;从实施层面分析,诸如日常监督检查等传统行政管理手段主要集中在数据的采集阶段,或者是对企业隐私政策的审查,相对于比较复杂的数据处理、共享等环节很难介入,因此在数据的全生命周期安全管控方面无法发挥真正效能。

(三)国际博弈应对乏力,立法技术亟须提升

相较于各国立法,我国立法步伐总体处于滞后状态。随着经济全球化和区域一体化的发展,境外数据攫取对中国数据主权的侵蚀及国家安全造成的冲击日益凸显,数据安全问题已经从安全保障走向战略博弈。虽然我国相关立法中也对数据跨境作出了限制性规定,但总体来说,缺乏可操作性等问题在我国现行的相关法律法规中仍旧突出。我国数据安全立法、修法工作总体滞后于数字时代转型,滞后于数字经济发展,滞后于国际社会实践,滞后于国家地位和期望,这在科技发展一日千里的今天体现得更加淋漓尽致。长期以来,我国都是国际数据规则的学习者、适应者和遵循者,在数据安全立法方面,我们设置议题的能力仍比较弱,还没有话语权,甚至处于"无语"或"失语"状态。从全球看,欧盟通过"公约""指令""条例",制定了严格限制个人数据跨境流动的规制体系,美国通过双边或多边协议强化数据跨境的规制体系。但是,我国数据安全法律在域外效力方面还存在真空地带,尚未形成高效有用的立法手段。

四 中国数据安全立法的路径

科学的立法理念、严密的立法结构是保障数据安全立法发挥实质性作用的关键。根据我国当前数据安全立法情况以及现实中存在的问题,我们应从立法定位、制度设计、平衡立法、法效范围和立法技术五个方面寻找我国数据安全立法的具体实施方略。

（一）立法定位：数据安全领域基础性法律

"科学的立法定位是搭建立法框架与设计立法制度的前提条件"①。数据安全法律体系建设必须坚持总体国家安全观，立足维护基础国家安全，发挥数据安全法律最基本的保障功能。

1. 立足总体国家安全观

《数据安全法（草案）》中提及的"总体国家安全观"所强调的应是将国家安全问题贯穿于数据全生命周期的每个环节。我国数据安全立法的立法定位和立法目标应该以数据全生命周期的数据保护为基础，切实维护国家安全至上。坚持在党的领导下，立足总体国家安全观，并将其作为数据安全立法的指导思想。

2. 立足安全保障基本功能

在制度定位方面，数据安全立法应当以数据安全基本法为定位，更加注重数据安全与数据发展之间的平衡关系。同时，还需注意规避一些特殊问题，例如数据歧视及其伦理等问题，防治数据安全利益泛化。站在体系定位角度进行分析，《数据安全法》必须立足于人，并且在与《个人信息保护法》同时存在的情况下，还需兼顾公共与国家安全的保障功能。

（二）制度设计：统筹内部安全和外部安全

从数据本身来看，数据安全的基本要求存在两个层次，一是"传统的数据安全"，即保障数据作为重要资产的安全，避免数据安全事件的发生对个人、组织、社会、国家造成危害。二是"新的数据安全"，在数据处理过程中，管控数据滥用行为对外部可能造成的危害。从数据面向范围看，数据安全也存在两个层次，一是国内范围使用和处理数据过程中的"内部安全"；二是国外使用和处理数据过程中可能对中国进行利益侵犯

---

① 黄道丽等：《〈数据安全法（草案）〉的立法背景、立法定位与制度设计》，《信息安全与通信保密》2020 年第 8 期。

的"外部安全"。

2018 年是全球数据治理不平凡的一年。3 月，美国出台《澄清域外合法使用数据法》（Cloud Act）；4 月，Facebook 侵犯用户个人信息用于总统大选；5 月，欧盟发布号称史上最严个人信息保护法《通用数据保护条例》。这三次重大事件分别从不同角度揭示了数据安全的重要性，数据关乎国家主权、关乎国家政治、关乎全球博弈。面对外部冲击和内部需求，我国数据安全立法工作应以《国家安全法》为根，以"关键（重要）数据"为基，同时借鉴丰富的域外经验，强化国家关键数据资源保护能力。这不仅有利于与《网络安全法》的衔接，还有利于国际交流和相互理解。

（三）平衡立法：体现利益平衡原则和功能

数据安全立法的核心议题是兼顾"数据安全与有效利用"。为此，应该处理好三组关系。

1. 数据安全多元主体间的关系

数据安全中的安全，包括从国家、企业、个人三个不同的主体视角呈现的三个不同数据安全维度，这三个不同维度的数据安全需要有不同的数据安全制度予以保障。数据安全立法应当超越单一的国家视角，从国家、企业、个人三个不同的角度，探索制定最优的法律制度，真正实现数据安全与数据发展的平衡。

2. 数据安全监管内在关系

任何监管机制都存在不同部门间的横向关系和不同层级间的纵向关系，甚至包括国内监管和国外监管的主体关系。数据安全立法对数据安全监管体制的具体建构，必须处理好监管主体之间的内在关系。横向关系中，要明确数据安全主体责任；纵向关系中，要关注各层级机构的主体责任。在条块关系的处理上，注意权力和责任的划分，实现统一高效。

3. 数据安全监管外在关系

在数据安全立法关系中，要注意监管机构与其监督者的关系，也就是对数据监管机构监管权的法律控制。在数据安全立法中，权力应该受到制约。首先，法律条款要有明确的法律依据和判断标准，实现法律规则的事前制约；其次，在履行权力和职责的过程中，实现法律程序的事中约束；最后，要对数据安全监管的权利和职责进行再监督，实现司法审查的事后监督。

（四）法效范围：以数据主权构建域外效力

在数据控制权的博弈上，明确数据主权是确定一国对某一数据是否具有控制力的前提。众所周知，Tik Tok 是字节跳动公司研发的一款短视频社交App，2016 年 9 月正式在国内上线，2017 年起进驻海外市场，短短两年时间，Tik Tok 迅速占领国内外市场。Tik Tok 在不断发展的同时，也开始面临有关数据泄露、隐私侵权等方面的调查与诉讼，遭到多国封禁，其中美国的制裁手段最为强硬。Tik Tok 海外被禁一事体现了美国对全球数据博弈的态度，即"以我为主、为我所用"，构建符合自身实力和利益诉求的数据流动规则便是维护各自数据主权的核心方法。从我国的实践看，《数据安全法（草案）》第 2 条在属地管辖外确立了数据安全的保护管辖。与《网络安全法》相比，草案第 2 条为进一步扩宽域外效力的适用范围，删除了《网络安全法》第 75 条中"造成严重后果"的规定。这与欧盟《通用数据保护条例》中的相关规定存在明显的不同，主要是以数据主权为基础，从而确定具有保护性质的管辖规范。建议草案设置"适格外国政府白名单"，并且根据实际变动情况对该名单进行动态管理。

（五）立法技术：重视立法影响评估和优化

制定的规制实施后要想获取良好的结果，必须对其进行全面的评估。当下，数据安全形势快速变化，应当对现行立法进行评估，对未来立法（如《数据安全法》等）进行立法前评估。一方面，《网络安全法》从实施到现在，已经历了三年多的时间，有必要开展实施效果评估。评估过程中，还应结合实践经验，以及时代进步等方面的内容，进行适当的调整。另一方面，针对正在审议中的立法需要进行充分的评估，预测实施后可能实现的效果——包

括可操作性、立法影响等①。另外，随着中国在全球新一轮信息技术革命中展现出的巨大潜力，中国数据安全等立法已成为全球关注的重点，这有益于中国不断提升在国际舞台上的话语权和影响力。但应当注意，相关立法制度设计也可能成为他国心怀叵测侵犯中国利益的借口。鉴于此，中国在数据安全制度设计中，要重视国际影响评估。一是以现有的立法程序为核心，遵守《立法法》有关立法影响评估标准，将立法影响评估的程序和机制贯穿于数据安全立法始终；二是在当前立法程序外再增加专门的立法评估程序和机制，由独立第三方机构完成评估工作。此外，还应出台相关法律规范，确保评估制度的落实和开展，更好地服务于数据安全相关立法的出台、实施等相关程序立法影响评估。

参考文献

张茉楠：《跨境数据流动：全球态势与中国对策》，《开放导报》2020 年第 2 期。

胡尔贵：《总体国家安全观视域下数据安全立法探讨》，《河北工程大学学报》（社会科学版）2020 年第 3 期。

朱雪忠等：《总体国家安全观视域下〈数据安全法〉的价值与体系定位》，《电子政务》2020 年第 8 期。

陈兵：《保障数据安全促进数据开发利用》，《深圳特区报》2020 年 10 月 20 日。

林梓瀚等：《人工智能时代我国数据安全立法现状与影响研究》，《互联网天地》2020 年第 9 期。

黄道丽、胡文华：《中国数据安全立法形势、困境与对策——兼评〈数据安全法（草案）〉》，《北京航空航天大学学报》（社会科学版）2020 年第 6 期。

黄道丽等：《〈数据安全法（草案）〉的立法背景、立法定位与制度设计》，《信息安全与通信保密》2020 年第 8 期。

---

① 黄道丽、胡文华：《中国数据安全立法形势、困境与对策——兼评〈数据安全（草案）〉》，《北京航空航天大学学报》（社会科学版）2020 年第 6 期。

大数据金融风险防控指数篇

Big Data Index of Financial Risk Prevention and Control

B.13
金融科技发展与大数据金融
风险防控指数研究

摘　要：　新冠肺炎疫情对社会经济各领域都带来不同程度的影响，疫情防控催生出许多金融服务新场景，推动了金融科技的普及和应用。金融与科技相互交融，加速了金融行业数字化转型进程，提升了各类金融服务的便捷性和可获得性。但金融科技领域的金融风险和技术风险叠加也给金融监管带来新的挑战。根据金融科技创新和金融风险防控的发展，本报告对大数据金融风险防控指数进行优化调整，以期更加精准、更有效地评估各地区金融风险防控能力水平，助力各地区更具针对性地防范化解各类潜在金融风险，守住金融安全底线。

关键词：　金融科技　大数据金融风险防控指数　金融安全　金融监管

伴随着金融科技的迭代更新，各类金融创新迅速扩容，但流动风险、操作风险和信用风险的控制维度和难度也显著加大。在风控流程中应用大数据、人工智能等技术可以显著增强风险控制的有效性、准确性、及时性和稳定性。当前,我国金融发展面临新的机遇,在转型升级的同时必须直面各类未知风险。金融科技创新和金融风险防控需同步发展,遵循"科技为本、数据为基、预防为主、综合管控"原则,建立健全大数据金融风险防控体系,提升金融监管和防范化解金融风险能力。

一　大数据时代下金融风险防控新形势

(一)大数据金融风险防控发展形势

2020 年 12 月召开的中央经济工作会议指出,"疫情变化和外部环境存在诸多不确定性,我国经济恢复基础尚不牢固。明年世界经济形势仍然复杂严峻,复苏不稳定不平衡,疫情冲击导致的各类衍生风险不容忽视"[①]。防范化解金融风险攻坚战虽取得了显著成效,但加强金融风险防控仍旧是金融行业永恒不变的命题。

1. 整治金融乱象取得阶段性成效

P2P 网络借贷公司全部清零,这一互联网金融风险痛点的根治是 2020 年金融乱象治理最亮的成果。互联网保险、互联网众筹、虚拟货币等领域整治也基本完成。影子银行规模压缩,快速扩张的趋势得到遏制,2020 年前 11 个月,委托贷款和信托贷款规模分别下降 3395 亿元和 6399 亿元[②]。在乱象治理的同时也弥补了监管的缺位。一方面,加强了房地产等重点领域的日常管理,系统推进重要性金融机构和金融控股公司审慎监管;另一方面,加快修改《中国人民银行法》和《商业银行法》等基础性金融法律制度,切

---

① 姜樊:《五大看点剖析 2021 年经济形势》,财联社,https://www.cls.cn/detail/687539,2021 年 2 月 19 日。

② 徐贝贝:《金融风险防控取得重大成效》,https://www.financialnews.com.cn/gc/ch/202012/t20201225_208416.html,2020 年 12 月 28 日。

实保障监管实施落地。此外，2020 年开始建立金融委办公室地方协调机制，加强央地在金融监管、风险处置等方面的协作。

2. 金融风险呈现多元化、复杂化

传统金融风险主要是机构风险，监管的重点是对金融机构的监管。随着中国金融市场开放和金融科技的发展，金融风险日益变得多元，复杂的、立体化的风险结构初步显现。金融风险多元化，监管的重点、顺序、架构、准则都随之发生变化，金融风险防控将由传统的监管模式进入智能化监管时代，大数据将助力监管科技的发展，实现对金融风险防控的动态化监测。

3. 抓存量防增量金融监管更趋严

保持宏观杠杆率基本稳定，前瞻应对不良资产反弹，精准防控重点领域金融风险是 2021 年风险防控重点工作。坚决压实各方责任抓存量防增量，推动中小银行深化改革、化解风险，坚决打击各种逃废债行为。[①] 同时，2021 年需要更多关注市场潜在的信用风险和住房租赁金融风险，通过一系列措施约束潜在风险积累。

（二）大数据金融风险防控特征

大数据时代，金融与科技跨界融合催生新业态、新模式。金融科技改变了客户和"银证保基地"的关联方式，金融产品更加丰富多元，金融服务边界也更加延展。金融机构主动求新求变，采用一系列新技术对传统金融服务、工具进行升级改造，给消费者提供更加便捷、智能的体验。新金融产品和服务越来越多样，也让不确定性的风险加剧，特别是对一些隐匿性和传播迅速的风险影响极大。

当前，金融风险管理的主要特征表现为：首先是创新风险所占比重越来越大。在线各大借款平台、互联网投资金融等一系列新兴金融服务、产品的出现，扩大了金融机构覆盖受众面，用户群越来越复杂多样，靠在线方式进

---

① 孟凡霞、宋亦桐：《银保监会：抓好各种存量风险化解和增量风险防范、前瞻应对不良资产反弹》，https://www.bbtnews.com.cn/2020/1223/380518.shtml，2020 年 12 月 23 日。

行征信审查和信用评估的难度加大，不确定性风险加码。其次是创新产品风险所占比重加大。在金融创新不断深化的过程中，诸如信用违约掉期（CDS）等新型金融风险产品呈现出价格波动性强、杠杆率高、流动风险大的特点，目前难以预计和判定风险暴露后带来的后果。最后是创新风控技术比重更大。各大金融机构把新兴技术应用到智能风控领域，创新的智能风控系统、技术会受到监管机构关于科技向善的关注。[①]

二 大数据金融风险防控的理论前沿

（一）金融科技的风险与监管研究进展

大数据、云计算、区块链、人工智能等数字技术与金融的交叉融合，已经深刻改变了金融业服务模式、办理流程和监管方式，让现代金融服务更加便捷，但也增加了金融风险监管难度系数。传统意义上的金融风险监管主要依靠人力机构，缺乏技术化运用，但目前所涉及的金融科技业务具有受众面广、风险高的特征，监管对象、主客体、成效评估等方式都发生了转变，亟须一套新的监管工具、监管标准，严控金融风险，以确保金融的稳健运行。

国外学者对金融科技本质进行研究，普遍认为现有方式已经不适于金融科技监管，并指出金融监管的未来是一个自动化的方向，"监管沙箱"是智慧化、智能化监管系统的第一步。有学者提出监管科技伴随着金融科技而产生，在未来会在金融监管中发挥基础性作用，可以帮助监管从事中、事后调节至事前的风险预防，有效地帮助引导金融科技领域机构正常运行。[②]

国内学者对金融科技的监管研究，主要集中在监管理念和监管措施两个方面。在监管理念方面，张兴认为金融科技带来的便利值得肯定，但是其潜在的风险如何与优势平衡需要重点关注，要根据金融业实际情况变化调整政

---

① 邹兆宇、李鸿莉、俞金涵、刘铭：《大数据框架下的金融风险管理》，《市场观察》2019 年第 3 期。

② 陈海涛：《金融科技监管的比较研究》，兰州大学硕士学位论文，2020。

策，协同行业和国际监管，提高金融科技监管的有效性和联动性。① 朱娟提出包括区块链金融在内的各种金融科技监管必须采用智慧监管方式。② 吴烨认为要搭建一个"行政引导 + 自律监管 + 自愿合规"的监管框架，从合作的角度出发，政府监管职能必须转变。③ 在监管措施方面，朱太辉等更加重视不同机构、国家之间的协作，认为金融科技监管核心是在做好潜在风险防控的同时给予空间让金融科技健康发展。④ 李文红等强调监管主体应该将金融业务作为实际监管对象，将金融科技当作一种金融发展的正常阶段，以促使市场公平竞争氛围，同时对这一系列新兴技术多加研究便于监管。⑤ 周仲飞、李敬伟认为应该推进"监管沙盒"中国化进程，及早启动试点。⑥ 张永亮认为监管科技才是强化金融科技监管最好的方式。⑦

（二）金融风险测度的研究进展

随着金融危机的频发及其带来的巨大危害，能够提前预警风险的模型越来越被学者重视。金融风险预警模型从早期的 FR 概率模型、STV 模型以及 KLR 信号模型逐步发展到 Logit/probit 模型、综合指数法等。系统性金融风险的测度方法在学术界有四种。第一种方法是以过往收益值计算的简约法。测度系统性金融风险首先要计算出系统性期望值之差，即金融机构系统性风险的贡献值，再利用杠杆系数、边际预期损失值等测度。第二种方法是结构化法。综合金融企业、非企业单位的资产负债数据，冲击同时段的函数分布，从而得出系统性金融风险测算结果。第三种方法是概率度量法。需要以尾部风险为基础，通过分析提取金融机构信用风险等一系列数据，选取信用

① 张兴：《Fintech（金融科技）研究综述》，《中国商论》2017 年第 2 期。
② 朱娟：《我国区块链金融的法律规制——基于智慧监管的视角》，《法学》2018 年第 11 期。
③ 吴烨：《金融科技监管范式：一个合作主义新视角》，《社会科学》2019 年第 11 期。
④ 朱太辉、陈璐：《Fintech 的潜在风险与监管应对研究》，《金融监管研究》2016 年第 7 期。
⑤ 李文红、蒋则沈：《金融科技（FinTech）发展与监管：一个监管者的视角》，《金融监管研究》2017 年第 3 期。
⑥ 周仲飞、李敬伟：《金融科技背景下金融监管范式的转变》，《法学研究》2018 年第 40 期。
⑦ 张永亮：《金融监管科技之法制化路径》，《法商研究》2019 年第 36 期。

违约互换（CDS）的利差等代替金融机构违约的概率，从而得出潜在金融风险产生概率。第四种方法是指数法。将能够反映金融市场状况、金融业务规模的一系列指标按照相应权重组合得出一个新的指标，表示系统性金融风险发生的水平值。最具有代表性的金融压力指数（FSI），是由世界著名经济学家 Illing and Liu 首次构建和使用，它可以较好反映金融危机事件发生时间和实体经济走势，具有一定客观性。

国内学者在前人的基础上，创新了关于金融风险测度的研究。赖娟和吕江林在已有的金融压力指数基础上，把它作为新的计量和风险监测工具，从而根据不同时间的数据分析系统性风险的变化过程。[①] 吕江林等对我国系统性金融风险实际水平进行测量，搭建由多个金融指标组成的金融压力指数，以得到的值和潜在一系列关联指标为因变量，进行计量回归，以此得出风险走向和趋势，并且预测来年系统性金融风险可能发生的概率。[②] 陈守东等学者在研究时为了让风险预警更加准确、科学，将 ARIMA 引入 Logit 模型。[③] 孙蕾以房地产金融风险管理为切口，运用成分分析法、灰色预测分析法对山东省房地产金融市场风险水平进行深层次研究。[④] 李政、刘淇等为了衡量系统性金融风险溢出水平，利用最新的经济金融关联网络法搭建系统性金融风险溢出网络。[⑤]

（三）大数据金融风险防控的理论模型

根据大数据金融风险防控相关理论，主要包含金融与数据同一理论、金融风险扩散理论、宏观审慎监管理论与金融可持续发展理论等，我们在上年首次构建了以金融生态稳定、金融风险防控与金融可持续发展为主框架的大数据金

① 赖娟、吕江林：《基于金融压力指数的金融系统性风险的测度》，《统计与决策》2010 年第 19 期。
② 吕江林、赖娟：《我国金融系统性风险预警指标体系的构建与应用》，《江西财经大学学报》2011 年第 2 期。
③ 陈守东、杨莹、马辉：《中国金融风险预警研究》，中国社会科学出版社，2015。
④ 孙蕾：《山东省房地产金融市场风险状况监测预警的实证研究——基于主成分和灰色预测分析法》，《区域金融研究》2016 年第 12 期。
⑤ 李政、刘淇、梁琪：《基于经济金融关联网络的我国系统性风险防范研究》，《统计研究》2019 年第 36 期。

融风险防控理论模型（以下简称"模型"，见图1）。大数据金融风险防控的理论模型涵盖金融系统稳健运行、金融风险治理与金融可持续发展的内在要义，强调金融生态系统及其要素在监管体制机制下的健康发展，以实现经济金融系统长期的有效运行和稳健发展。此外，模型具有一定的时代特征，创新性地加入了当前推动金融深刻变革的科技要素，对以大数据为代表的新一代信息技术与金融融合产生的时代产物金融科技和监管科技予以纳入，并对各要素间的影响和制约关系进行了直观描述，进一步完善和提升了模型的完整性、系统性和时代性。

2020年，在外部环境严峻复杂叠加疫情冲击的双重影响下，坚决打赢防范化解金融风险攻坚战毫无折扣可言，大数据金融风险防控的理论模型将为此提供一个新的观察视角。在金融稳定层面，其内涵在于金融部门稳健运行与实体经济的杠杆率处于适中状态。为达到这一目标，金融部门不仅要为实体经济发展提供必要的资本来源，更要防范信用风险和杠杆交易套利行为，金融稳定措施不仅需要实现普惠目标更要有一定针对性。在金融风险防控层面，以互联网金融、影子银行、房地产等为代表的风险隐患突出领域的金融风险防控态势依然严峻，金融监管部门运用相关财政政策、货币政策以及监管政策对重点领域金融风险进行防范监测与调节管控仍是金融稳健运行的制度保障。在金融可持续发展层面，微观主体健康、宏观经济平稳、金融运行有效方面的金融生态是金融发展更可持续的坚实保障，这不仅需要加强金融监管，稳定金融运行，建立良好的货币金融发展环境，更要跟紧时代发展，持续深化金融改革和深入推进金融创新，运用新兴信息技术促进金融发展变革，通过科技与金融的深度融合实现金融科技与监管科技实践的新突破，更好地回馈金融本身，实现可持续发展。

三 大数据金融风险防控指数评价指标体系的优化

（一）指标体系的优化原则

1. 针对性原则

在大数据金融风险防控指标体系优化中，要关注和考虑到不同地区现状

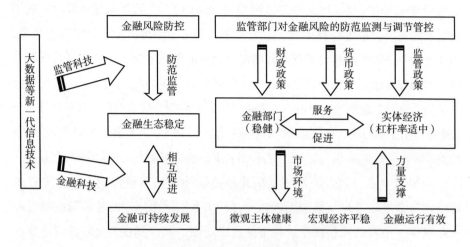

图1 大数据金融风险防控理论模型

和差异，尤其是一些技术差异、发展差异、统计制度差异、阶段差异等，避免出现两极化的结论。充分结合不同地区的强弱项，增强研究指数的参考性和可信度。必须因时、因地、因阶段制宜，针对大数据金融风险防控在各地区不同的发展特性和发展阶段，设计出更加科学、全面且有特点、重点和焦点的评价指标体系。

2. 层次性原则

大数据金融风险防控研究的重点虽是防范现状和风险防控水平，但是大数据风险防控布局的影响因素和提升途径比较多。因此，在科学性原则的基础下，需要充分吸纳不同指标内容，基本做到一般和个别的统一、相对和绝对的统一、定性和定量的统一。这要求在遵循指标独立原则的基础上进行不同层级的设定，使整体指标体系有系统性、有侧重点，更有层次性，评估更加全面。

3. 可持续性原则

可持续性原则是指指标能够持续更新、持续使用，确保大数据金融风险防控的评估能够保持延续性。金融风险在不同的空间、时间作用下会发生变化，金融风险的防控亦具备了动态性，指标体系的设计和选择要随着影响因素变化而调整。在选取指标时尽量增加长期指标，减少短期指标，力争多体系、多角度、全要素地考虑大数据金融风险防控的阶段性特征，不断改进调整，设计出科学合理的、具有实践性和时空性的、静态与动态相结合的可持续评价指标体系。

（二）指标体系的继承与完善

以大数据金融风险防控的理论模型为基础，我们于上年系统构建了如表1所示的指数评价指标体系1.0版，具体按分指数、要素层、指标层三个层次呈现，以大数据金融风险防控的理论模型中涵盖的金融稳定、金融风控、金融可持续发展作为三个分指数，在分指数下各设置了四个要素指标，基本涵盖了大部分金融生态要素和重点风险领域，同时还设置了金融科技相关指标，整体评估的覆盖面较广，量化评估结果也能基本反映各地区金融风险防控水平，对地方金融风险防控实践具有一定的参考价值。

表1　大数据金融风险防控指数评价指标体系1.0

分指数	要素层	指标层
金融稳定指数	实体经济服务度	工业增加值/社会融资规模
	政府部门杠杆水平	人均债务余额/人均GDP
	住户部门偿债能力	住户部门贷款/GDP
	银行业金融机构资本充足率	经金融机构资产负债率调整而得
金融风控指数	银行潜在风险损失	银行不良贷款率
	互联网金融潜在风险	网贷问题平台数
	房产泡沫风险度	房价增长率—人均可支配收入增长率
	金融制度完备度	金融政策法规数
金融可持续发展指数	上市公司盈利水平	上市公司净资产收益率
	房地产投资效率	房地产投资完成率（实际/计划）
	财政收入相对水平	财政收入增速—GDP增速
	对外开放度	外资银行机构数

2020 年，金融风险防控的形势和特征出现了新的变化。正如前文所说，疫情导致经济金融各部门债务承压负担加重、信用风险集聚态势突出、国际贸易和投资急剧萎缩等不利预期叠加出现，加之金融创新领域风险比重显著增大，金融风险呈现出多元化、复杂化特征，抓存量防增量的金融监管趋严。在此背景下，对大数据金融风险防控指数评价指标体系 1.0 进行充分继承和针对性调整极有必要。在指标体系的层次性上，大数据金融风险防控指数评价指标体系 2.0 版本改变了原来的分指数、要素层、指标层的设置，统一改按一级、二级、三级指标设置为三个栏目，并增加了具体指标一栏，新的指标体系共分为四个层次。具体来看，2.0 体系中的一级指标栏目与 1.0 体系中的分指数栏目基本保持了一致，重点将原"金融风控指数"改为"金融风险"，更加能突出该指标层下数据反映的具体特征。2.0 体系中的二级与三级指标将原来的要素层进行了拆分，以期能更好地概括整体和局部的指标特征。该部分重点改动了实体经济服务度、互联网金融潜在风险、对外开放度三个指标，按社会融资规模增量、金融科技应用试点、外商投资增长率进行设置。这主要是出于更好体现金融服务实体经济力度、网贷问题平台数清零无法统计以及疫情影响国际贸易和投资数据等原因。2.0 体系中具体指标与原指标层基本保持一致，是金融某一方面的具体统计和合成运算的基本规则体现。

表 2　大数据金融风险防控指数评价指标体系 2.0

一级指标	二级指标	三级指标	具体指标
金融稳定	实体经济服务度	社会融资规模增量	社会融资规模增量
	政府部门杠杆水平	政府部门杠杆率	政府债务余额/财政收入
	住户部门偿债能力	住户部门杠杆率	住户部门贷款/GDP
	银行业金融机构抗风险能力	银行业金融机构资本充足率	经金融机构资产负债率替代
金融风险	银行潜在风险损失	银行不良贷款率	银行不良贷款率
	金融科技安全发展	金融科技应用试点	是否为试点省份
	房产泡沫风险水平	房价与居民收入相对水平	房价增长率 – 人均可支配收入增长率
	金融发展政策环境	金融政策法规数	金融政策法规数

一级指标	二级指标	三级指标	具体指标
金融可持续发展	上市公司盈利水平	上市公司净资产收益率	上市公司净资产收益率
	房地产投资效率	房地产投资完成率	房地产投资完成率(实际/计划)
	财政支撑发展能力	财政收入相对水平	财政收入增速 – GDP 增速(取绝对值)
	外商投资开放度	外商投资增长率	外商投资增长率

四 数据处理与测算方法

(一)数据标准化与权重确定

1. 数据标准化

大数据金融风险防控指数是一个具有层次性的综合指标系统,在指标体系的构建过程中包含计算合成指标、比例变化指标和直接统计指标,存在各指标对应的数据单元量纲不统一的情况。通过数据的标准化处理使得所有指标数据转化为具有同一性的无差异变量。曲线型方法、直线型方法、折线型方法以及对数 Logistic 模式标准化与模糊量化模式标准化等是统计上常见的数据标准化处理方法。本处采用直线型方法中的极值法进行数据的标准化处理。规定所有指标中的指标数值最小为 0、最大为 1,再按如下方式进行相应的数据标准化得出对应结果。标准化计算公式为:

$$X_i = f(x_i) = \frac{x_i - x_{min}}{x_{max} - x_{min}} \tag{1}$$

式中,X_i 代表分指数下要素层的某一单项指标的原始数据值,$X_i = f(x_i)$ 代表单项指标 x_i 的标准化结果值,x_{max} 代表单项指标中的最大数值,x_{min} 代表单项指标中的最小数值。

2. 指标权重确定

大数据金融风险防控指数是一个综合评估结果,包含了 3 个一级指标,

而每个一级指标下面设有二级指标和三级指标，以及对应的具体指标内容。为更好反映不同指标对综合指数的不同作用，需要有针对性地确定测算权重。根据常用的权重确定方法，本处采用德尔菲法即专家打分法对影响大数据金融风险防控指数的不同指标进行相对科学的权重确定。

（二）测算方法解析

在经过数据的标准化处理与各指标的权重确定之后，进入综合指数的结果测算与可视化输出环节。在综合指数测算结果的计算方面采用以加权平均法为基础的指数综合评分法。指标本身对指数结果有不同的影响方向，即存在正向影响指标与逆向影响指标，将负向指标标准化值取相反数，使所有标准化值全变为正向影响标准化值，再运用如下公式进行综合指数的测算。某地区的大数据金融风险防控指数分数为：

$$S = s(x,y,z) = \sum_{i=1}^{m} \omega_i X_i + \sum_{j=1}^{n} \omega_j Y_j + \sum_{k=1}^{l} \omega_k Z_k \qquad (2)$$

式中，S（Score）为大数据金融风险防控指数的综合得分数。X_i、Y_j、Z_k 分别为金融稳定指数、金融风险指数与金融可持续发展指数下要素层指标的正向标准化数值。ω_i、ω_j、ω_k 分别为要素层指标对应的权重。m、n、l 分别为分指数下要素层指标的具体个数，此处 $m = n = l = 4$。i、j、k 分别表示分指数下要素层指标的第几项数，最大项数分别为 m、n、l，即 $i = 1, 2, \cdots, m$；$j = 1, 2, \cdots, n$；$k = 1, 2, \cdots, k$。

五 结论与展望

（一）精准有效处置重点领域风险

守住金融风险底线，打赢金融风险攻坚战，必须有效处理各类风险隐患，特别是重点领域的风险治理。引入法治化、市场化手段来化解国企突出债务问题，推动国有企业去杠杆，化解存量，遏制地方债务增量，严防居民杠杆率较快上升。运用资产证券化、债转股、并购重组等手段盘活国有资产，降低国有资产负债率。推动相应金融机构混改，处置不良资产，拓宽法人银行资本补充途径，增强风险防御能力。监测政府债务信贷风险危机，建立地方政府债务风险预警和评估机制与市场债券风险预警评估机制。

（二）构建金融数据交换共享体系

面对金融市场中各种未知的风险，重视大数据技术在智能监管中的应用，分析各类金融风险产生的原因，从而提出措施规避风险，提升金融业务效率。借助大数据分析和挖掘时，尤其要注重量化分析的全面性和高效性，寻求合理的金融风险防范措施，控制金融风险波及领域，减少金融企业损失的可能性。金融风险预测与防范，需要加强数据的交换共享，通过对金融数据的收集，在平台上实现数据整合，实现实时金融监控，最大程度降低金融风险。利用数据平台，结合数据特性及时调取，自动化审核客户的信用情况，及时采取有效措施规避违约风险。

（三）加强金融监管国际交流合作

借鉴学习国际上监管科技的应用经验，加强对创新指导窗口、监管沙盒、创新加速器等工具的研究应用。普及金融监管科技，利用云计算、大数据、区块链等技术改进监管方式，升级完善监管体系，提升监管自动化水平；加强监管人员队伍建设，提高应用新兴科技能力。加强国际监管交流与合作，积极参与各类国际组织对金融风险监管、金融科技创新等问题的研究，共同制定相匹配的国际监管规则，确保国内国际监管有效协同。

参考文献

杜金富、张红地：《加强对新金融风险的监管》，《中国金融》2020年第22期。

杨兵兵：《金融科技与数字金融风险管理》，《银行家》2020年第11期。

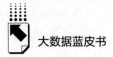

裴佳伟、李丽、马若妍、郭智康、解承儒：《当前形势下关于互联网金融风险防控的研究》，《中国市场》2020 年第 29 期。

孟先彤：《金融科技 2.0 的发展意义及风险防范策略》，《管理现代化》2020 年第 40 期。

赵星：《大数据在防范金融风险领域的探索》，《金融科技时代》2020 年第 8 期。

胡滨、范云朋：《坚决打好防范化解金融风险攻坚战》，http：//theory. people. com. cn/ n1/2018/0312/c40531 - 29861548. html，2018 年 3 月 12 日。

中国人民银行金融稳定分析小组：《中国金融稳定报告 2020》，http：//www. pbc. gov. cn/ goutongjiaoliu/113456/113469/4122054/index. html，2020 年 11 月 6 日。

B.14
2020年中国大数据金融风险
防控指数分析报告

摘　要：　近年来，全球政治经济局势复杂严峻，我国经济金融体系面临的外部压力明显加大。2020年疫情冲击无疑会加大部分企业的债务违约风险，并在传导性作用下可能会进一步酝酿为系统性金融风险，防控金融风险显得至关重要。本报告立足我国金融风险防控发展实际，以大数据金融风险防控的理论模型为指导，通过构建大数据金融风险防控指数，从金融稳定、金融风险与金融可持续发展三个方面综合评测我国31个省（自治区、直辖市）的金融风险防控发展水平。通过评估发现，东部地区大数据金融风险防控发展水平在全国居于领先地位，中部地区运行平稳，西部地区相对分化，东北地区总体可控。金融稳定与冲击相互叠加，金融风险得到有序处置，金融可持续发展有待加强。地方金融风险治理取得积极成效，系统性金融风险趋于收敛。

关键词：　金融稳定　大数据金融风险防控指数　金融风险

　　2020年，新冠肺炎疫情肆虐全球，在疫情的持续影响和剧烈冲击下，各行各业陷入历史低谷，国际贸易和投资持续萎缩下滑，各类经济要素循环严重受阻，不稳定、不确定、不安定性因素显著增多，世界各国经济发展受到前所未有的冲击和破坏。在疫情全球大流行的影响下，我国也面临空前压力。面对极度复杂局面，金融系统各方在党中央统一领导下，坚持稳中求进、服务全局、顾全大局，紧紧围绕服务实体经济和防控金融风险两条战略主线，统筹兼顾、系统推进、审慎施策，金融领域风险得到有效处置，为"六保六稳"工作创造了良好的货币金融环境，经济运行逐步恢复，展现出了金融系统的强大韧性。

一　中国大数据金融风险防控发展总体评估

（一）中国大数据金融风险防控发展水平：总指数分析

2020 年中国大数据金融风险防控发展评估以 2019 年评估的理论模型和评估体系为基础，以金融稳定、金融风险、金融可持续发展为主要评估方面，并基于数据的可获得性与评估的可持续性等对评估指标体系进行了系统优化和针对性调整，针对我国 31 个省（自治区、直辖市）的评估结果与排名情况如表 1 所示。

表 1　2020 年大数据金融风险防控指数得分情况

地　区	总指数	金融稳定指数	金融风险指数	金融可持续发展指数
山　东	63.53	25.46	22.90	15.17
广　东	60.65	26.65	25.07	8.94
四　川	59.97	18.47	21.20	20.30
江　苏	55.93	22.34	24.17	9.42
福　建	53.56	15.75	25.99	11.82
浙　江	52.35	16.88	25.05	10.42
北　京	52.06	18.10	24.87	9.09
西　藏	49.64	21.63	11.63	16.39
山　西	48.74	23.42	13.16	12.16
陕　西	46.26	17.15	21.33	7.78
河　北	45.73	18.32	14.34	13.08
湖　北	45.72	19.85	14.03	11.84
安　徽	45.45	16.18	15.45	13.83
上　海	45.23	15.15	21.28	8.80
河　南	45.20	22.42	13.52	9.26

续表

地　区	总指数	金融稳定指数	金融风险指数	金融可持续发展指数
吉　林	44.20	20.59	10.83	12.79
重　庆	43.84	9.25	21.67	12.92
黑龙江	41.79	22.87	9.12	9.80
湖　南	40.56	17.15	15.25	8.16
广　西	37.93	12.12	12.71	13.10
新　疆	37.77	16.16	13.27	8.34
江　西	36.45	13.41	13.17	9.88
海　南	36.32	23.29	9.57	3.46
甘　肃	36.03	10.70	11.88	13.45
天　津	35.87	14.98	15.37	5.52
云　南	35.28	12.80	12.00	10.47
青　海	33.55	21.02	7.07	5.46
贵　州	31.08	7.40	13.51	10.17
宁　夏	31.00	14.65	9.13	7.23
辽　宁	29.39	13.09	8.73	7.58
内蒙古	20.59	9.20	3.28	8.10
平均值	43.28	17.30	15.50	10.47
标准差	9.93	4.96	6.13	3.45
权重(%)	100.00	42.50	30.00	27.50
得分率(%)	43.28	40.72	51.67	38.09

1. 鲁粤领衔，地方金融风险治理取得积极成效

从评估结果来看，2020 年金融风险防控发展水平排名前五的地区分别为山东、广东、四川、江苏、福建。其中，广东、江苏、福建三个地区在近两年的评估中持续保持了前五的地位，可以看出三个地区在防范化解金融风险、保持金融系统稳定方面积极作为，成效显著。从地方高风险金融机构风险处置方面来看，相关地方性银行因出现严重信用风险被依法接管，在各方共同努力下，接管工作进展顺利，切实保障了存款人和其他客户的合法权益。2020 年 7 月，锦州银行完成财务重组、增资扩股工作，关键监管指标得到根本性改善，经营重回正轨。此外，监管部门还依法接管了出现风险问题的包括财险、信托、证券、期货在内的九家各类投资机构，并根据每家机

构出现的不同风险状况分类施策，通过采取不同化解方式有序处置了高风险的金融机构风险，在地方金融风险治理方面取得了积极成效。

2. 统筹全局，经济稳增长金融防风险相互促进

2020年1月以来，新冠肺炎疫情暴发并快速蔓延，各经济体经济增速遭遇断崖式下跌。从全球主要经济体第一季度GDP增速来看，美国为-5.0%，欧元区为-2.9%，其中德国为-1.9%、法国为-4.7%、西班牙为-4.1%、意大利为-5.6%，英国为-1.7%，日本为-1.7%，韩国为-1.4%，巴西为-0.25%，第二季度各国经济跌幅进一步扩大。2020年10月，国际货币基金组织（IMF）预测2020年全球经济萎缩4.4%，较2020年1月预测值下调7.7个百分点，其中，发达经济体、新兴市场经济体与发展中国家2020年增速预测值均被大幅调减。在此背景下，各国应对疫情力度存在差别，全球经济面临极大不确定性，部分金融领域风险加速积累，新兴市场经济体受经济金融双重掣肘，偿债压力大增。为应对疫情冲击，我国也推出了大量财政金融政策组合并持续加大政策力度。总体来看，这些应对政策响应快、规模大、范围广，针对疫情冲击造成的经济"骤停"，发挥了民生保障作用，缓解了企业和居民的现金流压力，有助于缓解经济下行趋势，稳定住金融市场。

3. 稳中求进，继续有效防范化解重大金融风险

从整体评估来看，2020年各地区金融风险防控发展水平总指数均值为43.28，全国共有17个省（自治区、直辖市）的得分位于均值线以上，占比55%。各地区得分率仅为43%，得分最高的山东（63.53）与得分最低的内蒙古（20.59）分值相差40以上，地方发展的非均衡性问题仍然突出。在防范风险实践上，我国初步建立系统重要性金融机构、金融控股公司、金融基础设施等统筹监管框架，扎实推进金融业综合统计。出台并落实资管新规相关配套细则，有效解决了影子银行无序发展的问题。切实推动资本市场改革，积极实施新证券法。各地也在整体统筹抗击疫情、恢复经济和防控风险、精准调节宏观政策力度、稳妥推进各类风险化解等方面积极行动。金融风险全局总体可控，金融发展环境持续稳定。总体来看，通过对重点领域金

融风险进行集中整治，大部分较为突出的金融风险得到及时有效的处置，极大地遏制住了系统性风险上升的势头，金融风险整体趋于收敛，金融市场运行健康平稳。

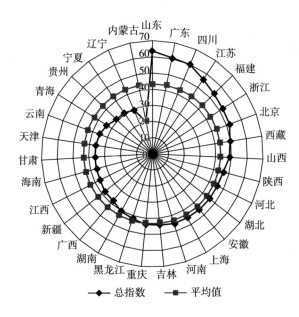

图1　2020年各地区大数据金融风险防控指数得分与均值比较

（二）中国大数据金融风险防控发展水平：分区域评估分析

1.东部大幅领先，中部运行平稳，西部相对分化，东北总体可控

我国31个省（自治区、直辖市）金融风险防控的评估结果按区域划分来看，东部地区大数据金融风险防控发展水平位于全国领先位置并大幅领先于其他地区，平均值达50.12，总指数贡献率达29.3%，综合得分占据全国大数据金融风险防控发展指数前10中的6个席位，且是前7席位中除了第3外的所有席位，排名较靠前。西部地区与东北地区平均值与平均排名相近，发展水平相仿。中部地区金融运行平稳，得分标准差为4.41，是四个地区中发展最为均衡的地区。从金融运行来看，东部地区银行业金融服务体系进一步健全，可持续发展能力增强。各地有序推进不良贷款处置、金融风险防

控工作，资产质量显著改善。中部地区银行体系进一步优化，资产规模稳步增长，各项贷款同比多增，对实体经济高质量转型发展支持力度增强。西部地区融资总量稳健增长，金融供给更加优化，支持经济发展薄弱环节力度增强。东北地区信贷投放"量增价降"，信贷结构进一步优化，社会融资规模以贷款为主，直接融资市场有所恢复。

表2 2020年各区域大数据金融风险防控指数得分与排名情况

东部地区			中部地区			西部地区			东北地区		
地区	得分	排名	地区	得分	排名	地区	得分	排名	地区	得分	排名
北 京	52.06	7	山 西	48.74	9	内蒙古	20.59	31	辽 宁	29.39	30
天 津	35.87	25	安 徽	45.45	13	广 西	37.93	20	吉 林	44.20	16
河 北	45.73	11	江 西	36.45	22	重 庆	43.84	17	黑龙江	41.79	18
上 海	45.23	14	河 南	45.20	15	四 川	59.97	3			
江 苏	55.93	4	湖 北	45.72	12	贵 州	31.08	28			
浙 江	52.35	6	湖 南	40.56	19	云 南	35.28	26			
福 建	53.56	5				西 藏	49.64	8			
山 东	63.53	1				陕 西	46.26	10			
广 东	60.65	2				甘 肃	36.03	24			
海 南	36.32	23				青 海	33.55	27			
						宁 夏	31.00	29			
						新 疆	37.77	21			
平均值	50.12		平均值	43.69		平均值	38.58		平均值	38.46	
标准差	9.32		标准差	4.41		标准差	10.22		标准差	7.95	

2. 金融稳定性持续改善，金融风险趋于收敛，金融可持续发展稳步推进

从区域金融运行的四个方面来看，一是金融服务实体经济力度持续增强，金融基础设施建设深入推进，营商环境持续改善。2020年全年我国社会融资规模增量比2019年多9.19万亿元，累计达34.86万亿元，同比增速较上年增加2.6个百分点。二是存款规模保持平稳，存款结构持续优化。住户部门存款稳定性增强，非金融企业存款增速低位趋稳，大额存单持续稳定增长，结构性存款规模趋降。三是信用风险总体可控，银行业金融机构运行

更加稳健。不良贷款率微降，各地区信贷资产质量有所分化。截至 2020 年末，银行业共处置不良资产 3 万亿元以上，不良贷款余额 3.5 万亿元，不良贷款率 1.92%，分别较 2020 年初增加 2816 亿元，下降 0.06%。四是金融业对外开放稳步推进，国际金融合作不断加强。全面参与《区域全面经济伙伴关系协定》（RCEP）关于金融服务的谈判，首次将新金融服务、金融信息转移纳入自贸协定规则，有序扩大金融业对外开放。积极落实 G20 杭州峰会的绿色金融倡议，通过 G20、央行与监管机构绿色金融网络（NGFS）、可持续金融国际平台（IPSF）、"一带一路"绿色投资原则（GIP）等多边/双边机制，继续主动推进国际绿色金融合作。

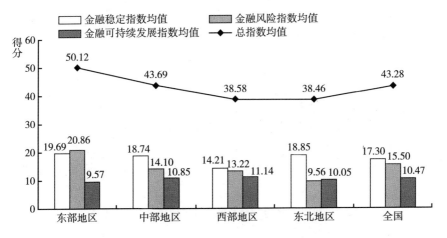

图 2　2020 年各区域大数据金融风险防控各指数得分均值分布情况

二　金融稳定分指数评估

（一）金融稳定评估总体分析

从评估结果来看，金融稳定指数排名前 10 的地区极差仅为 6，各地区均值为 17.30，得分率为 41%，呈现出一定差异性，整体稳定性水平有待提升。其中排名前三的地区分别为广东、山东和山西。具体来看，广东省具有全国最大的社会融资规模增量，实体经济服务度全面领先，山东省与山西省政府部门杠杆水平和住户部门偿债能力均位居全国前列。从金融稳定性全局来看，面对日益错综复杂的国内外经济金融环境，我国金融业总体稳健运行，金融机构资产负债规模稳步增长，盈利能力基本稳定，风险抵补能力持续增强，金融市场运行总体平稳，股票质押融资风险下降。与此同时，银行业资产质量下迁压力加大、上市公司财务造假案件时有发生等问题值得关注。

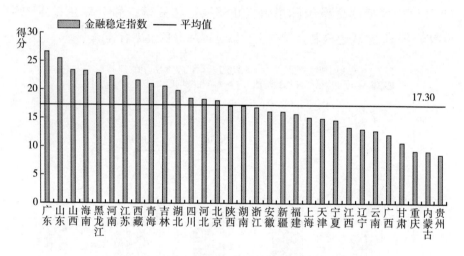

图3　2020年各地区金融稳定分指数得分与均值比较

从各行业运行来看，银行业资产负债规模平稳增长，存贷款增速继续保持平稳，利润继续保持增长，盈利能力有所下降。资本充足水平稳中有升，流动性整体合理充裕。不良贷款小幅增长，资产质量下迁压力加大。保险业资产平稳增长，保险密度和保险深度上升，资产配置基本稳定，投资收益率有所提高，市场集中度基本稳定，保险公司盈利能力有所好转。证券业公司盈利同比上升，股票质押融资风险下降，证券公司盈利状况好转。基金公司管理规模持续增长，货币市场基金风险整体可控，期货公司发展平稳，上市公司业绩有所增长，财务造假案件时有发生。股票市场上涨、货币市场利率下行、债券市场信用风险有所缓解，人民币对美元汇率小幅贬值，外汇市场压力稳中有降，金融市场压力指数处于温和偏低水平，金融市场总体运行平稳。

（二）金融稳定评估分指标分析

1. 金融服务实体经济能力显著增强

央行2020年社会融资规模增量数据统计报告显示，2020年全年我国社会融资规模增量比2019年多9.19万亿元，累计达34.86万亿元，同比增速较上年增加2.6个百分点。具体来看，实体经济累计贷入的人民币贷款与外币贷款折合人民币分别增加20万亿元与1450亿元，比上年同期分别增加3万亿元与2725亿元，累计增加近3.5万亿元，实体经济发展得到极大支撑。此外，为应对疫情冲击，央行专门设立了3000亿元疫情防控专项再贷款，发布30余条金融支持抗疫针对性举措，为近万家防抗疫物资供给企业提供了极大便利。与相关部门联合行动，切实发挥政策保障效应，金融系统通过降低贷款利率、减少行政性收费、调整还贷周期等措施累计向实体经济让利1.5万亿余元。在"六保六稳"等结构性政策和针对性抗疫措施的共同作用下，实体经济在疫情冲击中快速复苏。

2. 地方政府债务结构有待优化调整

财政部数据显示，我国政府部门杠杆率2020年前三季度共上升超过6个百分点，平均每季度上升超过2个百分点，由上年末的不足40%扩大到接近45%。分层级来看，地方政府杠杆率第三季度从24.5%上升至25.6%，上升了1.1个百分点，中央政府杠杆率第三季度从17.8%上升至19.1%，上升了1.3个百分点。杠杆率出现较大增幅，政府债务压力和赤字水平明显增大。第四季度，除了中央政府外，其他各部门杠杆率与趋势值之差均在收窄。差值收窄反映宽信用口径边际收敛，但杠杆率与趋势值之差仍处于历史较高水平，反映逆周期政策"不急转弯"。从债务结构来说，目前地方政府一般债券额度太小，而专项债券额度太大。财政部明确2021年要"合理确定赤字率和地方政府专项债券规模""保持政府总体杠杆率基本稳定"，政府部门杠杆率预计将会趋于稳定。

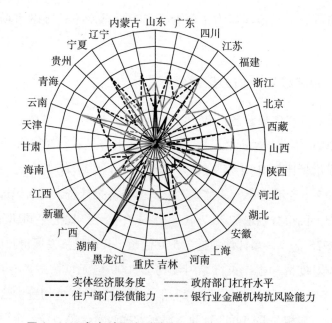

内蒙古 山东 广东
辽宁　　　四川
宁夏　　　　江苏
贵州　　　　　福建
青海　　　　　　浙江
云南　　　　　　北京
天津　　　　　　西藏
甘肃　　　　　　山西
海南　　　　　　陕西
江西　　　　　　河北
新疆　　　　　湖北
广西　　　　安徽
湖南　　　上海
黑龙江 重庆 吉林 河南

—— 实体经济服务度　　　—— 政府部门杠杆水平
---- 住户部门偿债能力　　---- 银行业金融机构抗风险能力

图 4　2020 年各地区金融稳定评估各要素得分情况比较

3. 住户部门杠杆率增长有所放缓

据相关数据统计，2020 年全年我国住户部门杠杆率由上年末的 55.8%
上升到 62.2%，四个季度分别上升 1.9%、2%、1.7% 与 0.5%，四个季度
共上升 6.1%。分季度来看，四个季度呈现先增后降趋势，第一、二季度增
幅较大，第三季度增幅有所收窄，第四季度增速大幅下降。从具体原因来
看，住户部门杠杆率的持续攀升主要源于房地产贷款和个人经营性贷款增速
较高、短期消费贷款仍在负增长区间以及居民金融资产也上升较快。2020
年，居民部门短期消费贷款和经营性贷款与 GDP 之比上升，中长期贷款与
GDP 之比则小幅下降，居民杠杆率上升主要由房贷驱动，较前几年水平有
所上升。居民存款保持较高增速，与消费不振相对应。受疫情冲击，居民消
费低迷，虽然在第二、三季度有所复苏，但整体增速依旧较慢。消费低迷导
致短期消费贷款对住户部门杠杆率的负贡献。此外，虽然居民部门可支配收
入增速出现下滑，但消费同样出现了负增长且超过收入下滑幅度，居民部门
净资产呈现上升状态。虽然居民正常消费需求呈现低迷，但净资产上升在一

定程度上也增强了金融稳定性，为经济复苏下居民消费需求的恢复和扩张奠定了坚实的资产基础。

4. 银行业资本充足水平稳中有升

2020年末，全国银行业总资产接近320万亿元，同比增长10.1%，较上年末提升2个百分点。其中，商业银行贷款占总资产比重继续回升，资金空转明显减少。地方法人银行经营总体稳健，风险抵补能力逐步改善。从资本充足率看，据银保监会2020年第四季度末发布数据，全国银行业商业银行核心一级资本充足率为10.72%，同比下降0.2个百分点；一级资本充足率为12.04%，同比上升0.09个百分点；资本充足率14.7%，较年初提升0.06个百分点，银行业资本充足率较上年有所改善。从地方法人银行资本充足率变化情况来看，东部、中部和西部三个地区均有所上升，东北地区则略有下降。在银行资本充足率、流动性水平、拨备覆盖率等指标都完成监管要求并有进一步提高的基础上，2020年银行业还加强了IPO上市、二级资本债、优先股、永续债等外源性资本补充，且为了加大对小微企业的支持力度，银行的资产投放主要采取资本节约型模式，按照监管要求500万元以下的小微企业贷款风险权重仅为75%，在资本不变的情况下，银行通过服务实体经济特别是支持小微企业发展，使资本充足率保持了整体上升趋势，资本充足水平稳中有升。

三 金融风险分指数评估

（一）金融风险评估总体分析

从评估结果来看，金融风险指数排前10的地区与其他地区之间出现"跳崖式"差异性特征，评估得分均在20以上，东部地区福建、广东、浙江、北京、江苏、山东、上海占据前10位中7个席位并垄断前6位，其余3个地区皆来自西部地区，中部地区与东北地区各地区则需在金融风险处置上针对性补强。从各地区得分与均值比较来看，全国31个省（自治区、直辖

市）中仅排前十的地区处于均值线上，占比仅为32%。由此可以看出，我国各地区金融风险防控力度的差异性相对显著，各地区在处置和防控金融风险方面还需持续加大力度。

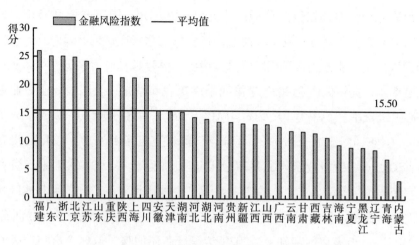

图5　2020年各地区金融风险分指数得分与均值比较

从金融风险防控的大环境来看，当前金融风险总体可控，但形势依然严峻复杂。从国际贸易大环境来看，受新冠肺炎疫情全球蔓延的冲击，全球经济各要素循环严重受阻，进出口和跨国投资严重下滑。股票、债券、大宗商品等风险资产市场波动加剧，国际经贸摩擦以及地缘政治演变等不确定性因素显著增多。从国内来看，金融稳定形势在疫情影响下面临不小挑战。首先，疫情冲击会使部分企业特别是民营和小微企业债务违约风险上升，且风险扩散性强。其次，疫情存在长期影响，部分中小金融机构的不良贷款风险存在上升压力，金融风险的滞后性可能会进一步恶化风险防控大环境。最后，疫情防控的发展趋势及影响的时间周期存在较大不确定性，金融风险防控大局存在较大隐患。

（二）金融风险评估分指标分析

1. 不良贷款小幅增长，银行业资产质量下行压力显现

据央行《中国金融稳定报告（2020）》相关数据，截至2019年末，银

行业金融机构不良贷款余额 3.19 万亿元，同比增加 3498 亿元，不良贷款率 1.98%，同比上升 0.01 个百分点。其中，商业银行不良贷款余额和不良贷款率为分别为 2.41 万亿元与 1.86%，同比分别增加 3881 亿元与 0.03 个百分点。银行业金融机构关注类贷款余额 5.59 万亿元，同比增加 3207 亿元，增幅 6.09%，资产质量下迁压力加大。个别地区相关银行业金融机构资产质量有所改善。陕西、宁夏、广西、云南、贵州、四川 6 省（区）金融机构不良贷款率有所下降。四川建立地方法人银行流动性风险统筹协调和快速反应机制，地方法人银行流动性总体稳健，2019 年末流动性比例同比上升 1.2 个百分点。陕西省积极运用信用风险缓释工具有效对冲民营企业债券投资人风险，省内企业在银行间市场未发生违约风险事件。

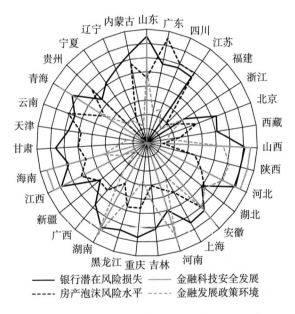

图 6　2020 年各地区金融风险评估各要素得分情况比较

分地区来看，各地区不良贷款率整体下浮，区域性资产压力有所缓解。东部地区不良贷款贷款率较年初下降 0.15 个百分点，资产承压略有下降；东北地区不良贷款率较年初下降 0.05 个百分点，金融风险趋于收敛；中部地区不良贷款率较年初下降 0.26 个百分点，金融资产质量有所改善；西部

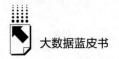

地区不良贷款率较年初上升 0.39 个百分点，资产质量略有承压。可以看出，除西部地区外，其他地区在提升资产质量上均有所突破，资产质量下迁压力有所缓解。西部地区则需加快提升资产质量，避免发生规模性、区域性、系统性的金融风险。

2. 金融科技创新发展，互联网金融风险得到全面治理

2020 年，金融科技工具深度运用，金融科技创新和监管科技创新深度发展。互联网金融风险逐步化解，网贷平台治理取得巨大突破，实现历史"清零"。各类高风险金融机构得到有序处置，影子银行规模缩减，资管产品风险明显收敛，同业关联嵌套持续减少。从金融科技创新监管运用方面来看，2020 年，上海市、杭州市、苏州市以及粤港澳大湾区、成渝地区、雄安新区继北京市后纷纷启动金融科技创新监管试点，已累计推出几十个试点项目。从地方实践来看，北京全力推进大数据战略，建设"五位一体"的大数据平台，在全国率先开展金融科技创新监管试点，成功落地首个"监管沙箱"。河南持续深化"一平台四体系"普惠金融兰考模式，并在全省推广。完善互联网金融风险监测预警体系，健全互联网金融监管长效机制。深圳市在营 P2P 网贷机构的数量、借贷余额、出借人数均下降 90% 以上，有效规范了网贷市场秩序。陕西省持续开展 P2P 网贷平台专项整治，目前辖内网贷平台连续实现"三降"目标。四川省网贷领域机构数量、存量业务、参与人数分别较年初下降 60.6%、79.5%、87.3%。

3. 房产贷款增速回落，房地产领域贷款风险应予关注

根据国家统计局数据，截至 2019 年末，我国房地产贷款余额 44.41 万亿元，同比增长 14.8%，较上年回落 5.2 个百分点。其中，房地产开发贷款余额 11.22 万亿元，同比增长 10.1%，较上年回落 12.5 个百分点；个人住房贷款余额 30.16 万亿元，同比增长 16.7%，较上年回落 1.1 个百分点，较 2016 年高位回落约 21 个百分点。从地区来看，多个热点地区房地产贷款新增额占比持续回落。2019 年，深圳市房地产贷款新增额在全部贷款新增额中的占比为 26.4%，同比下降 14.9 个百分点；天津市房地产贷款新增额在全部贷款新增额中的占比为 35.8%，同比下降 7.7 个百分点；浙江房地

产贷款新增额在全部贷款新增额中的占比为 31.4%，同比下降 10 个百分点。总的来看，在多主体供给、多渠道保障、租购并举的住房供应体系构建持续推进下，区域房地产市场及房地产信贷发展总体趋稳。

4. 防控环境持续改善，金融监管政策更具灵活针对性

2020 年，为应对疫情冲击，世界主要经济体金融监管部门纷纷采取一系列措施和必要行动，在保持积极财政政策与稳健货币政策的灵活适度上相互配合，强化监管，对支持实体经济发展、防范化解重大金融风险等发挥了积极作用。国内方面，北京市率先建立省级金融监管协调机制，凝聚监管合力。长三角地区三省一市人民银行分支机构在防控金融风险、维护客户权益、加强非法监管等合作机制方面深入合作，初步建立起区域金融风险的协同防控机制。根据新形势、新情况，提高政策的针对性和灵活性已是当前重要趋势。未来，监管部门要加强监管统筹协调，对金融风险应有预设、有预判、有预案，针对重点领域补齐监管短板，集中力量整治金融乱象，引导金融回归服务实体经济本源，保持金融监管的前瞻性、适应性和针对性。

四　金融可持续发展评估分指数评估

（一）金融可持续发展评估总体分析

金融可持续发展评估主要是从各地区上市公司盈利水平、房地产投资效率、财政支撑发展能力以及外商投资开放度等方面系统研判某一地区的金融发展活力。从评估结果来看，西部地区表现亮眼，共有 5 个地区进入金融可持续发展指数前十，且四川与西藏强势占据前二的位置，四川是唯一金融可持续发展指数得分超过 20 的地区。从具体指标表现来看，四川省上市公司平均净资产收益率在全国处于领先地位，且拥有全国最高的外商投资增长率，其房地产投资效率与财政支撑发展能力也处在全国中上游水平，其金融发展活力与可持续发展能力表现优异。从各地区得分与全国均值比较情况来

看，共有 13 个地区评估得分超过全国均值，占比为 42%。整体来看，金融可持续发展指数的得分率仅为 38%，在三个分指数中为最低，整体发展水平仍有很大提升空间。相关地区发展差距较大，不均衡性相对突出，个别地区金融发展活力和可持续发展能力亟待加强。

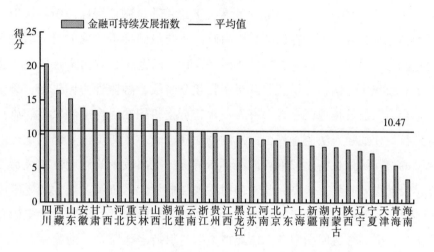

图 7　2020 年各地区金融可持续发展分指数得分与均值比较

（二）金融可持续发展评估分指标分析

1. 上市公司经营治理能力和资产收益有待提升

根据 2020 年年中公布的上市公司数据，共有 3727 家上市公司披露 2019 年年报，其中，盈利 3382 家（占比 88%），亏损 462 家（占比 12%）。已披露年报或主要经营业绩的上市公司实现营业总收入 50.6 万亿元，同比上升 8.7%，实现净利润 3.8 万亿元，同比上涨 44.08%，总体来看，2019 年 A 股市场波动风险总体下行，年末处于较低水平，估值风险年初略升，全年保持平稳。2020 年，受疫情影响，第一季度上市公司业绩大幅下降，随着经济增长恢复，上市公司业绩逐季转好，但是前三季度上市公司净利润总额同比下降 6.2%。面对疫情冲击和业绩下滑，相关部门要在坚持市场化法治化的原则下，系统推进股票市场基础制度改革，提高上市公司质量，强化上市公司治理和信息披露，增强市场的活力和韧性，提升交易便利性和效率，降低交易成本，为各类中长期资金提供更好的投融资环境，不断改善上市公司经营治理，推进资产收益有效提升。

2. 房地产融资先松后紧持续严监管态势

2020年，国家对房企融资依然延续着2019年的收紧态度，房地产行业资金监管整体从严从紧，银保监会等机构密集发声强调防范房地产金融风险，房企融资压力不减。据不完全统计，上半年，受疫情因素影响，中央综合运用多种货币政策工具保持流动性合理充裕，房企融资出现"小阳春"。1月海外债融资规模超1200亿元，3月信用债发行规模超千亿元，均为全年最高值。4月17日，中央政治局会议再次强调了坚持"房住不炒"，促进房地产市场平稳健康发展，以此为开端，拉开了房企融资环境再次收紧的大幕。相关政策也指出房地产是现阶段我国金融风险方面最大的"灰犀牛"，房地产行业降杠杆趋势不变。在此情况下，房地产融资调控将持续从严。下半年，房地产金融监管不断强化，三道红线监管新规出台，行业资金呈现出紧平衡状态，9~10月房企信用债、海外债融资规模明显下降。

3. 财政收支基本平稳支撑发展作用显著

2020年，在财政收入增速继续放缓的同时，支出增速总体平稳。根据财政部公布的数据，全国一般公共预算收入182895亿元，预算支出245588亿元，同比分别下降3.9个百分点和增长2.8个百分点。中央对地方转移支付达到8.33万亿元，比上年增加8955亿元，增长12%，增量和增幅皆为近年来最高，且重点向中西部和困难地区倾斜，切实缓解了基层财政运行困难。在疫情防控和脱贫攻坚两大战略任务共同作用下，地方各级政府"过紧日子"的思想持续深化，各级各类一般性财政支出大幅缩减，有效保障了重点和紧急领域的财政用度需求。此外，"减税降费"作为2020年财政支撑发展的重大举措，为各级各类市场主体新增减负超过2.5万亿元，在帮扶困难行业企业复工复产、帮助中小微企业和个体经营户等市场主体渡过难关方面发挥了重要作用。通过各方努力，财政扶助政策落地见效，市场主体活力显现，财政收支趋稳，经济发展持续稳定恢复。

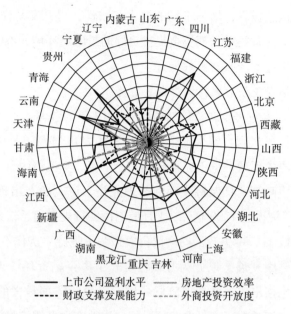

图8 2020年各地区金融可持续发展评估各要素得分情况比较

4. 金融业高水平对外开放取得积极成效

2020年，国家不断完善宏观审慎管理，推动金融监管与金融对外开放统筹协调发展，保持金融市场总体稳定，金融业高水平对外开放取得积极成效。具体来看，上海自贸区积极打造金融对外开放高地，不断提升贸易投资便利化和自由度，出台自贸区外汇管理改革试点实施细则（4.0版）和资本项目收入结汇支付便利化试点实施细则。广东、天津、海南、重庆深入推进金融开放政策先行先试，广东支持开展外商投资股权投资企业（QFLP）试点；天津推进全国首个融资租赁公司外债便利化试点；粤津琼三地复制上海经验，推动自由贸易（FT）账户体系先后成功落地。江苏、浙江、河北、福建等地不断提高跨境人民币贸易投资便利化水平，优化金融管理和金融服务。重庆、广西、河南、陕西、四川等地以金融制度创新为核心，以支持实体经济贸易投融资便利化为导向，在国际贸易"单一窗口"金融服务功能完善、跨境金融区块链服务平台建设等领域开展积极探索。

五 发展建议与展望

（一）持续优化提升金融创新领域金融监管能力

科技与金融业的全方位融合使得金融创新空前加速，创新型金融产品、金融服务、金融业务叠加出现，新兴金融业态层出不穷。由于金融监管存在一定的滞后性，金融创新领域无疑会出现一定的监管真空期和灰色地带，金融科技领域出现金融风险的概率持续加大。鉴于此，相关金融监管部门亟须全面把握金融科技发展的新特点、新模式、新风险。通过创新监管方式提升监管能力，以科技治理科技，将金融关进"制度的笼子"。从根本上来说，金融科技只是给金融戴了一顶科技的帽子，其套利属性并未脱离，风险属性依然存在。金融科技的二重性决定了其存在跨界融合、混业经营、辐射多区域、交易隐蔽性等诸多特征，这使得金融科技产生和衍生的相关风险存在更快的扩散速度、更广的波及面以及更强的溢出效应。因此，金融科技监管应该遵循"同样业务同样监管"的原则，保持严监管政策取向，促进金融业务规则和风险管理规范的基本统一，切实落实针对性、穿透式、全覆盖等监管要求，避免形式化监管，推进实质性实践，坚决防止监管套利。具体来说，要强化金融科技创新活动的审慎监管，健全金融科技监管基本规则和标准，完善金融科技监管框架，推动金融领域科技伦理治理体系建设，防止监管套利和金融风险交叉传染。

（二）关注后疫情时期短期政策引发的长期金融风险

当前，中国经济正处在经济增长速度换挡期、结构调整阵痛期、前期刺激政策消化期"三期叠加"的特定阶段。为应对突发疫情和恢复经济运行，我国采取了相对宽松的财政政策，财政赤字、抗疫特别国债、减税降费力度前所未有，各个部门债务负担压力明显增大，杠杆率水平有所上升。随着利率下行预期持续走强，容易滋生市场投机行为和杠杆交易套利，催生新一轮资产泡沫，高风险领域大有卷土重来之势。短期来看，疫情应对政策取得积极成效，在纾困和救助方面较为精准地发挥了作用，有助于保障居民收入水平、降低企业经营成本、缓解经济下行压力，发挥了稳定金融市场、提振信心的作用。长期来看，相关政策的潜在影响不容忽视。一是政府赤字和债务规模大幅上升，打破了很多国家一直以来奉行的财政节约政策，助推全球债务率水平继续攀升，加剧金融脆弱性。二是非常规政策工具的大规模出台可能使未来政策边际调控效果弱化。三是在无基本面支撑的情况下助推股市大幅反弹，推高金融市场泡沫。四是溢出效应明显，无限量化宽松政策对于缓解流动性危机虽有治标作用，但对解决经济金融深层次问题的治本效果有限，对全球金融体系将产生明显溢出效应，政策退出也面临挑战。

（三）兼顾安全与共享持续强化金融数据综合治理

金融行业是数据密集型行业，数据资料来源众多、体量庞大、结构各异、关系复杂，同时，为谋求商业利益，一些金融机构过度采集数据、违规使用数据、非法交易数据等问题屡见不鲜。同时，由于缺乏针对性的金融数据治理制度体系，相关领域数据管理规范和标准尚不完备，一些机构数据共享的动机和积极性相对受限，容易逐步演化为"数字鸿沟""数据孤岛""数据垄断"。这些现象极易导致基于大数据技术的监管科技公信力的缺失，成为制约大数据金融创新的重重阻碍。当前，数据权益充分保障、数据要素安全流通、数字应用深化驱动已是数字经济的核心要求。金融数据事关多机构、多领域、多层级主体的核心利益，依法加强对各类金融数据的监管、切实维护信息主体合法权益已是大势所趋。相关各方要继续规范金融数据的收集使用管理，加快出台关于金融数据交易和金融消费者权益保护等方面的法律规范，切实解决金融数据权属和侵权维权问题。继续加快数据要素交易场所和渠道建设，促进数据生产要素有序流通，逐步完善数据参与、分配及共享机制，围绕数据共享、交易、贸易、治理一体化，打造大数据、大环境、大治理相结合的一体化新格局。

参考文献

连玉明主编《中国大数据发展报告 No. 4》，社会科学文献出版社，2020。

中国人民银行货币政策分析小组：《中国区域金融运行报告（2020）》，2020 年 5 月 29 日。

中国人民银行金融稳定分析小组：《中国金融稳定报告（2020）》，2020 年 11 月 6 日。

胡滨、杨涛：《中国金融发展报告（2020）》，社会科学文献出版社，2020。

李伟：《中国金融科技发展报告（2020）》，社会科学文献出版社，2020。

胡滨：《中国金融监管报告（2020）》，社会科学文献出版社，2020。

黄震：《中国金融科技安全发展报告 2020——基于技术、市场、监管协同发展视角》，中国金融出版社，2020。

孙国峰：《中国监管科技发展报告（2020）》，社会科学文献出版社，2020。

B.15
2021年全球金融科技中心城市分析报告*

摘　要：　当金融与科技相遇、传统与创新碰撞，机遇与挑战并存，激荡出城市的万千气象。放眼全球，美国、英国、新加坡、瑞士等都在力推本国核心城市成为全球金融科技中心，以战略高度抢占时代风口。聚焦中国，北京、上海、深圳、杭州、广州等城市已在全球金融科技竞争中崭露锋芒，呈现引领全球发展的良好态势。全球城市均在竞争中不断进步，争做全球的金融科技中心。本报告首先简述全球金融科技发展的三大阶段，并对不断变化的金融科技内涵进行明确，此后运用浙江大学互联网金融研究院司南研究室"全球金融科技中心指数"，对全球70多个城市的金融科技总体发展情况以及产业、体验、生态这三大维度具体发展现状进行深入分析，并总结发展特点。

关键词：　金融科技　全球金融科技中心指数　金融科技中心城市

一　金融科技概述

（一）金融科技发展三阶段

每一次产业创新，都离不开科学技术的重大突破，而每一次金融变革，

---

* 本报告作者:贾圣林,浙江大学国际联合商学院院长、互联网金融研究院院长、管理学院教授;吕佳敏,浙江大学互联网金融研究院研究总监、管理学院博士后;罗丹,浙江大学管理学院博士研究生;胡康,浙江大学互联网金融研究院副研究员;顾月,浙江大学管理学院博士研究生。

也都离不开金融科技的迭代升级。综观全球金融科技发展历程，大致可将其分为金融科技 1.0、金融科技 2.0 与金融科技 3.0 三个阶段。

1. 金融科技1.0（金融 IT 阶段）

金融科技 1.0 是金融科技的最初萌芽。在这一阶段，传统金融行业借助于 IT 技术来实现办公和业务的电子化、自动化，以提高其管理水平和业务效率，其中典型的代表包含银行记账系统、信贷系统、清算系统的电子化以及自动转账、支票处理机、ATM 机、POS 机的设立。

2. 金融科技2.0（互联网金融阶段）

随着互联网的发展和移动终端的普及，金融科技逐渐步入以互联网金融为代表的 2.0 阶段。在这个阶段，金融机构开始搭建在线业务平台，利用互联网或者移动终端的渠道来汇集用户和信息，实现金融业务中的资产端、交易端、支付端、资金端的任意组合与互联互通。从金融科技 1.0 到金融科技 2.0 的过程，本质上更多的是对金融渠道的变革，实现了信息共享和业务融合，其中最具代表性的业态形式包括网络借贷、互联网保险、互联网基金销售等。

3. 金融科技3.0（智能金融阶段）

目前，以人工智能（AI）、区块链（Blockchain）、云计算（Cloud Computing）、大数据（Big Data）为代表的新兴技术正在引领全球进入金融科技 3.0 阶段，金融科技正式步入高速成长期。在这个阶段，金融科技通过与各类新兴技术相结合，重塑金融信息采集、金融风险管理、资产投资决策等传统金融业务，不断提升金融智能化水平。相比金融科技 1.0 阶段强调 IT 技术在后台的应用、金融科技 2.0 阶段关注前端服务渠道的互联网化，金融科技 3.0 阶段更加侧重业务前中后台的全流程科技应用变革，使金融科技能够实现全方位赋能，大幅提升传统金融的效率。金融科技 3.0 阶段的代表性业态形式包含数字货币、智能投顾、大数据征信等。

（二）金融科技大厦

随着金融科技的迭代升级，金融科技的内涵与边界也在不断拓展。根据中国人民银行发布的《金融科技（FinTech）发展规划（2019～2021 年）》，

金融科技是技术驱动的金融创新，旨在运用现代科技成果改造或创新金融产品、经营模式、业务流程等，推动金融发展提质增效。

在及时跟进并系统梳理国际国内权威研究的基础上，本研究依旧延续上一年度的结论，将金融科技 3.0 分为互联网银证保、新兴金融科技、传统金融科技化、金融科技基础设施这四大方面的内容。与上一年度不同的是，在技术进步、环境变迁等因素作用下，各金融科技细分业态各自经历了几度兴衰与变革，以致各大类中的细分业态有所改变，同时业态间的联系也更为紧密，整个产业体系日趋完善和系统。

1. 互联网银证保

以金融拥抱科技为主，是指通过互联网以纯线上的方式完成传统银行、证券和保险业务的业态，代表企业包括网商银行、老虎证券、众安保险等。

2. 新兴金融科技

以科技赋能金融为主，包含综合型金融科技（涵盖多种新兴金融科技业务）、第三方支付、网贷、众筹等业态，代表企业有蚂蚁金服、Zopa、Kickstarter 等。

3. 传统金融科技化

以金融拥抱科技为主，是指银行、证券、保险、基金和信托等传统金融机构利用技术所进行的数字化、科技化转型，主要体现在传统业务线上化、生活服务场景拓展及产品线上销售等方面。

4. 金融科技基础设施

以科技赋能金融为主，是金融科技业态和相关应用的支撑，其中既包括以 "BASIC" 为代表的区块链（Blockchain）、人工智能（Artificial Intelligence）、信息（安全）服务（Safe）、物联网（Internet of Things）、云计算（Cloud Computing）等技术支撑，代表企业如 Oracle（甲骨文）、趣链科技、Bloomberg 等，也包括交易所、征信等金融支撑。

（三）关于全球金融科技中心指数

继 2017 年 9 月在杭州首次发布《2017 金融科技中心指数》以来，浙大

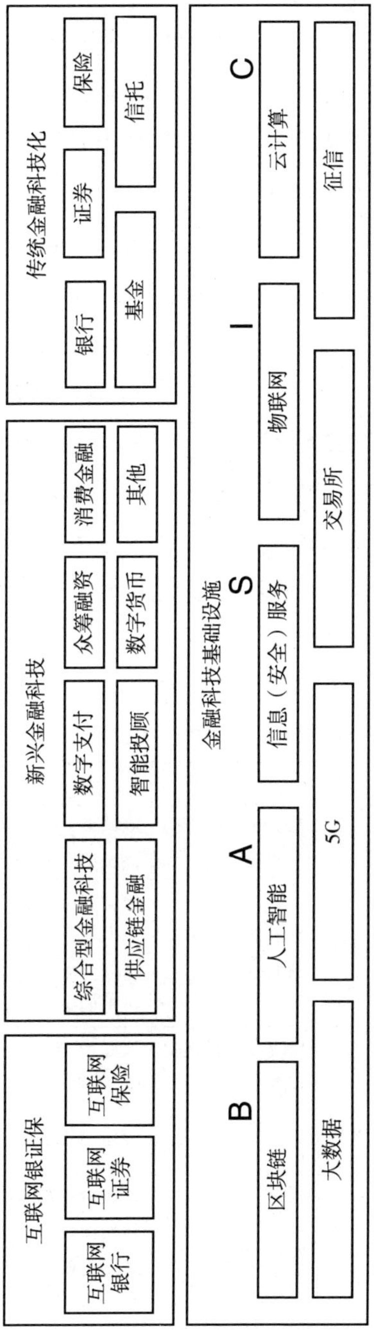

图 1　金融科技大厦

资料来源：浙大 AIF 司南研究室、杭州摩西信息科技。

AIF 司南研究室携手各类机构已连续四年发布《2018 中国金融科技中心城市报告》《2018 全球金融科技中心城市报告》《2019 全球金融科技产业 40城》《2020 全球金融科技中心城市报告》（中英文版）等 20 余份系列报告，持续记录和追踪国内外城市金融科技发展，捕捉各城市金融科技发展机遇。全球金融科技中心指数（Global Fintech Hub Index，GFHI）从企业、用户、政府三大视角出发，从金融科技产业（Fintech Industry）、金融科技体验（Fintech Consumer Experience）和金融科技生态（Fintech Ecosystem）三个维度构建指标体系，并在保持稳定、科学可比基础上对指标体系不断完善。

百尺竿头，更进一步。为了更全面、准确地衡量各地金融科技发展情况，相较于上年，本研究将高融资未上市金融科技企业的判定标准从风投融资额累计达 5000 万美元降至 3000 万美元，以便纳入更多蓬勃发展的金融科技企业，同时将用于衡量该地金融与科技产业发展水平的顶尖金融机构与科技企业的范围从全球市值 TOP200 扩大至 TOP500。

具体指标体系如表 1 所示。

表 1　全球金融科技中心指数指标体系

一级指标	二级指标	三级指标	衡量方法
金融科技产业（企业视角）	互联网银证保新兴金融科技金融科技基础设施	金融科技上市企业	该城市上市金融科技企业数
			该城市上市金融科技企业市值总额
		高融资未上市金融科技企业	该城市风投融资额累计达 3000 万美元及以上的未上市金融科技企业数
			该城市风投融资额累计达 3000 万美元及以上的未上市金融科技企业融资总额
	传统金融科技化	传统金融科技化程度	该城市传统金融机构市净率、产品/业务/场景数字化等
金融科技体验（用户视角）	金融科技应用率	金融科技使用者占比	该城市使用过金融科技的人口占比
金融科技生态（政府视角）	经济基础	国家经济规模	该城市所在国家 GDP
		国家人口规模	该城市所在国家人口总量
		国家经济增长	该城市所在国家 GDP 增速
		城市经济规模	该城市 GDP
		城市人口规模	该城市人口总量

续表

一级指标	二级指标	三级指标	衡量方法
金融科技生态（政府视角）	产业基础	金融产业发展	该城市全球金融机构 TOP500 市值之和
		科技产业发展	该城市全球科技企业 TOP500 市值之和
	数字基建	网络信息安全	该城市网络安全度得分
		网络普及程度	该城市互联网普及率
	科研能力	城市科研能力	该城市科研机构能力得分
		名校综合实力	该城市名校综合实力得分
	政策环境	金融科技支持力度	该城市金融科技政策支持力度得分
		金融科技监管能力	该城市金融科技政府监管能力得分

二 金融科技全球城市概览

（一）城市排名："9 + 41 + N"格局

根据当前全球金融科技发展与竞争情况，本研究从全球六大洲 70 余个城市中评选出了全球金融科技发展 TOP50 城市，并进一步将其划分为九大全球金融科技中心城市（Global Fintech Hubs）、41 个区域金融科技中心城市（Regional Fintech Hubs），以及 N 个虽未进入全球 TOP50 却拥有巨大空间的潜力之城（Emerging Fintech Hubs）。

从总体来看，全球中心城市总指数得分均在 60 以上，平均分达 75.0，区域中心城市总指数得分均值则为 45.5，二者与上年[①]基本持平。全球中心城市和区域中心城市数量较上年均有所增加。与此同时，全球金融科技赛道竞争较上年愈加激烈，全球金融科技中心城市的内部平均相邻指数分差从上年的 3.5 降低至 3.1，区域金融科技中心城市的内部平均相邻指数分差则由上年的 0.7 降低至 0.6，且区域中心城市中排名发生变动的城市占比高达 80.5%。

---

① 本报告所指的"上年"是指《2020 全球金融科技中心城市报告》中的相关研究结果，排名称为"2020 年排名"，所使用的数据为 2019 年数据。

　　从全球金融科技中心城市来看，全球金融科技中心城市数量从上年的 8
个稳步上升至本期的 9 个，依次为北京、旧金山（硅谷）、纽约、上海、深
圳、伦敦、杭州、新加坡、芝加哥。其中，北京、旧金山（硅谷）、纽约、
上海仍牢牢占据前四的位置，深圳超越伦敦位列第五，伦敦、杭州分别位列
第六和第七。值得注意的是，新加坡金融科技发展迅猛，尤其是金融产业与
生态厚积薄发、强势崛起，不仅首次总指数得分超过 60 跻身全球金融科技
中心城市行列，而且超越了芝加哥列全球第八位。

　　此外，从比例来看，9 个全球金融科技中心城市以 4∶3∶1 的比例分布在
中国、美国和英国，形成了以市场、技术、规则为主导的三种金融科技发展
模式，分别是以中国为代表的市场驱动模式、以美国为代表的技术驱动模式
以及以英国为代表的规则驱动模式。其中，市场驱动模式主要得益于用户拥
抱，重金融科技应用与体验提升；技术驱动模式主要得益于技术变革，重原
创技术创造与底层基础设施建设；规则驱动模式主要得益于监管创新，重监
管体系完善与整体生态优化。在全球金融科技竞争的上半场，三大模式各有
千秋，三驾马车并驾齐驱，但是在国际竞争持续加剧、产业逐步进入深水区
的当下，技术、人才、监管等关键因素的支撑作用将会愈发重要。

表 2　2021 年全球金融科技中心城市排名

城市	所属国家	所属洲	总排名	较上年排名变动	产业排名	体验排名	生态排名
北京	中国	亚洲	1	—	1	5	2
旧金山（硅谷）	美国	美洲	2	—	3	15	4
纽约	美国	美洲	3	—	2	32	3
上海	中国	亚洲	4	—	4	4	6
深圳	中国	亚洲	5	↑1	6	2	5
伦敦	英国	欧洲	6	↓1	5	16	1
杭州	中国	亚洲	7	↓1	7	1	13
新加坡	新加坡	亚洲	8	↑1	9	19	8
芝加哥	美国	美洲	9	↓1	8	41	14

　　注：本报告所指的"上年排名"均为《2020 全球金融科技中心城市报告》中的排名。
　　资料来源：浙大 AIF 司南研究室、杭州摩西信息科技。

从区域金融科技中心城市来看，金融科技如火如荼的发展带来了区域金融科技中心城市的进一步崛起和涌现，区域中心城市数量从上年的 32 个增加到 41 个，悉尼、东京、巴黎、广州、香港分列前五名。其中，悉尼和东京依旧是区域中心城市中的"领头羊"，牢牢占据区域榜单前二的位置，排名未有变化；巴黎、广州、香港紧随其后，均相比上年上升了 1 个位次。此外，首尔、新德里、雅加达、米兰、吉隆坡、曼谷等城市进步最为明显，排名相比上年均上升了至少 3 个位次，而亚特兰大、斯德哥尔摩、开普敦则退步最大，排名均下降了 4 个位次，尤其值得注意的是，亚特兰大本期总指数值较上年变化不大（本期为 54.97，上年为 54.48），但排名却下滑了 4 个位次，可见全球金融科技竞争日趋激烈，各国角逐如逆水行舟不进则退。与此同时，米兰、法兰克福、吉隆坡、胡志明、华沙、西安、圣彼得堡、曼谷、内罗毕、阿布扎比这 10 个城市首次入榜，成为全球金融科技发展赛道上的新力军，崭露头角。

表3　2021 年区域金融科技中心城市排名

城市	所属国家	所属洲	总排名	较上年排名变动	产业排名	体验排名	生态排名
悉尼	澳大利亚	澳洲	10	——	14	20	12
东京	日本	亚洲	11	——	12	52	7
巴黎	法国	欧洲	12	↑1	11	50	11
广州	中国	亚洲	13	↑1	22	3	17
香港	中国	亚洲	14	↑1	13	34	21
墨尔本	澳大利亚	澳洲	15	↑1	15	25	15
亚特兰大	美国	美洲	16	↓4	10	45	27
西雅图	美国	美洲	17	——	18	33	10
孟买	印度	亚洲	18	↑2	19	10	29
首尔	韩国	亚洲	19	↑4	23	28	16
南京	中国	亚洲	20	↓1	30	6	20
波士顿	美国	美洲	21	↑1	24	39	9
斯德哥尔摩	瑞典	欧洲	22	↓4	25	29	19
苏黎世	瑞士	欧洲	23	↓2	21	21	23
多伦多	加拿大	美洲	24	——	17	38	18

大数据蓝皮书

续表

城市	所属国家	所属洲	总排名	较上年排名变动	产业排名	体验排名	生态排名
阿姆斯特丹	荷兰	欧洲	25	—	16	22	34
班加罗尔	印度	亚洲	26	—	26	12	36
柏林	德国	欧洲	27	↑1	20	27	39
圣保罗	巴西	美洲	28	↑2	27	26	35
都柏林	爱尔兰	欧洲	29	↓2	32	23	22
成都	中国	亚洲	30	↓1	34	7	30
重庆	中国	亚洲	31	↑1	33	9	33
特拉维夫	以色列	亚洲	32	↑1	29	44	25
洛杉矶	美国	美洲	33	↓2	31	42	26
新德里	印度	亚洲	34	↑3	38	13	37
雅加达	印度尼西亚	亚洲	35	↑4	28	43	42
墨西哥城	墨西哥	美洲	36	↓1	35	18	45
莫斯科	俄罗斯	欧洲	37	↓1	40	14	38
开普敦	南非	非洲	38	↓4	44	11	43
巴塞罗那	西班牙	欧洲	39	↓1	39	36	31
米兰	意大利	欧洲	40	新晋	36	35	41
法兰克福	德国	欧洲	41	新晋	41	30	40
日内瓦	瑞士	欧洲	42	↓2	46	31	24
吉隆坡	马来西亚	亚洲	43	新晋	49	37	28
胡志明	越南	亚洲	44	新晋	37	54	55
华沙	波兰	欧洲	45	新晋	42	48	48
西安	中国	亚洲	46	新晋	54	8	47
圣彼得堡	俄罗斯	欧洲	47	新晋	52	17	52
曼谷	泰国	亚洲	48	新晋	48	40	44
内罗毕	肯尼亚	非洲	49	新晋	43	47	51
阿布扎比	阿联酋	亚洲	50	新晋	53	51	32

资料来源：浙大 AIF 司南研究室、杭州摩西信息科技。

（二）集中日盛，全球金融科技中心城市持续领航

就集中度而言，九大全球金融科技中心城市仍是当之无愧的金融科技"领头羊"，不仅平均分领先全球，而且资源高度集中，集中之势日盛。整

体而言，全球金融科技中心城市指数值平均分远高于区域金融科技中心城市，与区域金融科技中心城市的平均分差值为 29.3。具体来看，与上年相比，九大全球金融科技中心城市在各金融科技发展方向上均有所突破。

表 4 2021 年全球金融科技发展 TOP50 相关数据统计

项目	金融科技产业								传统金融科技化
	金融科技上市企业				高融资未上市金融科技企业				
	数量（家）	占比（%）	市值总额（亿美元）	占比（%）	数量（家）	占比（%）	市值总额（亿美元）	占比（%）	均值
全球中心	72	74.2	11051	89.2	428	62.4	1598	76.3	68.7
区域中心	25	25.8	1333	10.8	258	37.6	496	23.7	29.1
TOP50	97	—	12384	—	686	—	2094	—	36.2

项目	金融科技体验	金融科技生态						
	金融科技使用者占比	金融机构市值TOP500		科技企业市值TOP500		数字基建	科研能力	监管能力
	均值（%）	市值总额（亿美元）	占比（%）	市值总额（亿美元）	占比（%）	均值	均值	均值
全球中心	70.4	4.2	56.0	4.2	47.7	84.9	67.4	85.6
区域中心	53.1	3.3	44.0	4.6	52.3	79.1	40.3	76.0
TOP50	56.2	7.5	—	8.8	—	80.1	45.2	77.7

资料来源：浙大 AIF 司南研究室、杭州摩西信息科技。

从优质金融科技企业来看，全球金融科技中心城市聚集了 TOP50 城市中约 74.2% 的上市金融科技企业和 89.2% 的市值，与上年相比，不仅上市金融科技企业数量从 46 家上升至 72 家，增长 56.5%，且上市金融科技企业市值从 8039 亿美元上升至 1.11 万亿美元，增长 37.5%。与此同时，全球中心城市聚集了 62.4% 的高融资未上市金融科技企业（风投融资额累计达 3000 万美元及以上的未上市金融科技企业）和 76.3% 的融资总额，与上年相比，其在数量和融资总额上均大幅上升①。

---

① 在《2020 全球金融科技中心城市报告》中，高融资未上市金融科技企业指风投融资额累计达 5000 万美元及以上的未上市金融科技企业，与本报告中的统计口径有所差异，本报告已将口径放宽到 3000 万美元及以上，以此更完整地观测全球金融科技发展态势。

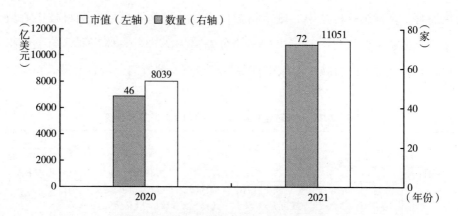

图2 全球金融科技中心城市上市企业比较

注：图中所指年份均为报告期年份。2020 年是指《2020 全球金融科技中心城市报告》中的相关研究结果，所使用的数据为 2019 年数据；2021 年是指《2021 全球金融科技中心城市报告》中的相关研究结果，所使用的数据为 2020 年数据。以下图 3～图 5 同。

资料来源：浙大 AIF 司南研究室、杭州摩西信息科技。

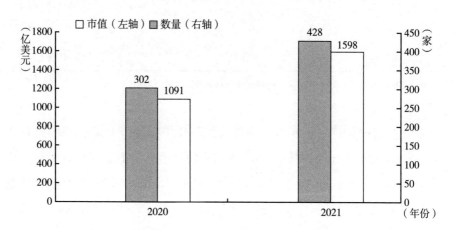

图3 全球金融科技中心城市高融资未上市金融科技企业比较

资料来源：浙大 AIF 司南研究室、杭州摩西信息科技。

从金融科技在传统金融以及各场景中的应用情况来看，全球金融科技中心的传统金融科技化均值为 68.7，是区域中心该项均值（29.1）的两倍有余，同时其金融科技使用者平均占比达到 70.4%，高于区域中心平均占比

（53.1%）。值得注意的是，与上年相比，TOP50 城市的传统金融科技化和金融科技使用者得分均稳步上升，可见全球各城市已经意识到传统金融转型和惠民体验改善是城市金融科技提升的重要组成部分。

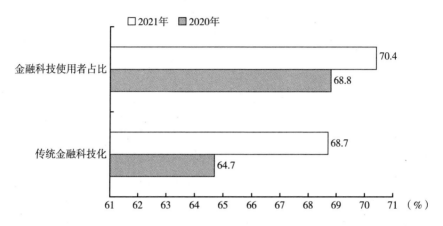

图4 全球金融科技中心城市金融科技应用相关情况

资料来源：浙大 AIF 司南研究室、杭州摩西信息科技。

从金融科技生态资源集中程度来看，一方面，全球金融科技中心城市依旧聚集了 56.3% 的 TOP50 城市以及 47.2% 的 TOP500 上市金融机构和科技企业，其中上市金融机构市值总额占 TOP50 城市总和的 56.0%。另一方面，全球金融科技中心城市在数字基建、科研能力和政府监管能力方面均大幅度领先于区域金融科技中心城市，全球中心城市的上述指标平均分值分别超过区域中心城市 5.8、27.1 和 9.6，且较上年平均分差均有所扩大。

纵向来看，相较上年，全球金融科技中心城市的监管能力和数字基建平均水平均有提升，指标平均分值分别提升 4.7 和 0.6，既有优势被不断巩固。但值得注意的是，全球金融科技中心城市在科研能力方面得分下降 2.6至 67.4，而区域金融科技中心城市的平均分值却提升至 40.3。科研能力是金融科技创新的基石，在区域中心城市埋头夯实基础、提升科研能力时，全球中心城市更需注重加大科研投入，警惕故步自封。

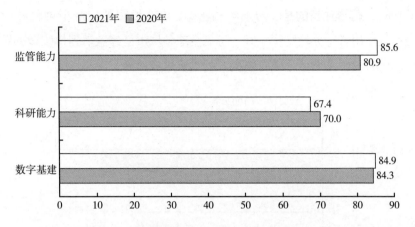

图5 全球金融科技中心城市金融科技生态情况比较

资料来源：浙大 AIF 司南研究室、杭州摩西信息科技。

（三）金融科技：金融与科技中心共同的未来

1. 见微知著：科技创新将成为所有金融服务的底盘

对比 2010 年与 2020 年全球市值 TOP10 公司榜单可以发现，在 2010 年榜单中金融和科技类公司平分秋色、各占两席，而在 2020 年榜单中科技型公司已占居七席，金融相关机构仅占一席，可谓是"硅谷完胜华尔街"，反映出科技创新逐渐成为引领全球发展的关键力量。此外，全球金融机构纷纷高度重视科技创新，不仅科技发明专利数量持续增长，中国银行、Visa 等金融机构占据 IPRdaily 全球金融科技发明专利排行榜前十中的四席，而且进一步通过成立金融科技子公司或收购科技公司加速拥抱科技创新。例如，截至 2020 年 9 月，包括国有五大行在内，中国共有 12 家银行成立了金融科技子公司。可以预见的是，未来科技创新必将成为推动金融创新与变革的核心驱动力，成为所有金融服务的底盘。

表5　2010年全球市值 TOP10 榜单

单位：亿美元

排名	公司	国家	行业	市值
1	埃克森美孚（Exxon Mobile）	美国	石油化工	3687
2	中国石油	中国	石油化工	3033
3	苹果（Apple）	美国	科技	2959
4	必和必拓（BHP Billiton）	澳大利亚	石油化工	2435
5	微软（Microsoft）	美国	科技	2388
6	中国工商银行	中国	银行	2334
7	巴西石油公司（Petrobras）	巴西	石油化工	2291
8	中国建设银行	中国	银行	2222
9	荷兰皇家壳牌（Royal Dutch Shell）	荷兰	石油化工	2086
10	雀巢（Nestle）	瑞士	食品	2035

资料来源：Financial Times，数据截至 2010 年 12 月 31 日。

表6　2020年全球市值 TOP10 榜单

单位：亿美元

排名	公司	国家	行业	市值
1	沙特阿美	沙特	石油化工	17193
2	苹果（Apple）	美国	科技	14909
3	微软（Microsoft）	美国	科技	14393
4	亚马逊（Amazon）	美国	科技	13000
5	Alphabet	美国	科技	9940
6	脸书（Facebook）	美国	科技	6800
7	阿里巴巴	中国	科技	5921
8	腾讯	中国	科技	5500
9	伯克希尔·哈撒韦（Berkshire Hathaway）	美国	综合投资	4763
10	强生（Johnson&Johnson）	美国	卫生保健	3845

资料来源：Financial Times，数据截至 2020 年 6 月 30 日。

2. 同道逐鹿：未来金融中心势必是金融科技中心

从全球来看，无论是以伦敦、北京、新加坡为代表的兼具金融中心和政

治中心角色、更集聚监管资源的传统金融中心，还是以纽约、上海和香港为代表的兼具金融中心和商业中心职能的、更偏市场型的传统金融中心，这些城市均聚全城之力发展科技产业，让金融与科技并驾齐驱。

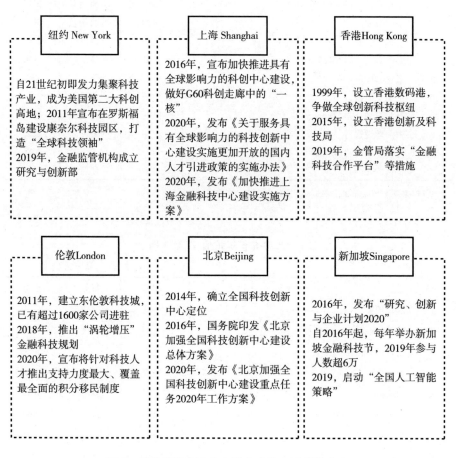

图6　全球传统金融中心发力成为金融科技中心

资料来源：浙大 AIF 司南研究室、杭州摩西信息科技。

具体而言，一方面，伦敦于 2011 年宣布建立东伦敦科技城，已吸引超1600 家科技企业进驻，2020 年伦敦更是宣布将针对科技人才推出支持力度最大、覆盖最全面的积分移民制度；北京一直以来高度重视金融与科技的协同发展，早在 2014 年就把建设"全国科技创新中心"与建设"政治中心、文化中心、国际交往中心"一起作为北京"四大中心"城市战略定位，并通过《北京加强全国科技创新中心建设总体方案》《北京加强全国科技创新中心建设重点任务 2020 年工作方案》等政策持续不断强化科技创新发展；新加坡自 2016 年起每年举办新加坡金融科技节，并已于 2019 年启动"全国人工智能策略"。可见，科技创新与金融科技已经成为全球金融中心建设中必不可缺的实力标签，科技赋能金融更是大势所趋。

另一方面，纽约自 21 世纪初即发力集聚科技产业，目前已成为美国第二大科创高地；上海提出建设国际金融中心定位，加快推进具有全球影响力的科创中心建设，并于 2020 年将发展金融科技上升为新战略，指出建设上海金融科技中心是上海国际金融中心建设的新内涵、新机遇和新动力，接连发布《关于服务具有全球影响力的科技创新中心建设实施更加开放的国内人才引进政策的实施办法》和《加快推进上海金融科技中心建设实施方案》；香港则是自 1999 年设立香港数码港，又在 2015 年设立香港创新及科技局，争做全球创新科技枢纽。

3. 换道超车：科技中心争做金融科技中心"领头羊"

与此同时，全球科技中心正凭借科技实力实现换道超车，与传统金融中心共同投身于全球金融科技竞争中。具体而言，北京在近些年明确打造国家金融管理中心，率先发布《北京市促进金融科技发展规划（2018～2022 年）》，并成为全国首个金融科技创新监管试点城市，已推进两批项目"入箱"，引领全国金融与科技创新融合发展；杭州金融科技应用与体验享誉全球，不仅在 2019 年发布了《杭州国际金融科技中心建设专项规划》，签约落地由世界银行和中国互金协会共建的全球数字金融中心，而且金融科技应用试点以及金融科技创新监管试点工作也不断深入推进；硅谷聚集了 Facebook、Google 等大批世界顶级的科技企业，向全球输出金融科技原创技术，并于 2020 年宣布将设立旧金山创新办公室，作为促进金融科技创新的枢纽机构；深圳于 2019 年发布《深圳市扶持金融业发展若干措施》，成立全国首家知识产权金融全业态联盟以及国家金融科技测评中心，并于 2020 年正式印发《深圳市贯彻落实〈关

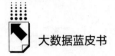

于金融支持粤港澳大湾区建设的意见〉行动方案》，提出打造全球金融科技中心和全球可持续金融中心，不断优化金融科技发展生态，构建金融科技全球领先实力。可以说，金融科技让"科技能者"成为金融服务的后起之秀。

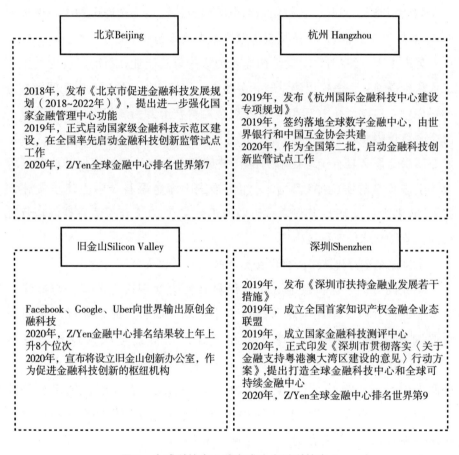

图7 全球科技中心跻身成为金融科技中心

资料来源：浙大 AIF 司南研究室、杭州摩西信息科技。

三 金融科技全球城市三维聚焦

2020 年，全球金融科技发展进入新阶段。本部分将从金融科技产业、体验、生态三维聚焦全球金融科技发展，并分别选取在每个维度表现最佳的十个城市，展示现状，构想未来。

（一）全球金融科技产业十城

从风投垂青到上市新贵，金融科技企业顺势而为，发展壮大，共同成就了飞速前行、不断跃迁的金融科技产业。表7展示了全球金融科技产业TOP10城市，并呈现以下特点。

表7 2020年与2021年全球金融科技产业TOP10城市对比

排名	2021年		2020年	
	城市	所在国家	城市	所在国家
1	北京	中国	北京	中国
2	纽约	美国	旧金山（硅谷）	美国
3	旧金山（硅谷）	美国	纽约	美国
4	上海	中国	上海	中国
5	伦敦	英国	伦敦	英国
6	深圳	中国	杭州	中国
7	杭州	中国	深圳	中国
8	芝加哥	美国	芝加哥	美国
9	新加坡	新加坡	亚特兰大	美国
10	亚特兰大	美国	香港	中国

1. 产业逐鹿，中美保持领先优势

在2021年全球金融科技产业TOP10城中中国占据4席，美国占据4席，英国和新加坡均各占据1席，虽然中国相比于上年少了一城（香港），但中美的领先优势依旧明显。同时，本研究分别汇总整理了全球各城市金融科技上市企业数量和市值总额及高融资未上市企业数量和融资总额等信息（见表8），可以看出，在金融科技上市企业方面，美国在市值总量上更占据优势，而中国则更具数量优势；在高融资未上市企业方面，中美较为势力相当。特别值得注意的是，北京不愧为全球金融科技产业发展最好的城市，不仅连续三年排名全球金融科技产业榜单第一，而且在金融科技上市企业数量、高融资未上市企业数量及融资总额这三个指标中均排名世界第一，实力十分雄厚。

表8 全球金融科技上市企业数量和市值总额及高融资未上市
企业数量和融资总额 TOP10 城市对比

排名	金融科技上市 企业数量	金融科技上市企业 市值总额	高融资未上市 企业数量	高融资未上市 企业融资总额
1	北京	旧金山	北京	北京
2	上海	纽约	纽约	旧金山
3	深圳	新加坡	旧金山	杭州
4	纽约	阿姆斯特丹	伦敦	伦敦
5	杭州	上海	上海	纽约
6	旧金山	杭州	新加坡	新加坡
7	伦敦	芝加哥	深圳	上海
8	悉尼	北京	柏林	香港
9	新加坡	墨尔本	巴黎	雅加达
10	芝加哥	深圳	班加罗尔	深圳

2. 强势崛起，新加坡进步显著

与上年相比，新加坡在金融科技产业发展上也非常亮眼，进步 3 个位次超越亚特兰大、香港、巴黎，入围全球金融科技产业 TOP10 榜单，而这与其良好的商业环境和领先的金融发展密不可分，尤其是 2020 年 12 月 7~11 日，全球首个长达 5 天、24 小时不间断的线上线下联动盛会 SFF × SWITCH——新加坡金融科技节（The Singapore Fintech Festival, SFF）×新加坡科技创新周（Singapore Week of Innovation & TeCHnology SWITCH）盛大开幕，为世界各地金融科技与深科技领域的伙伴搭建了深入交流的平台，实现了全球金融科技发展的互通互联和招商引资。

（二）全球金融科技体验十城

金融科技是金融普惠的重要实现手段，达成"人人生而平等"愿景的奋斗之路任重道远。本研究的金融科技体验指标主要为金融科技应用率（使用者占比）。2020年全球金融科技使用者占比平均值为53.4%，相较于上年的51.0%增长了2.4个百分点，增速有所放缓，并呈现以下特点。

表9 2020年与2021年全球金融科技体验TOP10城市对比

排名	2021年		2020年	
	城市	所在国家	城市	所在国家
1	杭州	中国	杭州	中国
2	深圳	中国	深圳	中国
3	广州	中国	广州	中国
4	上海	中国	上海	中国
5	北京	中国	北京	中国
6	南京	中国	南京	中国
7	成都	中国	西安	中国
8	西安	中国	成都	中国
9	重庆	中国	开普敦	南非
10	孟买	印度	重庆	中国

1. 亚洲力量持续突出，包揽TOP10榜单

以中国城市为代表的亚洲国家城市继续保持全面领先，相比于上年在TOP10榜单中亚洲城市占据9席，本期更是完全包揽TOP10榜单。中国城市金融科技体验亦是一如既往的优异，杭州、深圳、广州、上海、北京等城市连续多年占据金融科技TOP10榜单高位，杭州更是连续四年金融科技体验排名全球第一，金融科技应用率（使用者占比）高达93.7%。此外，深圳本期金融科技应用率首次超过90%达90.8%，相比上年增长了2.9个百分点，成为全球第二个金融科技应用率超90%的城市。

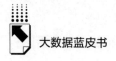

2. 潜力释放，印度大幅发力

值得关注的是，印度第一大城市孟买首次入围全球金融科技体验城市 TOP10 榜单，其金融科技应用率从上年的 64.0% 跃升至 73.6%，进步明显。而这与印度政府对数字经济和金融科技的大力支持密不可分，自 2015 年起印度实施"数字印度"战略，并陆续推出了数字化身份认证项目、普惠金融计划、废钞运动等多项改革举措，有效促使了金融科技的迅猛发展，逐步释放巨大的潜力。

（三）全球金融科技生态十城

"凤凰择良木而栖"，金融科技生态对金融科技发展而言至关重要。本研究所使用的金融科技生态相关指标包括经济基础、产业基础、数字基建、科研能力、政策监管等五个方面。

表 10 2020 年与 2021 年全球金融科技生态 TOP10 城市对比

排名	2021 年		2020 年	
	城市	所在国家	城市	所在国家
1	伦敦	英国	伦敦	英国
2	北京	中国	纽约	美国
3	纽约	美国	北京	中国
4	旧金山	美国	旧金山（硅谷）	美国
5	深圳	中国	东京	日本
6	上海	中国	深圳	中国
7	东京	日本	上海	中国
8	新加坡	新加坡	新加坡	新加坡
9	波士顿	美国	西雅图	美国
10	西雅图	美国	波士顿	美国

1. 发达国家生态优势显著

2021 年全球金融科技生态 TOP10 城市依旧被发达国家城市以及中国城市包揽，且与 2020 年全球金融科技生态 TOP10 城市保持一致，仅有内部排名变动，发展中国家城市与发达国家城市之间仍存在较大的差距。雄厚的金融和科技产业基础、完善的数字基建、充足的金融科技人才、出色的监管能力均为发达国家发展金融科技提供了优良且可持续的生态支撑，因此对发展中国家而言，若要在当前全球金融科技竞争中继续保持不断向好的局面，要尤为重视并大力开展数字基础设施建设，不断完善金融科技人才体系并加强顶层设计提升监管能力。

2. 中国城市生态实力进步明显

可喜的是，中国城市在金融科技生态方面几乎都有不同程度的名次提升，从 TOP10 城市来看，北京超越纽约位列第 2，深圳、上海超越东京分别位列第 5、第 6，表现亮眼，这不仅得益于中国各地政府对金融科技发展的持续高度重视，不断加码的政策支持，更是在于中国已意识到作为发展中国家在监管、顶层设计方面的不足，积极通过制定金融科技相关的规划、标准，推出中国版监管沙盒——金融科技创新监管试点来补齐短板，以为金融科技发展的行稳致远保驾护航。

治理科技指数篇

Governance Technology Index

B.16
治理数字化转型趋势与
治理科技指数研究

摘　要：　党的十九届五中全会提出基本实现国家治理体系和治理能力
　　　　　现代化的远景目标，明确加快数字化发展的目标及重点方
　　　　　向，为治理数字化转型提供了根本遵循。在百年未有之大变
　　　　　局和百年未有之大疫情相互交织、叠加冲击下，数字化转型
　　　　　为经济社会发展提供了重大契机，治理科技深度应用成为提
　　　　　升治理效能的创新手段。基于此，本报告对治理科技指数理
　　　　　论模型进行再研究、测评重点进行再调整、指标体系进行再
　　　　　优化、代表性指标进行再升级，同时又最大程度上保持了与
　　　　　之前评价体系的一致性、衔接性及延续性，力求建立一套更
　　　　　加符合新时代国家治理及经济社会发展要求的治理科技指数
　　　　　评价体系。

关键词：　治理数字化　治理现代化　治理科技指数

当前，世界正在进入以数字化、网络化、智能化为显著特征的新发展阶段，新一代信息技术已全面渗透到经济社会生活的各个领域，不断提升国家治理效能。以美国、英国、澳大利亚等为代表的发达国家纷纷出台相关政策，将开展数字化治理作为抢占新发展先机、打造国际竞争新优势的战略选择。我国政府高度重视治理数字化转型，党的十九届五中全会将"基本实现信息化、基本实现国家治理体系和治理能力现代化，基本建成法治国家、法治政府、法治社会"作为2035年远景目标之一，强调把加快数字化发展作为推动经济体系优化升级的重要内容、把提升大数据等现代技术手段辅助治理能力作为完善宏观经济治理的重要内容，为加快治理数字化转型明确了方向和路径。随着新一轮科技革命与产业变革引发的数字化转型不断加快，以数字技术为关键支撑的治理科技在推进政府治理、社会治理及实体经济转型升级中的引领作用愈发凸显，已然成为推进国家治理体系和治理能力现代化的核心力量、现代化经济体系建设的重要手段，治理科技的广泛及深度应用对全面建设社会主义现代化国家开好局、起好步具有重要的现实意义。

一 治理数字化转型态势及趋势研判

随着新一轮科技革命和产业变革深入推进、信息技术日新月异、数字经济蓬勃发展，为适应新形势、满足新需求、谋求新发展，经济社会数字化转型升级不断加速，倒逼传统治理体系加速进行系统性、全局性变革。治理科技深度应用正加速推进治理模式的变革与创新，治理体系主体构建、组织方式、运作机制等方面呈现新特点，逐步实现对社会运行的精确感知、公共资源的高效配置、社会风险的及时预警、突发事件的快速处置，治理科学化、精细化、智能化水平不断提升。

（一）数字技术推动治理从全域治理迈向整体智治时代

各国数字化战略的加速推进，使得全球正在加速从"网联"向"物联""数联""智联"不断跃迁。数字技术通过对海量数据应用场景的快速收集

与挖掘、分析与共享，成为支撑治理科学决策、准确预判的有力手段，是融合创新要素最浓、产品应用最多、覆盖范围最广、辐射带动效果最强的技术创新领域。面向舆情监测、政府事务、公共服务、应急事件响应等治理各维度数据日趋海量化的发展态势，利用数字技术进行有效集成、深入挖掘和综合分析，可进一步强化治理决策的前瞻性、科学性、落地性，实现"经验治理"向"数据治理"跨越。面对疫情暴发、重大安全事故等应急管理，利用数字技术可形成风险数据库与风险分布地图，实现紧急事件的智能化应急预警、实时精准评估、快速联动处置。在交通运行方面，数字技术可实现对人口出行活动、道路运行、公共交通客流及服务的全面监测，为城市交通运行及规划、建设提供参考。在法治政府建设方面，利用数字技术可将信访举报、巡视巡察、日常监督、执纪审查等问题线索归集成数据库，通过比对分析，及时发现廉政风险点，有效提高廉洁风险防控的精准性。未来，随着数字技术的不断创新及广泛应用，政府的风险预警、决策评估、问题调查和社会互动水平将不断提高，科学决策、精细管理、精准服务将成为常态，社会治理的灵敏度和前瞻性将显著提升。

（二）治理科技广泛应用正加速构建社会治理新格局

随着数字经济、数字社会、数字政府建设的全面推进，数字技术成为普惠性增长的重要驱动力，以数字技术为关键支撑的治理科技在激发治理主体活力、重塑社会治理新格局中的作用愈发凸显。党的十九届五中全会明确提出，"完善基层民主协商制度，实现政府治理同社会调节、居民自治良性互动，建设人人有责、人人尽责、人人享有的社会治理共同体。畅通和规范市场主体、新社会阶层、社会工作者和志愿者等参与社会治理的途径"。为社会治理共同体构建指明了方向、提供了根本遵循。治理科技正展现出推进治理现代化的强大生命力和巨大优越性，凭借独特的制度安排和技术优势的"双重驱动"，使得政府、企业、社会组织、公众等治理主体通过数据开放共享实现传统分工的转变，成为集数据的采集者、数据应用的分享者和数据治理的决策者于一身的治理主体，并基于共同利益基础、共同责任担当及共同价值遵循等诸多共识，加速形成人人有责、人人尽责、人人享有的治理共同体。随着数据资源开放共享步伐的加快，以促进多元主体沟通、合作为导向，治理主体间将形成科学有效的社会动员和交流互动机制，多方治理主体广泛参与政府决策的协同机制将进一步完善、渠道将进一步畅通。在数据、管理、业务、技术等标准规范建设的进一步推进下，依托数据进行功能性分工的共同体规范框架正逐步构建，治理科技深度应用使得分工效率不断提高，将最大限度地发挥各治理主体的力量，加速形成优势互补、资源共享、协同互益、共治互信的治理新格局。

（三）基层治理成为实现治理现代化的关键领域

随着国家大数据战略的全面实施、数字中国建设的全速推进，加快推进基层治理数字化转型成为融入国家发展战略、顺应时代发展趋势的必然之举，也是增强人民群众获得感幸福感安全感、实现全面现代化治理的关键之举。"社会治理特别是基层治理水平明显提高"成为我国今后五年要努力实现的经济社会发展主要目标之一，深刻表明社会治理尤其是基层治理将成为未来一段时间内国家治理效能实现新提升、取得新突破的关键领域。与此同时，"健全党组织领导的自治、法治、德治相结合的城乡基层治理体系；构建网格化管理、精细化服务、信息化支撑、开放共享的基层管理服务平台"作为国家关于"十四五"期间"构建基层社会治理新格局"的关键内容，为进一步推进基层治理现代化指明了方向和路径。然而，与高维的数字经济转型或者政府数字化转型相比，基层治理的低维复杂性，面临的政民联通碎片化、权责观念碎片化、服务供给碎片化和事务管理碎片化等痛点，让其数字化转型先天具有诸多不适应性，如何推动基层治理形成有序的规则框架，避免由场景碎片化导致更大的"数字鸿沟"，仍是未来实现全面现代化治理面临的巨大挑战。

（四）提升数字领导力成为治理数字化转型的新课题

在百年未有之大变局和百年未有之大疫情相互交织、叠加冲击下，数字治理能力正发展成为国家核心竞争力，数字技术与政府治理、社会治理深度融合正有力推动国家治理数字化转型，数字领导力①已经成为推进数字化转型、治理效能提升的新技能。新时代下推进治理数字化转型不仅需要技术的创新及应用，也需注重治理理念的更新及数字治理能力的提升，充分运用以区块链为代表的治理科技重塑数字洞察力、数字决策力、数字执行力、数字引导力，已成为实现国家治理现代化目标的题中之义，提升各治理主体数字领导力变得十分重要且非常紧迫。在政府及市场主体、法制及人文伦理的合力下，正向激发数字治理与科技向善的聚合效能，实现社会期望价值最大化，提升全民数字素养、各治理主体数字治理能力，加速锤炼与数字政府打造、数字经济发展、数字社会构建相适应，与数字技术快速发展、治理科技深度应用相协同的高素质、专业化的新型干部队伍，是加速实现治理数字化高质量转型的必然之举。

（五）数据安全仍是制约治理数字化转型的重大难题

新一代信息技术的快速发展及广泛应用使数据安全边界和伦理道德秩序发生改变，现代化治理必将面对数字化带来的治理新命题。网络安全威胁和风险从虚拟空间向现实世界蔓延扩散，利用手机恶意程序、"伪基站"等新型诈骗犯罪手段不断翻新，用户隐私泄露以及金融、能源、通信、交通等关键领域基础设施的网络安全问题不仅关系个人生命和财产安全，也对经济社会乃至国家安全带来严重威胁。大数据引发的隐私泄露风险，人工智能伴随的算法歧视、深度欺骗、就业风险、公共安全问题等，以及区块链带来的虚拟货币风险、智能合约安全等多种技术风险，已成为世界各国治理面临的共同问题。党的十九届五中全会提出"加快数字化发展，保障国家数据安全，

---

① 数字领导力（Digital Leadership，简写 D-Leadership）的概念是在以数字技术为中心的技术革命加速重塑社会和世界格局的背景下，对领导力概念的反思、重构和创新。数字领导力，是在数字科技时代，个人或组织带领他人、团队或整个组织充分发挥数字思维，运用数字洞察力、数字决策力、数字执行力、数字引导力确保其目标得以实现而应该具备的一种能力，是在数字科技支撑下有效实施国际治理、国家治理、社会治理和公司治理的一种能力。

加强个人信息保护",为数据安全保护指明了方向,数据安全保护应以防范化解风险为着力点,强化以人为本、普惠向善的伦理共识,坚持技术应用与制度保障并重、政府监管与平台自律并重、社会智治与民主协商并重,着重从风险源头强化防控机制,构建审慎包容的治理框架,逐步建立健全技术监管法律体系,推动治理数字化转型各项工作走上制度化、规范化、法治化轨道,为实现国家治理体系和治理能力现代化提供充足动力和坚实保障。

二 治理科技指数评估体系调整思路

新科技革命和治理现代化深度融合是面向新时代"中国之治"的内在逻辑和必然要求,其所带来的技术社会新形态推动了治理理念变革、场景变革、主体变革和风险变革,从而推进治理效能提升、推动经济社会发展。一套系统完备、科学有效的治理评估体系是判断治理效能、经济社会发展质量的关键标尺,治理科技指标体系的构建与完善是立足我国国情和实际,按照国家治理效能得到新提升的目标要求,紧跟新时代治理数字化转型态势及趋势、经济社会发展需求、治理科技应用现状等,基于深化治理现代化内涵、增强指数评估合理性、突出指标价值创造力三方面的考虑,对治理科技指标体系进行再优化,对部分代表性指标进行再调整升级,以提高治理科技指数评估的有效性和指导性,实现治理效能提升与评价指标体系完善之间的良性互动。

(一)深化治理现代化内涵

在新一轮科技革命和产业变革大背景下,数字经济蓬勃发展,数字技术与国家治理各领域深度融合,为国家治理现代化提供源源不断的创新活力,治理科技借力数字技术辅助源头治理、依法治理、系统治理和综合治理,助力中国在全球治理体系改革和建设中不断贡献中国智慧和力量,以"中国之治"顺应"时代之变"、引领"世界未来"。治理科技指数体系的完善是在确保与其理论模型有效衔接的基础上,深入分析国家关于"十四五"时

期推进国家治理体系和治理能力现代化的发展重点及方向，深刻理解基层治理与国家治理、政府治理与市场治理的关系，深度研究治理科技对实现"国家治理效能得到新提升"这一重要目标、治理科技指数作为治理评价这一测量标尺的深层意义及具体体现，更加注重治理现代化内涵的延伸，重点关注数字经济呈现的数据化、智能化、平台化、生态化等新特征，努力构建与新时代经济社会发展相适应，凸显时代特征、体现中国特色的治理科技应用现代化指标评价体系。

（二）增强指数评估合理性

治理科技指数体系从制度保障、发展环境、支撑能力、场景应用和效能评估五个方面，综合衡量和评估各地区在推进治理现代化中治理科技的应用能力和实施效果，以期对各地区进一步明确治理改革方向产生一定的指导作用。为进一步提升治理科技指数发布的权威性、可靠性，增强评估指标体系构建的科学性、规范性，严格并灵活把握静态与动态相结合、科学性与实用性并重、系统性与可比性并重原则，结合当前数字经济发展现状、数字化转型发展态势，充分考虑各地区治理数字化转型及治理科技发展实际需求，基于前期大量研究，对二级指标体系进行再研究优化，侧重于选取具有来源更权威、发布更稳定、衔接更有效、获得性更强、适用性更广的代表性指标，相应调整或者剔除数据衔接性较差、发布不稳定、适用范围局限等的代表性指标，以期建立一套测评指标更加准确可靠、测评体系更加科学合理、测评结果更加客观有效的治理科技指数评估体系。

（三）突出指标价值创造力

数字技术的蓬勃发展，给经济社会带来了颠覆性影响，深度重塑了经济社会形态，引发了数字经济治理的根本性变革，治理科技作为数字技术快速发展、治理现代化加速推进下催生的一种创新治理工具，深度应用的本质在于通过大数据重塑治理理念、重整治理结构、重建治理秩序、重构治理空间，从而提升整体治理效能，其真正蕴含彰显的是一种科技向善的价值引领，不断拓宽延伸普通大众共享数字科技成果的大道。治理科技真正服务于国家治理、服务于人类命运共同体建设的关键在于帮助各治理主体塑造科学理性的数字领导力，而数字领导力发挥作用的成效体现则为创造价值，价值表现的关键体现则为在推动数字科技成果普惠大众、地区经济社会稳定、高质量发展新格局构建等中产生积极作用及深远影响。因此，在具体代表性指标数据的选取上，侧重于能更加深层次且直观地体现治理科技在某领域产生一定社会效益及经济价值、有助于体现创新创造能力提升、凸显科技人才集聚效应等的相关数据，进而评估治理科技应用的可持续发展力。

三　治理科技指数的理论模型与测评重点

治理科技指标体系架构优化的目的在于引起各地区对目前治理科技应用带来的关键性变化的关注，侧重从原来的直观技术和应用为主向深层次体现时代发展前沿、创新创业能力、价值创造能力等方面转变，而这些变化将会对区域竞争格局和形态产生一定影响。

（一）治理科技指数理论模型

治理科技是新发展理念与现代科技深度融合的时代产物，是一种价值因素较少而技术因素较多的公共管理行为，是权力数据化和数据权力化的一种组织方法，是推进治理现代化的有效路径。治理科技引领的治理新范式具有参与主体多元化、治理流程公开透明化等特性，使治理模式从封闭走向开放、从集中走向分散、从单一走向复合，真正实现用数据说话、跑路、分析、管理及服务，以治理科技创新治理体制、改进治理方式、提升治理水平，是推进"中国之治"走向"中国之梦"的破题之钥。

建立一套行之有效的治理评估体系是客观、理性认识治理现状并推进治理改革及治理效能提升的有效手段，治理科技指数理论模型的研究是以治理现代化与科学技术融合应用发展相关评价指标体系研究为理论基础，其研究过程是一种政治学理念与科学技术相互论证与相互结合的过程，有助于检验

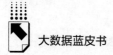

并提升治理科技下的政治理念。治理科技指数模型的构建则是以国家治理体系和治理能力现代化发展方向、相关政策支撑、重大战略布局为导向，基于对数字经济发展趋势及经济社会发展动向的中长期分析研判，既要做到对当前治理科技应用现状及特点的充分体现，又需做到对未来一段时间内治理科技发展方向的精准把握，从而实现治理科技指数的持续性研究、治理效能的周期性评估。

治理科技指数的建立是从评估指标体系的科学性、可操作性和前瞻性角度出发，通过多元评估确立评价要素，以国家统计年鉴数据、官方公布数据、调查研究数据等为依据，遵循静态与动态相结合、科学性与实用性并重、系统性与可比性并重原则，从制度保障、发展环境、支撑能力、场景应用、效能评估五大方面，社会治理、政府治理、市场治理三大层面构建治理科技指数理论模型（见图1），以期为全国和各地区治理科技的发展提供更为有效的理论和实践参考。

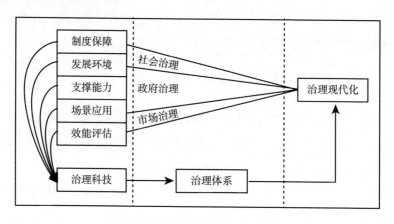

图1　治理科技指数理论模型

（二）治理科技指标体系调整

自2020年首次发布治理科技指数后，以后每年的指标体系则在遵循动态性和稳定性平衡的原则上，基于当年的治理科技发展及应用重点、基础性指标的变化，对相应代表性指标进行调整或替换，尽量保持指标总体数量不变。本年度完善后的治理科技指标体系包括 5 个一级指标、15 个二级指标（见表 1），通过对二级指标数据进行标准化处理，合成最终治理科技指数，重在从发展规模、应用效果、可持续发展能力等方面客观反映各地区治理科技应用发展程度。

表 1 治理科技指标体系

一级指标	二级指标	指标含义
制度保障	机构设置数量	通过各地区设置大数据相关行业管理机构数量和规格反映机制保障力度
	出台政策数量	通过治理科技相关文件数量反映政策支持力度
	出台地方标准数量	通过各地区出台信息技术相关标准数量反映规则制定能力
发展环境	人均地区生产总值	通过人均 GDP 反映各地区在治理现代化视域下高质量发展和高水平治理之间的关系
	数字经济发展指数	对各地区数字经济的发展水平、层次、潜力和特点进行评估，反映各地区数字经济发展程度
	大专及以上人口占总人数比重	通过高学历人口比重反映地区治理主体的整体素质
支撑能力	国家级科技企业孵化器数量	通过各地区国家级科技孵化载体数量反映技术创新能力
	高新技术企业从业人员占就业人口比重	通过高新技术企业从业人员占比来衡量一个地区科技发展水平、科技人才集聚水平
	每万人社会组织单位数	通过每万人社会组织单位数反映地区社会组织发育程度
场景应用	政府数据集开放数量	通过政府数据开放平台数据集开放数量反映地区政府数据开放能力
	众创空间总收入	通过众创空间总收入反映地区创新创业主体活力及生存能力
	数字政务服务能力	通过政府网上政务服务的提供方式、服务事项、办事指南等方面表现反映各地网上政务服务能力水平
效能评估	"一网通办"服务事项覆盖率	通过"一网通办"服务事项覆盖率反映方便群众和企业办事审批服务事项网上办理水平
	互联网＋政务服务便利度	通过互联网＋政务服务便利度反映政务办理的便利和高效水平
	网上政务服务满意度	通过网上政务服务满意度反映网上政务改革应用给广大群众带来的数字红利获得感

301

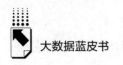

（三）治理科技指数测评重点

治理科技指数具体代表性指标的选取是以国家治理体系和治理能力现代化与科学技术融合应用发展相关评价指标体系为侧重，基于治理科技指数理论模型，在对治理科技发展及应用态势的再研究基础上，对治理科技指数测评重点进行适当调整。

制度保障指标重在从法规政策制定、标准研制和机构设置等方面测评治理科技应用的机制保障力度、政策支持力度、规则制定能力，反映治理主体对治理科技实施的重视程度。

发展环境指标重在通过各地区在治理现代化视域下高质量发展和高水平治理之间的关系、数字经济发展程度、治理主体整体素质，测评各地区治理科技实施的发展环境供给能力。

支撑能力指标重在通过技术创新能力、科技人才集聚能力、社会组织发展规模，反映各地区治理科技实施的可持续发展的内部支撑能力。

场景应用指标重在通过政府数据开放能力、创新创业主体活力及生存能力、政务数字化服务水平，反映各地区治理科技的发展应用水平及潜力。

效能评估指标通过政务服务事项网上办理水平、政务办理的便利和高效水平、网上政务改革应用给广大群众带来的获得感，反映治理科技促进数字红利普惠大众的实效性。

综上，治理科技的制度保障指标，是构建现代治理科技服务体系合法性的关键支撑，是政府保障治理服务主体责任的重要体现，是推进数字科技成果全民应用共享程度的重要表现；发展环境指标和支撑能力指标，是治理科技体系评估的基础性指标，旨在直观体现治理科技投入水平和产出水平；治理科技的场景应用指标，是对治理科技实施的外部支撑因素进行的综合性评估，重在体现治理现代化的创新成效、测评治理科技应用的发展潜力；治理科技的效能评估指标，是衡量地区实施治理科技的绩效和回应公众服务需求及时性的重要指标，意在体现地区治理能力。

四 治理科技演进方向及建议

数字技术的快速发展，使得数字化在国家治理能力建设中扮演的角色越来越重要，已成为提升国家现代化水平的基石，数字经济的蓬勃发展、数字化转型的加速推进，使得国家治理领域面临的问题和风险也日趋复杂，需要不断探索新思路、新方法、新途径、新手段，以应对新形势、新变化带来的新挑战、新任务。基于当前治理数字化转型发展态势及趋势研判、存在的问题，结合各地区治理科技应用实践，提出治理科技演进方向及建议。

（一）以数字信任关系为链接，打造治理数字化新基座

解决"信任赤字"所导致的一系列全球性治理难题，迫切需要建构一种新型社会信任关系，筑牢数字社会的信任基石，打造治理数字化转型新基座。数字货币、数字生活、数字生命、数字经济、数字社会正成为未来人类社会发展的一条主线，数字信任关系正是编织这条线的绳结，友好的数字信任关系需以人为本，重点围绕数据安全、网络空间安全，建立一种在不规则、不安全、不稳定的互联网中进行信息与价值传递交换的可信通道，开创一种在不可信、不可靠、不可控的竞争环境中以低成本建立信任的新型计算范式和协作模式，形成一种独有的信任建立机制，以实现穿透式监管和信任逐级传递，从而加快构建与治理数字化转型相适应的数字信任大安全格局。

（二）以数据价值再造为关键，激发治理数字化新动能

随着数字经济的蓬勃发展，数据从重要的战略资源升级为最具活力的生产要素，正全面激发价值创造乘数效应、不断培育数字化转型新动能。数据汇集和共享的质量直接决定治理数字化转型的效果，针对政府数据质量不佳、政务数据与社会数据融合度不高、数据主权保障能力不足等问题，应加快数据挖掘、数据共享、数据安全等关键技术研发，强化数据应用及治理的技术支撑，推进政务数据与社会数据融合共享，充分释放政府数据的社会化

价值，实施数据全生命周期管理，持续提升数据质量、引导数据有序流动、解构和重塑数字空间，促进治理模式变革和效能提升。

（三）以科技向善为价值引领，重建治理数字化新秩序

技术的红利效应、网络新经济的蓬勃发展，使得科技正在凸显向善的文化价值并成为社会各界的普遍愿景。科技向善的核心要义是良知之治，这正是阳明心学的灵魂和精髓，"全球良知"必将成为人类命运共同体的共同价值取向，但科技与"善"之间并不能简单等同，面对以网络化逻辑为特质的新一代信息技术，如何实现商业与善之间的平衡，成为当前科技向善面临的现实困境。市场、政府和公众等多主体的协同治理，需要协调短期利益与长期发展的关系，进一步加强合作、尊重差异，通过强化公众参与、培育公众的技术自觉，识别技术发展断点并锤炼价值，塑造正向的信息主义精神，打造科技向善的可行性路径，催生生产方式变革和新经济增长机遇，为人类社会可持续发展创造福祉。

（四）以创新制度供给为保障，筑牢治理数字化新防线

融合新业态新模式发展迅猛，广泛渗透至经济社会发展各领域、日常生活各方面，创新数字时代的制度供给已然成为社会关注的焦点、应对新一代信息技术所引发的标准缺失、解决伦理冲击和法律盲点等社会问题的有效举措。创新制度供给需基于包容审慎的治理思路，构建一套完善的法规制度体系，从源头上增强治理数字化转型的权威性和规范性，为治理数字化转型创造更加宽松、安全、有序的发展环境。治理数字化转型涉及多领域、多层次、多维度的制度安排，治理体系的制度革新，应以根本制度、基本制度、重要制度有机衔接为基础和前提，形成强大制度合力，从而将制度优势转化为治理效能。创新监管机制，适当降低政策性门槛，着力消除阻碍数字经济新模式新业态发展的行业性、地区性、经营性壁垒。立足治理数字化转型的关键领域、关键需求、关键环节，加快法规体系建设，推动数字化转型在良性轨道上进行。加快引导大数据基础共性标准、关键技术标准的研制及推

广，重点推进数据资源确权、数据融合应用、数据流通、数据安全等国家标准研制及推广，同步开展伦理道德等社会规则研究和风险防范干预，积极参与数据治理国际规则制定。

参考文献

《中华人民共和国国民经济和社会发展第十四个五年规划和 2035 年远景目标纲要》，http：//www. gov. cn/xinwen/2021 – 03/13/content_ 5592681. htm，2021 年 3 月 12 日。

连玉明主编《中国大数据发展报告 No. 4》，社会科学文献出版社，2020。

大数据战略重点实验室：《中国数谷》（第二版），机械工业出版社，2020。

大数据战略重点实验室：《主权区块链 1. 0：秩序互联网与人类命运共同体》，浙江大学出版社，2020。

李佩、王大同：《构建面向 2035 年科技治理与社会治理良性互动的创新体系》，《中国科技论坛》2020 年第 11 期。

孟天广：《政府数字化转型的要素、机制与路径——兼论"技术赋能"与"技术赋权"的双向驱动》，《治理研究》2021 年第 1 期。

张成岗、王宇航：《加快推动新兴科技与社会治理现代化深度融合》，《国家治理》2020 年第 44 期。

刘秀秀：《技术向善何以可能：机制、路径与探索》，《福建论坛》（人文社会科学版）2020 年第 8 期。

许晓东：《当前基层治理存在的突出问题与治理路径》，《国家治理》2020 年第 26 期。

彭波：《论数字领导力：数字科技时代的国家治理》，《人民论坛·学术前沿》2020 年第 15 期。

中国信息通信研究院：《全球数字治理白皮书（2020）》，http：//www. caict. ac. cn/kxyj/qwfb/bps/202012/t20201215_ 366184. htm，2020 年 12 月 15 日。

中国电子学会、中国数字经济百人会：《全球社会治理数字化转型趋势研判（2020年）》，http：//www. cbdio. com/BigData/2020 – 10/19/content_ 6160988. htm，2020 年 10 月 19 日。

靳诺：《把我国制度优势更好地转化为国家治理效能》，《人民日报》2021 年 1 月 13 日。

B.17
2020年中国治理科技指数分析报告

摘　要：　治理科技深度应用正加速推进治理体系和治理模式的变革与
创新。本报告基于优化调整后的治理科技指标体系，以公开
数据为基础，聚焦制度保障、发展环境、支撑能力、场景应
用、效能评估五个评价维度，对我国各地区治理科技发展应
用情况进行综合评估。结果表明，31个省区市呈阶梯分布特
征，北京、浙江、广东、江苏和上海构成治理科技发展第一
梯队；地区间初步形成京津冀、长三角、珠三角和川渝黔四
个集聚发展区；治理科技指数与地区经济发展水平呈现正相
关关系；五个分指数中效能评估和制度保障方面的整体得分
率较高。

关键词：　治理科技　治理能力　治理现代化　治理科技指数

治理科技是国家治理现代化建设的重要组成部分。本报告运用指标体系
衡量和评估国内各地区在推进治理体系和治理能力现代化中数字技术的治理
效能和应用能力，对促进地区治理现代化具有重大的现实意义。

一　总体情况评估

治理科技指数评估是依据国家官方数据和权威机构数据，聚焦治理科技
的制度保障、发展环境、支撑能力、场景应用和效能评估五大关键领域，构
建由5项一级指标、15项二级指标组成的治理科技指标体系，对全国31个

省（自治区、直辖市）治理科技的建设水平、层次、潜力和特点进行评估分析，得出全国各地区治理科技指数。

（一）北京、浙江、广东、江苏和上海构成治理科技发展第一梯队

2020年，治理科技指数的平均得分为36.5，较上年有所降低。从各地来看，北京得分处于全国领先位置，和浙江一起得分维持在70以上，远高于全国平均分。广东、江苏和上海得分在60~70，与北京和浙江一起构成治理科技发展的第一梯队。安徽、福建、山东、四川、贵州、河南和天津的得分超过了全国平均水平，与第一梯队存在一定差距，构成地区治理科技发展的第二梯队。31个地区中低于全国平均水平的有19个，其中云南、青海、甘肃、新疆和西藏的发展较为滞后，处于第四梯队，除此之外的14个地区构成了数量最多的第三梯队（见表1）。

表1 2020年中国治理科技指数分析结果

省份	总指数		制度保障指数		发展环境指数		支撑能力指数		场景应用指数		效能评估指数	
	得分	排名	得分	排名	得分	排名	得分	排名	得分	排名	得分	排名
北京	73.20	1	9.59	10	18.80	1	11.08	4	18.59	1	15.14	5
浙江	70.45	2	9.73	8	10.14	5	15.55	2	15.32	2	19.71	2
广东	67.73	3	9.52	13	10.73	4	14.57	3	13.10	3	19.80	1
江苏	63.91	4	9.59	10	11.21	3	18.76	1	8.97	5	15.38	4
上海	62.30	5	9.52	12	14.22	2	9.87	5	11.08	4	17.61	3
安徽	45.42	6	13.65	3	4.39	17	6.65	13	6.72	14	14.01	7
福建	44.98	7	8.98	16	7.78	7	6.61	14	8.07	8	13.54	8
山东	44.40	8	15.47	1	6.76	8	9.04	6	8.70	6	4.42	26
四川	42.61	9	10.76	5	5.29	11	5.33	20	8.66	7	12.56	9
贵州	41.88	10	14.29	2	2.63	26	2.33	29	7.61	9	15.03	6
河南	37.57	11	9.21	14	4.71	13	4.76	23	7.47	12	11.42	11
天津	37.45	12	8.72	19	8.13	6	6.79	10	6.08	19	7.73	16
重庆	35.98	13	9.71	9	5.72	10	6.42	15	6.24	17	7.90	15

续表

省份	总指数		制度保障指数		发展环境指数		支撑能力指数		场景应用指数		效能评估指数	
	得分	排名	得分	排名	得分	排名	得分	排名	得分	排名	得分	排名
河北	35.61	14	8.84	17	3.64	19	6.67	11	5.46	25	10.99	12
江西	35.57	15	10.24	6	4.01	18	7.00	9	7.58	10	6.74	20
湖北	35.42	16	1.79	26	6.12	9	7.66	7	7.43	13	12.42	10
内蒙古	33.18	17	10.04	7	4.97	12	5.14	21	5.87	21	7.15	18
广西	31.85	18	9.07	15	2.80	24	4.37	24	6.51	16	9.10	13
陕西	31.35	19	8.76	18	4.69	14	7.20	8	7.55	11	3.16	30
山西	30.74	20	11.91	4	3.25	22	3.62	26	6.09	18	5.87	23
辽宁	30.72	21	8.15	20	4.43	16	6.04	17	5.66	22	6.45	22
海南	28.79	22	7.50	23	3.34	20	4.99	22	5.90	20	7.05	19
湖南	28.56	23	2.73	24	4.51	15	6.67	11	6.63	15	8.02	14
黑龙江	23.53	24	7.88	21	2.57	27	3.55	27	5.00	29	4.53	25
吉林	23.34	25	7.58	22	2.36	28	3.91	25	5.32	26	4.18	27
宁夏	22.60	26	1.52	28	3.06	23	5.50	19	5.15	28	7.37	17
云南	19.71	27	1.75	27	2.77	25	3.11	28	5.56	24	6.52	21
青海	18.85	28	0.95	29	2.35	29	6.34	16	5.20	27	4.01	29
甘肃	17.56	29	2.18	25	1.89	30	5.78	18	5.64	23	2.08	31
新疆	10.66	30	0.52	30	3.29	21	1.80	30	0.11	31	4.93	24
西藏	5.53	31	0.49	31	0.84	31	0.00	31	0.15	30	4.06	28
平均值	36.50	—	7.76	—	5.53	—	6.68	—	7.21	—	9.32	—

（二）高 GDP 地区在治理科技发展中占据优势地位

各地区治理科技指数与相应地区 GDP 之间的相关系数 R 为 0.75，说明 GDP 与治理科技指数之间存在很强的相关性。从总体趋势看，GDP 高的地区治理科技指数相对较好，各地区治理科技指数与 GDP 分布趋势大体相同，但是，部分地区治理科技发展水平与经济规模存在明显差异（见图 1）。

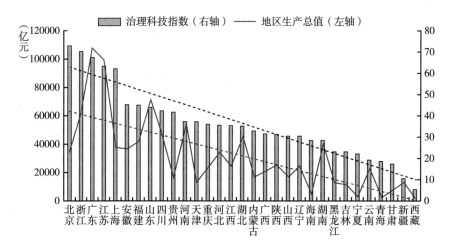

图1　各地区治理科技指数与地区生产总值

（三）初步形成治理科技发达的四大集聚区

从治理科技指数评估的结果看，各地区初步形成京津冀[①]、长三角[②]、珠三角和川渝黔四个集聚发展区。京津冀区域内，北京"一枝独秀"，指数位列全国第1，天津和河北的得分接近于全国平均值，发展水平处于中游水平，与北京的相互联系还需加强。长三角区域的浙江、江苏和上海均处于第一梯队，分列全国第2、第4、第5位，表现出齐头并进的高水平均衡发展格局。珠三角区域主要以广东为依托，治理科技指数得分位列全国第三，也处于较高的发展水平。中西部川渝黔发展聚集区包括四川、贵州、重庆3个地区，治理科技指数得分分别居全国第9、第10和第13位，成为我国治理科技发展的重要一极。

（四）效能评估和制度保障方面得分率较高

从5个一级指标的全国指数得分平均值来看，我国治理科技在制度保

---

①　京津冀区域包括北京、天津、河北三个地区。

②　长三角区域包括浙江、江苏、上海三个地区。

障、场景应用和效能评估方面发展比较平稳，各项指数的平均值分别为
7.76、7.21、9.32。而发展环境、支撑能力方面的指数分别是5.53、6.68，
与其他三个指标相比还有差距，说明治理科技在发展环境、支撑能力方面还
需要进一步加强（见图2）。

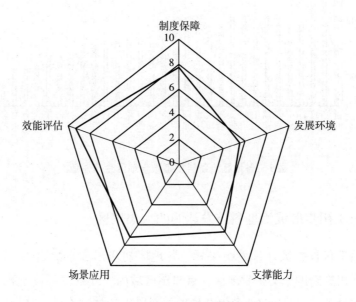

图2　一级指标指数平均值雷达图

从各项指数的得分率①来看，效能评估指数平均值为9.32，得分率为
46.60%，为最高。发展环境指数平均值为5.53，得分率为27.65%（见图3）。

二　区域发展情况分析

从四大区域治理科技指数平均值来看，东部地区治理科技指数优于其他
三个地区，平均值为52.88，紧随其后的是中部地区，治理科技指数平均值
为35.55，西部地区和东北地区治理科技水平较低，平均值分别为

————————

① 得分率＝平均值/权重，该指标衡量消除权重影响后的分指数发展情况。

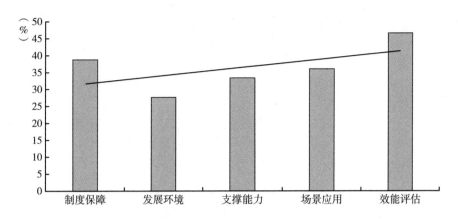

图3 各分指数得分率比较

25.98、25.87。

区域内治理科技发展差距明显，排名第一的北京得分 73.20，得分是排名最后的西藏的 13.24 倍。同时，得分排前十名的地区中，北京、浙江、广东、江苏、上海、福建、山东位于东部地区，中部地区和西部地区只有安徽、四川、贵州跻身前十，而东北地区排名最靠前的辽宁居第 21 名（见表 2）。

表2 分地区治理科技指数得分与排名情况

区域	地区	治理科技指数	地区排名
东部地区	北京	73.20	1
	浙江	70.45	2
	广东	67.73	3
	江苏	63.91	4
	上海	62.30	5
	福建	44.98	7
	山东	44.40	8
	天津	37.45	12
	河北	35.61	14
	海南	28.79	22
	平均值	52.88	—

区域	地区	治理科技指数	地区排名
中部地区	安徽	45.42	6
	河南	37.57	11
	江西	35.57	15
	湖北	35.42	16
	山西	30.74	20
	湖南	28.56	23
	平均值	35.55	—
西部地区	四川	42.61	9
	贵州	41.88	10
	重庆	35.98	13
	内蒙古	33.18	17
	广西	31.85	18
	陕西	31.35	19
	宁夏	22.60	26
	云南	19.71	27
	青海	18.85	28
	甘肃	17.56	29
	新疆	10.66	30
	西藏	5.53	31
	平均值	25.98	—
东北地区	辽宁	30.72	21
	黑龙江	23.53	24
	吉林	23.34	25
	平均值	25.87	—

（一）东部地区：总体发展水平最高

从总体上看，东部地区治理科技发展水平最高。东部地区治理科技指数平均值为52.88，比全国平均值36.50高出16.38。

东部地区具备良好的经济、科技发展基础，整体发展水平较高。其中，北京、浙江、广东、江苏、上海的指数得分分别为73.20、70.45、67.73、63.91、62.30，位列全国治理科技指数前5名，提升了东部地区整体的治理科技发展水平。北京、浙江、广东、江苏、上海等地区在发展环境、支撑能力、场景应用、效能评估四个分项指数得分均列前五，显示出强大的综合治理科技水平。

与上年的评价结果相比，2020年北京治理科技指数排名超越广东、上海、浙江，排名第一，在发展环境和场景应用指数上表现突出。除了制度保障指数得分约为10以外，其余四项指数均位列前五名。2020年以来，北京相继出台了《北京市促进数字经济创新发展行动纲要（2020～2022年)》《北京市关于打造数字贸易试验区的实施方案》《北京国际大数据交易所设立工作实施方案》等文件，围绕基础设施建设、数字产业化、产业数字化、数字化治理、数据价值化和数字贸易发展等方面谋篇布局，探索新模式新业态，有力提升了地区治理现代化等水平与能力。

东部地区中，河北、海南得分低于全国平均水平。河北治理科技指数得分为35.61，排名第14，在发展环境、支撑能力和场景应用指数得分方面处于全国中等偏下水平，海南治理科技指数得分仅为28.79，排名第22，五项指数得分均处于全国中等偏下水平。

（二）中部地区：安徽区域排名居首

从总体上看，中部地区治理科技发展水平与全国平均水平十分接近，处于中等水平。中部地区治理科技指数平均值为35.55，比全国平均值低0.95。安徽、河南得分高于全国平均值，得分最高的安徽比得分最低的湖南高出16.86。

安徽的治理科技指数得分排名第6位，处于中部地区的首位，也是全国范围内第二梯队的首位。河南在制度保障、场景应用和效能评估方面进步明显，由2019年的第19名跃升至2020年的第11名。剩余的江西、湖北、山西和湖南四省分别居全国第15、第16、第20和第23位，与中部地区前两名相比差距明显，发展提升空间较大。

从区域内比较来看，安徽得分较高，在制度保障和效能评估指数方面表现出色。近年来，安徽信息化建设取得长足进步，数字经济日趋活跃。《安

徽省信息化促进条例》《安徽省"十三五"信息化发展规划》等相继出台，初步形成法规、规划、政策联动的保障体系。

（三）西部地区：四川和贵州领衔区域治理科技发展

西部地区覆盖四川、贵州、重庆、内蒙古、广西、甘肃、云南、宁夏等12个地区。西部地区中，四川、贵州得分高于全国平均值，治理科技指数得分分别为42.61和41.88，位列全国第9、第10名，成为西部地区治理科技发展的"排头兵"。从总体上看，西部地区治理科技指数平均值为25.98，比全国平均值低10.52，西部地区治理科技发展水平与全国平均水平相差较大，处于落后状态。随着"一带一路"建设及"西部大开发"等国家战略的实施，西部地区后发势头迅猛，未来将在推动治理科技发展上加速追赶。

西部地区内部差距较大，西部地区处于领先地位的四川得分42.61，得分是排名最后的西藏的7.71倍。四川、贵州在区域内处于领先地位，且得分非常接近。地区发展差异化明显，西藏在制度保障、发展环境、支撑能力和应用场景方面得分均很低，需要借鉴东部地区发展经验，加快发展。

（四）东北地区：治理科技指数整体处于落后状态

东北地区包括辽宁、黑龙江与吉林三个地区。辽宁、黑龙江和吉林等3个省份得分均低于全国平均值，得分最高的辽宁比得分最低的吉林高出7.38。辽宁指数得分为30.72，处于第二梯队，全国排名第21位，居东北地区首位，而黑龙江、吉林的治理科技发展略显逊色，指数得分分别为23.53和23.34，排全国第24和第25名。从总体上看，东北地区治理科技发展水平与全国平均水平相差较大，东北地区治理科技指数平均值为25.87，比全国平均值低10.64，处于落后状态。

从区域内比较来看，辽宁得分较高，五项分指数上发展比较均衡，在发展环境和支撑能力方面处于全国前20位，黑龙江和吉林2个省份指数得分区间位于21～28，低于全国平均水平，处于第三梯队，域内发展相对均衡。东北地区中，治理科技得分最高的辽宁比吉林高出7.38，相比2019年的

3.59，差距呈现拉大趋势。

辽宁在发展环境、支撑能力和效能评估指数方面，相对黑龙江和吉林得分稍高，体现了经济和人才方面的优势。然而，东北地区整体面临的是市场化程度不高、国企活力不足、民营经济发展不充分，以及科技与经济发展融合不够等问题。

三 分指数评价结果

（一）制度保障指数评价结果

治理科技制度保障指标重在从法规政策制定、标准研制和机构设置等方面测评治理科技应用的机制保障力度、政策支持力度、规则制定能力，反映治理主体对治理科技实施的重视程度。治理科技制度保障指数由机构设置数量、出台政策数量、出台地方标准数量三个指标构成。加强制度建设是推动治理现代化进程的重要方面，近几年来，国家层面的制度建构已经建成体系。2015年8月印发的《促进大数据发展行动纲要》对大数据整体发展进行了顶层设计和统筹布局。2016年，"十三五"规划纲要正式提出"实施国家大数据战略"，国家大数据战略走向深化阶段。2017年10月，党的十九大报告提出推动大数据与实体经济深度融合，为大数据产业的未来发展指明方向。2020年4月，中共中央、国务院发布《关于构建更加完善的要素市场化配置体制机制的意见》，提出"加快培育数据要素市场"。围绕相关顶层设计，各地方在管理体制、政策颁布、标准制定等方面也不断发力。具体进展从制度保障指数的测评结果有所体现。2020年制度保障指数得分前十位地区中，东部地区的山东得分15.47，排名第一，浙江位列第8和北京、江苏并列第10；中部地区省份制度建设蓄势待发，安徽、山西、江西进入前10位；西部地区省份赶超势头强劲，贵州、四川、重庆3个地区入围。

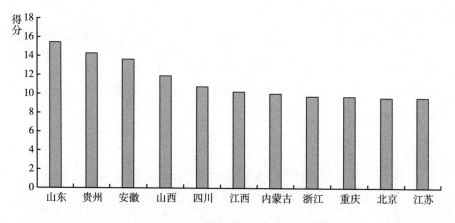

图4　制度保障指数得分前十位地区分布情况

（二）发展环境指数评价结果

治理科技发展环境指标基于各地区在治理现代化视域下高质量发展和高水平治理之间的关系、数字经济发展程度、治理主体整体素质，测评各地区治理科技实施的发展环境供给能力。治理科技发展环境指数由人均地区生产总值、数字经济发展指数、大专及以上人口占总人口比重三个指标构成，体现了各地区治理科技实施的发展环境供给能力。从三个指标呈现出的数据特征来看，治理科技发展环境指数与地区经济发展水平具有较强的相关性。发展环境指数得分排前6位的地区，人均地区生产总值也是居各地区前列。此外，数字经济发展情况与大专及以上人口占总人口比重等两项指标的相关关系依次递减。

表3　各地区发展环境指数得分与分指标情况

地区	发展环境指数	人均地区生产总值（元）	数字经济发展指数	大专及以上人口占总人口比重（%）
北京	18.80	164220	55.00	50.49
上海	14.22	157279	45.50	30.73
江苏	11.21	123607	52.20	17.56
广东	10.73	94172	65.30	14.39

续表

地区	发展环境指数	人均地区生产总值(元)	数字经济发展指数	大专及以上人口占总人口比重(%)
浙江	10.14	107624	51.50	16.45
天津	8.13	90371	24.90	28.87
福建	7.78	107139	38.60	11.21
山东	6.76	70653	42.80	13.40
湖北	6.12	77387	32.50	14.70
重庆	5.72	75828	28.80	15.42
四川	5.29	55774	35.60	14.14
内蒙古	4.97	67852	18.90	20.55
河南	4.71	56388	35.00	10.74
陕西	4.69	66649	26.30	13.71
湖南	4.51	57540	29.40	13.21
辽宁	4.43	57191	23.50	17.15
安徽	4.39	58496	29.30	12.20
江西	4.01	53164	28.50	12.14
河北	3.64	46348	29.40	11.32
海南	3.34	56507	17.80	14.70
新疆	3.29	54280	18.10	14.88
山西	3.25	45724	21.10	15.15
宁夏	3.06	54217	17.10	14.14
广西	2.80	42964	26.20	9.46
云南	2.77	47944	21.30	11.28
贵州	2.63	46433	24.70	8.32
黑龙江	2.57	36183	20.50	14.37
吉林	2.36	43475	17.40	12.94
青海	2.35	48981	13.80	13.75
甘肃	1.89	32995	19.30	11.93
西藏	0.84	48902	8.00	8.50

（三）支撑能力指数评价结果

治理科技支撑能力指标基于地区技术创新能力、科技人才集聚能力、社会组织发展规模，反映地区治理科技实施的可持续发展的内部支撑能力。治理科技支撑能力指数由国家级科技企业孵化器数量、高新技术企业从业人员占就业人口比重、每万人社会组织单位数三个指标构成。为激发基层创新活力，国务院先后发布《关于加快科技服务业发展的若干意见》《关于发展众创空间推进大众创新创业的指导意见》等政策文件，国家级科技企业孵化器已成为加快实施创新驱动发展战略、吸引高层次人才、孵化高科技企业、培育新兴产业的重要载体。

从支撑能力排前10名的地区来看，我国治理科技支撑能力指数呈现明显的阶梯差异，发展水平由东部沿海向西部腹地逐渐降低。支撑能力指数前六强全部集中在东部地区。湖北、江西得分分别为7.66、7.00，位列全国第7、第9位，陕西得分7.20，列全国第8位，成为西部地区唯一闯入前10强的省份（见表4）。

表4　各地区支撑能力指数得分与分指标情况

地区	支撑能力指数	国家级科技企业孵化器数量（个）	高新技术企业从业人员占就业人口比重(%)	每万人社会组织单位数(个)
江苏	18.76	201	28.60	12.02
浙江	15.55	82	32.59	11.84
广东	14.57	150	34.28	6.15
北京	11.08	61	32.42	5.97
上海	9.87	55	24.92	6.95
山东	9.04	96	18.90	5.56
湖北	7.66	53	20.11	5.24
陕西	7.20	33	13.34	7.88
江西	7.00	21	20.90	5.60
天津	6.79	33	23.94	3.59
河北	6.67	33	22.36	3.95
湖南	6.67	24	19.72	5.33
安徽	6.65	32	19.14	5.08
福建	6.61	15	13.11	7.98
重庆	6.42	19	18.50	5.62
青海	6.34	6	7.36	10.01
辽宁	6.04	30	14.84	5.69

地区	支撑能力指数	国家级科技企业孵化器数量（个）	高新技术企业从业人员占就业人口比重（%）	每万人社会组织单位数（个）
甘肃	5.78	10	6.19	9.31
宁夏	5.50	4	7.47	8.75
四川	5.33	34	11.95	5.37
内蒙古	5.14	12	10.60	6.69
海南	4.99	2	6.63	8.35
河南	4.76	44	10.13	4.57
广西	4.37	15	10.15	5.47
吉林	3.91	22	8.36	4.99
山西	3.62	14	9.61	4.53
黑龙江	3.55	19	6.40	5.26
云南	3.11	13	6.46	4.87
贵州	2.33	8	6.73	3.80
新疆	1.80	9	5.00	3.50
西藏	0.00	1	3.75	1.53

（四）场景应用指数评价结果

治理科技场景应用指标基于政府数据开放能力、创新创业主体活力及生存能力、政务数字化服务水平，反映各地区治理科技的发展应用水平及潜力。治理科技场景应用指数由政府数据集开放数量、众创空间总收入、数字政务服务能力三个指标构成。2015年9月，国务院发布了《促进大数据发展行动纲要》，首次在国家层面提出了"公共数据资源开放"的概念，将政府数据开放列为中国大数据发展的十大关键工程，自此开放数据在中国进入了主流舆论的队列。

表5　各地区场景应用指数得分与分指标情况

地区	场景应用指数	政府数据集开放数量（个）	众创空间总收入（元）	数字政务服务能力
北京	18.59	8181	4686365	62.5
浙江	15.32	10070	1476046	62.9
广东	13.10	5134	2161010	63.5

续表

地区	场景应用指数	政府数据集 开放数量(个)	众创空间总收入 (元)	数字政务 服务能力
上海	11.08	5143	827524	62.4
江苏	8.97	0	1747666	62.3
山东	8.70	904	1096622	62.8
四川	8.66	2529	373688	62.1
福建	8.07	702	659761	63.8
贵州	7.61	1432	154671	62.0
江西	7.58	60	831010	61.3
陕西	7.55	137	1145816	56.9
河南	7.47	806	432854	61.0
湖北	7.43	1	809426	60.6
安徽	6.72	0	322015	60.5
湖南	6.63	0	373940	59.1
广西	6.51	0	116831	61.2
重庆	6.24	0	416279	55.4
山西	6.09	0	460106	53.7
天津	6.08	929	266513	50.8
海南	5.90	3	34439	57.1
内蒙古	5.87	0	212454	54.8
辽宁	5.66	0	426464	50.5
甘肃	5.64	0	329508	51.5
云南	5.56	0	229518	52.0
河北	5.46	0	348755	49.8
吉林	5.32	0	217863	50.2
青海	5.20	0	55789	51.1
宁夏	5.15	0	4840	51.3
黑龙江	5.00	0	44761	49.6
西藏	0.15	0	2000	10.1
新疆	0.11	0	82801	8.9

（五）效能评估指数评价结果

治理科技效能评估指标基于政务服务事项网上办理水平、政务办理的便利和高效水平、网上政务改革应用给广大群众带来的获得感，反映治理科技促进数字红利普惠大众的实效性。治理科技效能评估指数由"一网通办"服务事项覆盖率、互联网＋政务服务便利度、网上政务服务满意度三个指标构成。党的十九届四中全会提出，创新行政管理和服务方式，加快推进全国一体化政务服务平台建设。党的十九届四中全会从推进国家治理体系和治理能力现代化的战略高度，把推进全国一体化政务服务平台建设作为完善国家行政体制、创新行政管理和服务方式的关键举措，为加快推进全国一体化政务服务平台建设指明了方向，也提出了更高的要求。以全国一体化政务服务平台建设为抓手，推进数字政府建设，已经成为新时代全面深化改革、推进国家治理体系和治理能力现代化的必然要求。从测评结果来看，广东、浙江、上海等12个地区效能评估指数处于领先水平，广东效能评估指数得分最高，为19.80，排名第1（见表6）。

表6　各地区效能评估指数得分和分指标情况

地区	效能评估指数	"一网通办"服务事项覆盖率	互联网＋政务服务便利度	网上政务服务满意度
广东	19.80	96.19	95.97	98.09
浙江	19.71	96.98	95.46	97.23
上海	17.61	95.61	89.83	95.17
江苏	15.38	90.70	87.89	92.43
北京	15.14	90.61	90.38	88.33
贵州	15.03	90.58	88.51	90.04
安徽	14.01	91.89	86.06	86.26
福建	13.54	90.80	85.51	85.92
四川	12.56	89.92	84.33	83.52
湖北	12.42	89.78	87.86	78.75
河南	11.42	91.28	81.52	79.45
河北	10.99	88.26	84.62	77.36
广西	9.10	90.62	78.26	72.54
湖南	8.02	83.71	78.13	75.86
重庆	7.90	85.97	75.15	76.03
天津	7.73	85.89	75.05	75.41
宁夏	7.37	85.72	75.07	73.78
内蒙古	7.15	86.48	72.65	74.67

续表

地区	效能评估指数	"一网通办"服务 事项覆盖率	互联网＋政务 服务便利度	网上政务 服务满意度
海南	7.05	82.10	77.93	73.25
江西	6.74	82.72	80.80	67.47
云南	6.52	82.95	75.12	72.92
辽宁	6.45	82.58	78.66	68.78
山西	5.87	84.47	75.30	67.54
新疆	4.93	84.90	71.01	67.45
黑龙江	4.53	76.07	76.41	69.90
山东	4.42	75.74	74.90	71.61
吉林	4.18	77.23	75.48	67.85
西藏	4.06	82.92	68.12	69.03
青海	4.01	77.13	71.41	72.00
陕西	3.16	81.54	69.42	64.64
甘肃	2.08	70.03	74.60	67.30

四 对策建议

（一）发挥集聚区差异化溢出效应，加速数字红利惠及周边地区

我国治理科技发展已初步形成京津冀、长三角、珠三角和川渝黔发展集聚区，并且各区域呈现不同的集聚特征。京津冀区域内仍然存在发展的相对落差，北京、天津和河北各自分布在治理科技发展的三个梯队，如何发挥好区域内部的协同作用，同时进一步向区域外部辐射带动，是需要重点关注的问题。长三角区域的浙江、江苏、上海和珠三角区域的广东，治理科技的发展水平整体较高，应强化对周边地区的溢出效应。川渝黔由于近年来相关领域先发优势的积累，在西部地区领先态势明显，为全国整体布局中的重要增长极之一，但与东部发达地区相比还存在一定的差距，其自身的发展问题应该处于更优先的位置。

（二）加快数据要素开发利用，强化场景应用的拓展与创新

随着数字政府建设的推进，融合创新应用不断涌现，治理科技取得了阶段性成果。数据成为重要的生产要素，为治理科技向纵深发展提供了有力支撑。加快数据要素的开发利用，要强化以下四个方面举措：一是要持续开展数据权属基础理论研究；二是要深化政府数据共享，建立国家基础公共信息数据资源池，明确对外开放标准和规范，有序推动公共数据开放与增值化开发利用；三是要加快培育数据要素市场，建立数据资源产权、交易流通、跨境传输和安全保护等基础制度和标准规范，推动数据资源开发利用；四是要夯实数据产业基础，支持数据收集、传输、存储、处理、应用各环节核心技术研发，支持数据"安全、可信"流通。

（三）强化用户满意度导向，推进政府治理效能建设

面对复杂的国内外经济发展环境，我国传统意义上的营商成本优势已经不再明显，迫切需要通过制度创新，尤其是政府管理与政务服务方面的创新，进一步优化营商环境，在国际竞争的新形势下构建新的制度优势，实现质量变革、效率变革与动力变革。百姓的痛点就是改革的着力点，要进一步以市场主体感受和诉求为导向，从群众反映强烈的办事"环节多、跑动多、收费多、材料多"问题着手，降低制度性交易成本，不断提升政务服务的效率和水平，有效提升政府治理效能。

参考文献

连玉明主编《中国大数据发展报告 No.1》，社会科学文献出版社，2017。
连玉明主编《中国大数据发展报告 No.4》，社会科学文献出版社，2020。

B.18
数字抗疫的应用创新与地方实践

摘　要：　在世纪大疫情与百年大变局相互交织的背景下，数字化扮演着越来越重要的角色。习近平总书记在全国抗击新冠肺炎疫情表彰大会上强调，"科学技术创新是战胜灾疫的决定性力量"。本报告以案例研究为主线，重点介绍贵州、江西、天津等省市在数字抗疫领域的应用创新与实践，分析数字抗疫面临的困境并提出对策建议，为推动数字抗疫和治理科技数字化、网络化、智能化转型提供理论参考与经验借鉴。

关键词：　数字抗疫　数字化治理　应用创新　地方实践

新冠肺炎疫情是第二次世界大战结束以来经历的影响范围最广、防控难度最大、经济损失最重的全球突发公共卫生事件。习近平总书记在全国抗击新冠肺炎疫情表彰大会上指出，要充分发挥大数据、人工智能、云计算等数字技术在疫情监测分析、病毒溯源、防控救治、资源调配等方面的重要作用。全国各地积极发挥政策优势与技术优势，探寻数字治理新密码，积极推进数字化疫情防控，为数字化治理提供了地方战法和地方样本。

一　疫情防控中的科技力量

（一）数字抗疫重塑人类与病毒的关系

人类社会发展史也是一部人类和疫病斗争的历史，人类同病毒较量最有力的武器就是科学技术。1918 年，美国暴发基于 H1N1 病毒的大流感，致使全球三分之一的人口被感染。那时疫苗、抗生素等药物尚未发明，人类只能依靠简单治疗与人体自愈。一百多年后，新冠肺炎病毒侵袭人类并很可能与人类长期共存。世卫组织官网数据显示，截至 2020 年 12 月 31 日，全球新冠肺炎累计确诊人数超 8000 多万例，死亡病例达到 170 多万例。① 面对百年未有之大疫情，人类没有百年前的慌张，反而通过数字化文档、数学模型、接触者追踪、远程医疗等数字技术为人类抗疫防疫革新赋能。面对新病毒、新疫情、新挑战，利用数字力量、发挥技术能量、笃信科技向善，是人类可依靠和信赖的抗疫良方。

（二）数字抗疫成为全球抗疫的新动力

数字技术是克服全球政治分歧、经济差异、地理距离的有效手段。在全球疫情形势严峻的背景下，数字化手段在全球抗疫中发挥了独特作用。在应对疫情期间，数字化增强了经济社会应对风险的"免疫力"，数字技术为疫情防控在态势研判、信息共享、流行病学分析等方面提供了强大的动力支撑。数字技术助力全球科技抗疫，不仅让全球紧密相连，也为全球经济复苏注入强大动力，造福和创造人类社会的崭新未来。

（三）数字抗疫引领社会治理创新发展

以大数据、物联网、人工智能、区块链为代表的新一代信息数字技术正在以前所未有的速度、深度和广度影响着人类的生产、生活、生存方式，从内涵、体系、方式及能力等方面开辟了社会治理的新空间。在抗击疫情的过程中，以多元治理主体通过跨部门协同对海量疫情数据信息进行深入挖掘与分析汇总，形成集数据收集、数据分析、数据监测和数据评估等为一体的全员、全时、全息的数字治理新图景，倒逼社会治

---

① 中新社：《世卫组织通报新冠病毒变异情况　全球新冠死亡人数超 180 万》，https：//www.chinanews.com/gj/2021/01－01/9376588.shtml，2021 年 1 月 1 日。

理主体基于数据事实进行循证决策。"传统科层管理模式演化为多方参与的、动态精准化的数字化治理，通过'数据流'牵引带动真实世界中'人流''物流''商流'的复苏与回归"[1]，以数字化防疫经验助推基层社会治理创新发展。

二 数字抗疫的政策与举措

（一）非典对数字化疫情防控的启示

2003年的非典疫情，曾给我国公共卫生系统带来巨大冲击，痛定思痛，一场全面启动信息技术应用的浪潮在国内兴起，公共卫生系统信息化转型加速……人们对信息技术有了更深的认识。2008年3月，中国疾病预防控制中心在全国启动了国家传染病自动预警系统试运行工作，以提高全国各级疾病预防控制机构在新发传染病方面的发现与识别能力。国家疾控中心官网的刊文显示，我国是世界上成功建立传染病系统并有效服务于传染病防控工作的少数国家之一，传染病预警技术研究达到国际先进水平。然而，后非典时期建立的传染病网络直报系统、智慧城市信息化系统等数字化平台预警失灵，在新冠肺炎疫情防控初期并未得到有效发挥。这种失灵也充分暴露了传染病监控系统的缺陷与不足，缺乏识别新发传染病能力和早期预警的技术支撑，缺乏先进科技手段实现社区网格化数据治理。

（二）抗击新冠肺炎不同阶段数字抗疫政策的发展

数字抗疫政策在不同发展阶段的发布机构、政策特色、重点内容各不相同（见表1）。第一阶段是疫情暴发初期应用。国家卫健委、网信办探索

---

① 腾讯研究院：《规则的激荡与新生——2020年数据治理年度报告》，https：//www.tisi.org/17755，2021年3月2日。

利用数字化技术支持抗疫。2020 年 1 月，国家卫健委发布《新型冠状病毒感染的肺炎防控方案》（第二版）等政策文件，就监测方案、调查方案中的信息化病例报告作出明确要求与规定，促进数字抗疫政策由中央向地方推广与扩散。第二阶段是疫情发展多元应用。国务院应对新冠肺炎疫情联防联控机制综合组和国家卫健委等政策制定主体密集发布多项通知，就数字技术推动线上医疗服务、强化社区防控、增强数据沟通作出重要指示与安排，强调数字技术对科技抗疫、数字抗疫、综合抗疫的推动作用。第三阶段是常态防控制度规范。国家卫健委等部门相继发布《关于做好公立医疗机构"互联网＋医疗服务"项目技术规范及财务管理工作的通知》等文件，逐步厘清数字技术与疫情防控的关系，着力规范数字技术应用与新型医疗服务制度。

表 1　中国利用数字技术抗击新冠肺炎疫情的相关政策

政策阶段	发布日期	政策文件	发布机构	政策特色	重点内容
第一阶段疫情暴发初期应用	2020 年 1 月 22 日	新型冠状病毒感染的肺炎防控方案（第二版）	国家卫健委	技术探索	对病例发现与报告、流行病学调查的使用建议
	2020 年 2 月 3 日	关于加强信息化支撑新型冠状病毒感染的肺炎疫情防控工作的通知			要求强化数据采集分析应用、开展远程医疗服务、深化"互联网＋"政务服务、加强基础和安全保障
	2020 年 2 月 7 日	关于在疫情防控中做好互联网诊疗咨询工作的通知			要求科学组织、有效开展、监督监管互联网诊疗咨询服务工作
	2020 年 2 月 4 日	关于做好个人信息保护利用大数据支撑联防联控工作的通知	网信办		要求收集联防联控所必需的个人信息所参照的标准，要求采取严格的管理和技术防护措施保护个人信息安全，鼓励利用大数据分析重点人群流动情况

续表

政策阶段	发布日期	政策文件	发布机构	政策特色	重点内容
第二阶段疫情发展多元应用	2020 年 2 月 18 日	关于运用新一代信息技术支撑服务疫情防控和复工复产工作的通知	工信部	全面防控	要求运用互联网、大数据、云计算等新一代信息技术全面支持疫情科学防控、复工复产和服务保障
	2020 年 2 月 14 日	关于做好疫情防控期间信息通信行业网络安全保障工作的通知		数据沟通	要求保障重点地区重点用户网络系统安全,加强信息安全和网络数据保护,强化责任落实和工作协同
	2020 年 3 月 24 日	工业和信息化部关于推动 5G 加快发展的通知			要求从 5G 网络部署、应用场景、研发力度、安全保障体系等方面推进 5G 加快发展
	2020 年 2 月 21 日	关于在国家远程医疗与互联网医学中心开展新冠肺炎重症危重症患者国家级远程会诊工作的通知	国家卫健委		明确会诊平台组成和操作流程、硬件条件要求、会诊组织实施
	2020 年 2 月 26 日	关于开展线上服务进一步加强湖北疫情防控的通知		医疗服务	要求加强远程医疗服务、推进人工智能服务、提升中医诊疗服务、开展心理援助服务、规范网上诊疗服务、拓展对口支援服务、强化技术保障服务
	2020 年 2 月 28 日	关于推进新冠肺炎疫情防控期间开展"互联网 +"医保服务的指导意见	国务院应对新冠肺炎疫情联防联控机制综合组		要求将符合条件的"互联网 +"医疗服务费用纳入医保支付范围,完善经办服务,提升信息化水平
	2020 年 3 月 13 日	国家卫健委办公厅关于印发新冠肺炎出院患者健康管理方案(试行)的通知			要求医疗机构加强与出院患者信息沟通,应用信息技术平台为出院患者提供健康管理服务

续表

政策阶段	发布日期	政策文件	发布机构	政策特色	重点内容
第二阶段 疫情发展 多元应用	2020 年 4 月 10 日	关于进一步巩固成果提高医疗机构新冠肺炎防控和救治能力的通知	国务院应对新冠肺炎疫情联防联控机制综合组、国家卫健委	医疗服务	要求支持医疗机构信息化建设,推进信息共享,利用"互联网+医疗"优势提供线上健康评估等服务
	2020 年 3 月 2 日	新冠肺炎疫情社区防控工作信息化建设和应用指引	民政部、网信办、工信部、国家卫健委	社区防控	指导社会组织使用部分社区防控信息化产品
	2020 年 4 月 14 日	新冠肺炎疫情社区防控与服务工作精准化精细化指导方案	民政部、国家卫健委		要求低、中、高风险地区依托社区防控产品移动客户端等加强信息化建设应用
第三阶段 常态防控 制度规范	2020 年 5 月 7 日	关于做好新冠肺炎疫情常态化防控工作的指导意见	国务院应对新冠肺炎疫情联防联控机制综合组	常态防控	要求发挥大数据作用,依托全国一体化政务服务平台,推进人员安全有序流动
	2020 年 5 月 8 日	关于做好公立医疗机构"互联网+医疗服务"项目技术规范及财务管理工作的通知	国家卫健委、国家中医药管理局	制度规范	要求规范项目收费项目等相关管理工作,明确会计核算及财务管理,统一医疗服务工作量统计口径,明确规定技术规范
	2020 年 5 月 21 日	关于进一步完善预约诊疗制度加强智慧医疗医院建设的通知	国家卫健委		要求总结新冠肺炎疫情期间开展互联网诊疗、建设互联网医院、运用远程医疗服务的有益经验

资料来源:洛克菲勒基金会、ACCESS Health International《通过将数字技术应用到公共卫生来应对新型冠状病毒(新冠肺炎)大流行:将中国的经验传递给世界》,2020 年 8 月。

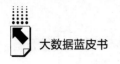

（三）国家数字抗疫政策的影响

新冠肺炎疫情期间，国家出台的互联网医疗医保支付等系列数字抗疫政策，由中央制定向地方推广应用的政策扩散路径，强化了数字技术的基础性支撑作用，为社会提供更加集成、互动、开放的政务服务。2020年2月，国家医保局和国家卫健委联合发布《关于推进新冠肺炎疫情防控期间开展"互联网＋"医保服务的指导意见》（以下简称《意见》），首次对"互联网＋"医保服务的支付范围、基金监管等予以明确规定。《意见》发布后，各地区迅速响应，逐步出台将互联网诊疗纳入医保支付范围的政策文件（见表2）。由于各地区医疗数字化水平不同，在牵头单位、主要内容、政策亮点等方面具有一定差异性。上海、重庆、山西等省市由省级医疗保障局统一领导与规划，浙江、湖北、贵州等省市由市级医疗保障局牵头，北京和天津由定点医院自愿提交申请。各地区在国家数字抗疫政策的引领下，因地制宜开展数字化医疗服务，实现了线上线下医疗资源的深度整合。

表2　部分省市互联网医疗医保支付政策

地区	发布日期	政策文件	发布机构	主要内容	政策亮点
北京	2020年2月24日	关于制定互联网复诊项目价格和医保支付政策的通知	医疗保障局	明确制定互联网复诊项目及价格、支付标准、支付范围	明确价格
	2020年3月2日	关于开展"互联网＋"医保服务的通知		要求与符合条件的定点医疗机构签订补充协议，对"互联网＋"医保服务进行实时结算，加强信息系统运行维护工作以及"互联网＋"医保服务的基金监管	实时结算

续表

地区	发布日期	政策文件	发布机构	主要内容	政策亮点
广东	2020年2月27日	关于积极做好新冠肺炎疫情防控医疗服务价格管理工作的通知	医疗保障局	要求理顺线上线下医疗服务价格，网上就诊查费统一按各地市相应医院等级的线下普通门诊诊查费标准收费	统一标准
湖北	2020年3月2日	关于完善"互联网+"医疗服务价格和医保支付政策的实施意见	医疗保障局	明确"互联网+"医疗服务价格项目管理、医疗服务价格管理、医保支付政策	价格管理
山东	2020年3月6日	关于新冠肺炎疫情防控期间积极推进"互联网+"医保服务的通知	医疗保障局、卫生健康委员会	明确规定"互联网+"医疗服务医保支付范围、医疗服务价格、医保支付标准、医保结算服务、医保基金监管和保障措施	支付标准
山东	2020年9月17日	关于加强医疗保障支持中医药发展的若干措施	医疗保障局	支持"互联网+中医药"健康发展，设立中医类"互联网+"医疗服务价格项目，将符合规定的纳入医保基金支付范围	服务模式
湖南	2020年6月19日	关于完善"互联网+"医疗服务价格和医保支付政策的实施意见	医疗保障局	制定价格管理政策、医保支付政策，明确纳入互联网+医疗服务价格项目必须同时符合的5个基本条件、基本原则，针对各类服务特点细化价格行为规范	价格监测
福建	2020年7月29日	关于做好2020年城乡居民基本医疗保障工作的通知	医疗保障局、财政厅、税务局	要求简化异地就医登记备案，促进"互联网+"医疗服务价格和医保支付政策落地	程序简化

续表

地区	发布日期	政策文件	发布机构	主要内容	政策亮点
山西	2020 年 8 月 4 日	关于做好 2020 年城乡居民基本医疗保障工作的通知	医保局、财政厅、税务局	要求落实贫困人口省内转诊就医享受本地待遇政策,促进"互联网＋"医疗服务价格和医保支付政策落地	转诊服务
天津	2020 年 9 月 25 日	天津市"互联网＋"医疗服务医保支付管理办法(试行)	医疗保障局	明确设立"互联网＋"医疗服务价格项目应符合的基本条件,规定医保联网结算、协议管理、审核结算、基金监管等	结算监管
云南	2020 年 10 月 31 日	关于深化医疗保障制度改革的实施意见	省委、省人民政府	要求规范"互联网＋"医疗服务项目价格管理,支持和规范"互联网＋医疗"等新服务模式发展,积极推进"互联网＋医保"服务	规范服务
重庆	2020 年 12 月 4 日	关于公布重庆市第一批"互联网＋"医疗服务项目价格和医保支付政策的通知	医疗保障局	明确规定价格政策与医保政策,要求批准的医疗机构执行本次制定的 9 个"互联网＋"医疗服务价格项目,列出项目价格表	价格项目
内蒙古	2020 年 12 月 11 日	关于完善"互联网＋"医疗服务价格和医保支付政策的实施意见(征求意见稿)	医疗保障局	要求未经批准不得向患者收费,设立五大准入门槛,将定点医疗机构提供的"互联网＋"医疗服务纳入医保支付范围	收费程序

续表

地区	发布日期	政策文件	发布机构	主要内容	政策亮点
四川	2020 年 12 月 11 日	关于完善我省"互联网+"医疗服务价格和医保支付政策的实施意见	医疗保障局	明确价格项目管理、价格管理、医保政策和保障措施	管理措施
浙江	2020 年 12 月 28 日	关于加快推进"互联网+医保"发展促进医保数字化转型的意见	医疗保障局	要求构筑"互联网+"医药服务新业态,加强"互联网+"医保支付管理,创新"互联网+"医保数据开放应用	数据开放
	2020 年 12 月 31 日	关于完善"互联网+"医疗服务价格和医保支付政策的通知		明确规定"互联网+"医疗服务的项目管理、准入条件、价格管理、医保支付、协议管理和监督管理	监督管理

资料来源:根据网络公开信息整理。

三 数字抗疫的探索与实践

新冠肺炎疫情是对我国治理体系和治理能力的一次大考,全国各地区利用数字技术为疫情防控交出了一份满意答卷。以贵州、江西、天津、杭州、安徽铜陵为代表的地方经验与技术创新,或得到中央和有关部委的肯定推广,或入选数字化抗疫优秀案例,为全国数字抗疫提供了丰富的经验样本。

(一)贵州省:"精准抗疫"筑牢防疫抗疫安全网

贵州省利用大数据、云计算、人工智能等新一代信息手段,充分发挥大数据先发优势,畅通数据通道,加快技术研发攻关,助牢防疫抗疫安全网。一是充分利用数字化技术,实现流动人员信息的精准管理、疫情风险预警的精准筛查、医疗物资发放的精准管理、疫情信息监督的精准举报、领导智能分析的精准决策。二是持续加大政务数据共享交换调度力度。贵州省数据共享交换平台打通了省、市（州）的数据共享交换通道，创新数据共享方式，使用国家疫情数据接口保障数字化疫情防控。健全线上线下相融合、上下级相联动的政务服务通道，打造新型数字化"防疫系统"。三是远程医疗方便居民就医。构建"一网络、一平台、一枢纽"远程医疗体系，实现省、市、县、乡四级全覆盖。"朗玛信息"依托大数据、互联网输出云抗疫服务，集结全国医疗专家资源为患者提供免费一对一问诊，为防疫医生护士提供心理疏导咨询服务。贵州依靠大数据等数字技术拓展疫情防控的"广度"，提高疫情防控的"效度"，人性化服务创造疫情防控的"温度"，得到多位全国人大代表、政协委员的点赞，向日本、韩国、摩洛哥等国输送抗疫防控救治经验，数字化抗疫的"贵州路径"实现疫情防控与经济社会发展的双胜利。

（二）江西省："赣服通"助力复工复产掌上办

江西联合支付宝、阿里云推出的"赣服通"平台成为此次"战疫"的"黑马"，为江西省防疫抗疫和复工复产提供了"数字"利器。"赣服通"是全国少数覆盖省市县三级，依托政务服务网和电子移动客户端开发建设的数字化政务服务平台。一是保障防疫物资及时供给，解决企业找材料、找物资、找员工需求。平台包括企业生产信息上报、员工健康信息采集以及防疫物资需求调查等模块，为防疫物资需求、人员健康情况提供及时、精准、高效的数据支持。二是创新优化功能，解决企业找政策、找资金、找项目需求。通过数据信息"掌上查"、企业事项"掌上办"、复工政策"掌上兑"等数字化业务，开发企业复工备案、招商引资和招聘求职等20余项线上相关服务，实现掌上查询政策与兑现政策一体化。三是全面推广使用"赣通码"，推进复工复产有序流动。实现"赣通码"动态管理，全国联网共享互认。"赣服通"利用数字化创新思维，推进省市县一体化部署，有效化解政务服务碎片化，成为全国可推广、可借鉴、可复制的数字化抗疫经验。"赣服通"不仅作为国务院第六次督查发现的典型经验做法被国务院办公厅在全国表扬，还被国务院办公厅政府职能转变办公室列入《深化"放管服"改革优化营商环境典型经验100例》，并得到中组部的肯定。

（三）天津市："微医模式"让互联网医院走向日常

天津微医互联网医院依托信息化手段，将线上医院与线下医院紧密结合，推动医疗服务向远程高效、专业便捷、精准服务方向发展。一是开展"互联网＋"医疗咨询服务。充分发挥远程医疗在慢性病防治、健康管理复诊等方面的优势，降低面对面交叉感染风险。上线心理援助专区，用专业精准的服务抚慰群众焦虑情绪。天津微医互联网医院联合全国多个团队，提供心理自测预判、咨询专家等心理服务。二是保障紧缺医疗物资，对接助力后勤保障。天津全市医师通过"微医模式"，为全国提供不限次数、全部免费的健康问诊咨询服务。微医互联网医院与门户团队，联合发起"抗击疫情紧缺物资平价供应行动"，整合医疗救护资源，优化防控物资保障。三是打造中医药抗疫平台，算法算力辅助疾病诊治。微医平台设有中医体质辨识、中医药防治处方两个模块，帮助网友选择合适的治疗方法与处方。"微医模式"以其专业、高效、便捷，促进互联网医院逐渐成为一种便民日常的问诊方式。国家卫健委专门发函向全国推广天津"微医模式"，有效缓解新冠肺炎疫情期间的医院救治压力、群众心理压力、社会运行压力，充分释放互联网治理科技的裂变效应，为全国抗击疫情开辟"第二战场"。

（四）杭州市："一码通行"持续迭代升级

疫情暴发以来，杭州在全国范围内率先启动了多项高科技、数字化、智能化防疫措施，以硬核"战役"手段，让健康码等数字化治理方法逐步成为各地标配，提高数字化能力建设成为全国共识。"健康码"是基于大数据信息技术，对人员进行高度精准、实时更新的动态校验的自动化、动态化、智慧化的"数字凭证"，在开发、成熟与升级过程中持续迭代升级（见表3）。一是创新萌发阶段。2月4日，余杭区"三色健康码"在全国首发，通过数字化技术取代传统层级审核管理的纸质证明，旨在应对疫情防控初期的人员防疫管理需要，并为复工复产创造有序的公共出行条件。二是成熟扩散阶段。2月12日，浙江省政府宣布在全省推行健康码，实现由区级"健康码"向市级"健康码"的更新完善。三是定位升级阶段。3月2日，支付宝小程序上线全国一体化健康码，标志着"健康码"正式从余杭区走向全国，满足"全国一盘棋"的疫情防控需要。随着"健康码"系统、技术手段和应用程序的更新演进，其功能定位也逐渐由助力疫情防控的"健康码"升级为数字化的身份码，各地相继建立健全以浙江"健康码"为基础的数字化健康监测互认机制和规则。2020年11月，习近平主席在二十国集团领导人第五十次峰会上提出，希望更多国家参与建立基于核酸检测结果的健康码国际互认机制。余杭"健康码"在经历数次迭代升级后，有望发展为"国际通行二维码"，为全球数字抗疫贡献中国智慧、中国经验、中国处方。

表3　"健康码"迭代升级的三个阶段

发展阶段	第一阶段 创新萌发	第二阶段 成熟扩散	第三阶段 定位升级
名称演变	余杭区"健康码"	杭州市"健康码"	浙江省"健康码"
覆盖范围	浙江余杭区	浙江省全覆盖	全国推广应用
形成标志	2月4日，余杭区数据资源管理局牵头组建开发团队；2月5日凌晨，形成具备初步审核功能的"余杭绿码"	2月12日，浙江省举行"新冠肺炎疫情防控工作新闻发布会"，宣布在全省推广健康码	3月2日，全国政务服务平台接入支付宝健康码

资料来源：根据网络公开信息整理。

2020年2月，国务院发文明确鼓励有条件的地区推广个人健康码等信息平台，并在国家政务服务平台中推出"防疫健康信息码"，利用汇聚的各类民生数据与信息，提升"健康码"的覆盖范围和准确度。3月20日，国家卫健委宣布大力推动各地互认互通工作。6月28日，国家卫健委办公厅发布《关于做好信息化支撑常态化疫情防控工作的通知》，向全国推广杭州"健康码"，支持并鼓励"健康码"的持续迭代升级，促进治理科技融合创

新。同时，"健康码"也被作为国务院办公厅对国务院第七次大督查发现的43项典型经验做法之一予以表扬，充分肯定凝聚数字治理与数字创新的浙江智慧。

（五）铜陵市："城市超脑"提升基层社区抗疫水平

安徽铜陵"城市超脑"是以互联网、物联网基础设施为基础，把城市大数据通过人工智能、可视化技术处理等加速融合处理的数据平台。铜陵"城市超脑"为疫情防控、复工复产提供了数据共享服务、数据接口调用服务等重要技术支持，使数据信息通过"城市超脑"数据平台具备汇聚能力、治理能力、开发能力以及共享能力。一是助力社区精细化管理。利用"城市超脑"的智能监测、数据分析功能进行社区管理，实现人流聚集预警，降低人员接触风险，提高社区工作效率。二是提供贴心社区服务。通过"线上＋线下"的立体布防方式，在社区管理、居民服务方面，构建智能客服"晓彤"和"独居老人关怀"等多个智慧场景。三是守护社区安全。利用大数据识别分析重点人员，对未按要求进行自我隔离人员及时预警，深度赋能构建社区微脑。铜陵凭借"城市超脑"成为国家首批智慧城市试点市与"宽带中国"示范城市，并在2020中欧绿色智慧城市峰会获评"2020数字化抗疫优秀案例奖"。铜陵"城市超脑"按照智慧城市标杆级项目标准进行，综合运用大数据、数字孪生、人工智能等新一代信息技术，推进城市治理体系与治理能力现代化。

四　数字抗疫的问题与挑战

（一）数据缺乏治理，数字鸿沟凸显

以政府为主导的数据治理主体在合理利用数据资源助力有效疫情防控、提升政府决策科学、转变公共服务模式的同时，也存在数据质量不高、数据共享不充分、数据标准不统一、数据开放不到位等内生性问题，导致数字鸿

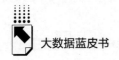

沟凸显。一是宽带建设、网络终端设备等硬件条件差异导致"接入鸿沟"。疫情期间，部分农村偏远地区因数字基础设施薄弱处于"脱网"或"半脱网"状态。二是公众受教育水平、数字技术培训服务等软件条件差异导致"使用鸿沟"。新冠肺炎疫情期间众多老年人因没法扫"健康码"而影响行动自由便是典型例证。三是不同群体在收集获取、分析处理、创造利用数字资源等方面所表现的差异导致"能力鸿沟"，尤其是"富人"和"穷人"在获取信息技术和掌握数字技能方面的差距，可能会进一步加剧贫富差距与代际冲突，进而破坏社会凝聚力，影响社会稳定和谐发展。

（二）监测机制缺位，数字应急薄弱

危机监测是危机管理的基础环节，在危机发生前对数据信息进行分析预判，及时做出预警。我国在非典后建立并启动突发公共卫生事件报告管理信息系统，旨在提高监测主体对突发事件的响应速度与防控能力，以实现对传染病的监测。但现有医学和公共卫生研究在疫情防控方面尚处于防守地位。一方面，长期以来医疗机构感染或传染病科等医院内公共卫生力量薄弱，该领域研究人员的知识和经验储备不足，难以在综合运用流行病学、环境科学和社会科学等一体化的健康认知框架下有效预测重大新发疫情，导致疫情防控能力薄弱。另一方面，疾控系统过度依赖高度层级化的信息管理系统，信息传递层级过多，尤其是传染病监测系统与电子病例信息系统难以有效对接，降低数字化应急速度。

（三）隐私保护不足，存在合规风险

数字化疫情防控通过数据信息流动，迅速传播疫情防控知识、锁定疑似人员行动轨迹、切断疫情发展传播途径，让各级各部门超越时空限制，实现"非接触"数字化协同抗疫，但同时也对隐私保护提出挑战，存在合规风险。一是原始数据信息泄露。排查上报重点人员的身份信息、活动信息、医疗信息是疫情防控的重要举措，虽然相关部门最大化隐去个人隐私信息，但在原始数据上报过程中，个人信息数据泄露问题依然存在。二是公共利益与

个人隐私的冲突与平衡。现有法律规范关于疫情信息公开与个人隐私保护的规定存在明显缺陷，如疫情信息发布程序的规定几乎处于真空状态，个人隐私保护的规定过于零散、抽象，仅能为疫情防控中个人隐私保护工作提供大致方向，难以有效平衡公共利益与个人隐私保护的边界。三是隐私数据管理的责任主体不明、权利归属不清。公安系统、医疗系统、街道社区等均是隐私数据的收集、存储与使用方，导致数据归口不一、职责划分不明、使用规则不同等问题。

五　数字抗疫的经验与启示

（一）以数字基建行动为契机，释放治理科技新效能

数字基建已突破以传统铁路公路和基础设施为代表的基建模式，形成以5G技术为核心的数字"新基建"，逐渐释放治理科技新效能。一是统筹大数据、人工智能、5G等新型基础设施建设。让病例信息管理、密切接触者排查、运行轨迹追踪等快速精准，提升大数据、人工智能等场景支撑力。二是促进传统基础设施建设数字化升级。实施公共基础设施、电网设施等物联网应用和智能化升级。三是拓展数字基础设施覆盖范围。加大落后地区固定宽带网络和移动通信基站建设投入，给予数字基础设施建设贷款和利率优惠等充分的资金和技术援助。

（二）以数据标准规范为关键，打造数字医疗生态圈

全方位、高权威、高标准的医疗数据标准，是实现更精准、标准化诊断的关键，助力打造智慧化数字医疗生态圈。一是完善数据框架性规范。健全有关数字医疗指导思想、基本原则、组织体制、机制应用等基础性规范。二是完善数据技术性规范。通过数据在规范流程、参数方案、标准内容等方面的标准化、结构化，使不同经验水平、不同区域地区的医生获取"同质化"的效果，提高工作效率和工作质量。三是挖掘真实世界数据。精准反馈新产

品开发，为患者提供更快速、精准、有效的诊断治疗，构建以患者为中心的数字化创新医疗生态圈。

（三）以数权制度建构为基线，增强数据安全合规性

数权制度是数据资源权益保护的重要依据和基本遵循。《中共中央关于制定国民经济和社会发展第十四个五年规划和二〇三五年远景目标的建议》提出，"建立数据资源产权、交易流通、跨境传输和安全保护等基础制度和标准规范，推动数据资源开发利用"①，强调数权制度对于数据利用和数据保护的重要性。一是建立健全数权制度，完善数权法定制度、数据产权制度、数据共享制度、数据主权制度等核心制度，促进数据合法合规。二是健全数据信息分级分类安全保护制度，针对不同的敏感数据级别，制定相应的数据保护的策略。如按照信息敏感程度划分为与身份相关的数据、基于个人信息延伸的业务服务类的数据、基于 IT 的设备信息或服务的信息以及企业的管理数据等。三是完善数据基础通用标准和关键技术标准，提高数据质量和规范性。在国家层面统一建立数据资源目录体系，优化数据资源周期管理。

（四）以数字技能提升为突破，加快数字红利普惠化

数字技能是指以计算机素养操作知识与技能等为基础，同时具备技术设计、技术思维、技术素养等高级技能的全方位能力。"十四五"规划建议提出，"提升全民数字技能，实现信息服务全覆盖"。数字技能是驱动创新、促进增长的重要推动力。一是加强数字技能普及培训。明确数字技能培育定位，提高学生、工人、老人等全民数字资源收集鉴别能力、数字知识利用交流能力、数字内容创造输出能力，形成全方位、多层次的数字技能提升培育模式。二是构建符合国情的数字素养教育框架。推动形成以政府机构为决策

---

① 《关于制定国民经济和社会发展第十四个五年规划和二〇三五年远景目标的建议》，http://www. xinhuanet. com/politics/zywj/2020－11/03/c_ 1126693293. htm，2020 年 11 月 3 日。

规划领导者、教育主体为具体实践执行者、社会力量为辅助的多主体数字技能培育体系。三是注重科技向善，涵养公共精神，既要防止盲目排斥技术创新，也要反对数字智能技术的滥用与误用，消除技术鸿沟的伦理失范，使数字抗疫既有技术的高度，也有人性的温度。

（五）以数字政府建设为抓手，推进应急管理数字化

数字政府是数字中国的重要组成部分，更是推动我国应急管理体系"数字蝶变"的重要抓手。一是以大数据为支点完善应急管理的数字化采集系统。根据风险源数据，实现疫情风险源头和空间范围的数字化锁定，推进应急管理系统内各子系统之间的集成应用。二是构建全国一体化的公共卫生应急管理大数据中心，制定数字化疫情数据采集标准，汇聚政府与社会化算力、算法资源，支持开展全国性算力资源调度。三是健全疫情监测预警与风险研判机制。各级政府利用数据信息，及时启动应急管理程序，对突发事件影响范围、作用方式、危害级别等进行综合预判，释放数字化应急管理效能。

参考文献

习近平：《在全国抗击新冠肺炎疫情表彰大会上的讲话》，《人民日报》2020 年 9 月 9 日。

史晨、马亮：《协同治理、技术创新与智慧防疫——基于"健康码"的案例研究》，《党政研究》2020 年第 4 期。

马家奇、王丽萍、戚晓鹏等：《2004 年法定传染病报告信息质量分析》，《疾病监测》2005 年第 5 期。

刘朝晖：《常态化疫情防控下的数字技术应对研究》，《社会科学辑刊》2020 年第 6 期。

马兴瑞：《加快数字化发展》，《求是》2021 年第 2 期。

大数据战略重点实验室：《数权法 2.0：数权的制度建构》，社会科学文献出版社，2020。

附　　录
Appendix

B.19
大数据大事记

2020年

2020 年 2 月 19 日　工业和信息化部印发《关于运用新一代信息技术支撑服务疫情防控和复工复产工作的通知》，提出加强疫情科学防控、有序做好企业复工复产工作的决策部署，充分运用新一代信息技术支撑服务疫情防控和企业复工复产工作。

2020 年 2 月 19 日　欧委会发布《欧洲数据战略》，该战略通过建立跨部门治理框架、加强数据基础设施投资、提升个体数据权利和技能、打造公共欧洲数据空间等措施，将欧洲打造成全球最具吸引力、最安全和最具活力的数据敏捷经济体。

2020 年 2 月 19 日　欧委会发布《人工智能白皮书——欧洲追求卓越和信任的策略》，旨在通过提升欧洲在人工智能领域的创新能力，推动道德和可信赖人工智能的发展，谋求全球领导地位。

2020 年 2 月 19 日　欧委会发布《塑造欧洲的数字未来》，提出三个关键原则和目标："为人民服务的技术"、"公平竞争的经济"和"开放、民主和可持续的社会"。欧委会强调必须确保欧盟单一市场中企业的公平竞争环境。

2020年2月26日 美国白宫发布《美国人工智能行动：第一年度报告》，总结了特朗普签署《维护美国AI领先的行政命令》一年来取得的重大进展。报告表示，保持美国人工智能在全球的领导地位至关重要。

2020年2月27日 工业和信息化部印发《工业数据分类分级指南（试行)》，提出指南适用于工业和信息化主管部门、工业企业、平台企业等开展工业数据分类分级工作。

2020年3月10日 欧委会公布了一项新的欧洲工业战略，涵盖一系列支持欧洲工业的举措，旨在帮助欧洲工业向气候中立和数字化转型，并提高其竞争力和战略自主性。

2020年3月18日 工业和信息化部发布《关于进一步做好新冠肺炎疫情防控期间宽带网络助教助学工作的通知》，要求地方通信管理局与教育主管部门加强工作协同，因地制宜推出系列支持举措，助力网上教育教学工作平稳有序开展。

2020年3月18日 工业和信息化部印发《中小企业数字化赋能专项行动方案》，提出以数字化网络化智能化赋能中小企业，助力中小企业疫情防控、复工复产和可持续发展。

2020年3月19日 工业和信息化部发布《2020年IPv6端到端贯通能力提升专项行动的通知》，提出加快提升IPv6端到端贯通能力，持续提升IPv6活跃用户和网络流量规模。

2020年3月20日 工业和信息化部发布《关于推动工业互联网加快发展的通知》，提出加快工业互联网新型基础设施建设，推动工业互联网在更广范围、更深程度、更高水平上融合创新，培植壮大经济发展新动能，支撑实现高质量发展。

2020年3月24日 工业和信息化部发布《关于推动5G加快发展的通知》，提出全力推进5G网络建设、应用推广、技术发展和安全保障，充分

发挥5G新型基础设施的规模效应和带动作用,支撑经济高质量发展。

2020年3月25日 山东发布《关于山东省数字基础设施建设的指导意见》,提出构建"泛在连接、高效协同、全域感知、智能融合、安全可信"的数字基础设施体系。到2022年底,建设规模和发展水平位居全国前列。

2020年3月30日 中共中央、国务院印发《关于构建更加完善的要素市场化配置体制机制的意见》,提出深化要素市场化配置改革,促进要素自主有序流动,提高要素配置效率,推动经济发展质量变革、效率变革、动力变革。

2020年4月10日 国家发展改革委、中央网信办印发《关于推进"上云用数赋智"行动 培育新经济发展实施方案》,提出加快产业数字化转型,培育新经济发展,助力构建现代化产业体系,实现经济高质量发展。

2020年4月15日 工业和信息化部、公安部、国家标准化管理委员会联合印发《国家车联网产业标准体系建设指南》,提出将针对车联网产业发展技术现状、未来发展趋势及道路交通管理行业应用需求,分阶段建立车辆智能管理标准体系。

2020年4月20日 国家发改委召开在线新闻发布会,首次明确新型基础设施的范围,新型基础设施是以新发展理念为引领,以技术创新为驱动,以信息网络为基础,面向高质量发展需要,提供数字转型、智能升级、融合创新等服务的基础设施体系。

2020年4月30日 工业和信息化部发布《关于深入推进移动物联网全面发展的通知》,提出建立NB-IoT、4G和5G协同发展的移动物联网综合生态体系。加快5G、物联网等新型基础设施建设和应用,加速传统产业数字化转型,有力支撑制造强国和网络强国建设。

2020年5月8日 安徽省首个政务区块链平台搭建完成,作为首个应用场景的律师执业资格证"区块链+电子证照"应用正式同步上线安徽省政务服务网络平台,具有全程可追溯、提高可信度等作用。此举标志着区块链应用在安徽省政务服务领域正式落地。

2020年5月16日 工业和信息化部印发《关于工业大数据发展的指导

意见》，提出促进工业数据汇聚共享、深化数据融合创新、提升数据治理能力、加强数据安全管理，着力打造资源富集、应用繁荣、产业进步、治理有序的工业大数据生态体系。

2020 年 5 月 16 日　中国移动通信集团有限公司、国家信息中心等单位共同发布《5G 智慧城市安全需求与架构白皮书》，聚焦 5G 智慧城市的安全需求、安全参考架构及安全解决方案建议，旨在为垂直行业开展 5G 应用提供安全指引和最佳实践参考。

2020 年 5 月 18 日　全球首部全面系统研究大数据标准术语的多语种专业工具书《数典》在北京、贵阳网络首发。《数典》由大数据战略重点实验室研究编纂、科学出版社出版，对大数据知识体系进行了全面梳理，提出了涵盖大数据基础、大数据战略、大数据技术、大数据经济、大数据金融、大数据治理、大数据标准、大数据安全和大数据法律九个方面的术语架构，并开创性地提供了汉语、阿拉伯语、英语、法语、德语、意大利语、日语、韩语、葡萄牙语、俄语和西班牙语多语种的对照。

2020 年 5 月 27 日　由大数据战略重点实验室研究编著、社会科学文献出版社出版的《大数据蓝皮书：中国大数据发展报告 No. 4》对外发布。蓝皮书首次构建包括全球数字竞争力指数、大数据发展指数、大数据法治指数、大数据安全指数、大数据金融风险防控指数与治理科技指数六大指数在内的评价指数群，通过指数构建和数据分析，真实、客观地反映国家、地区和城市大数据发展和建设的现状、特点、趋势，展示地区数字中国建设取得的成就和问题。

2020 年 6 月 5 日　商务部发布《网络零售平台合规管理指南征求意见稿》，明确了网络零售平台经营者对申请或被邀请入驻平台的经营者合规关注等级、合规评估、合规管理方案、合规监视、评价与结果处置、合规沟通和培训、记录和报告。

2020 年 6 月 23 日　第 127 届广交会开幕，50 个虚拟展区启动了全天候网上推介、供采对接、在线洽谈服务。网上广交会等新平台的搭建，以及配套保障措施的出台，将为外贸企业拓展国际市场带来新机遇，为世界经贸合

作增加新动能。

2020 年 6 月 23 日　第四届世界智能大会在天津开幕，大会以"智能新时代：创新、赋能、生态"为主题，用"会、展、赛 + 智能体验""四位一体"方式，举办云推介、云发布、云双边会谈、云智能体验、云智能科技展及世界智能驾驶挑战赛。

2020 年 6 月 30 日　由大数据战略重点实验室编著、浙江大学出版社出版的《主权区块链 1.0：秩序互联网与人类命运共同体》在贵阳、杭州两地网络首发。该书提出了互联网发展从信息互联网到价值互联网再到秩序互联网的基本规律；推出了数据主权论、数字信任论、智能合约论"数字文明新三论"；论述了科技向善与阳明心学对构建人类命运共同体的文化意义。

2020 年 7 月 7 日　广州发布《广州市加快推进数字新基建发展三年行动计划（2020～2022 年)》，推出数字新基建 40 条，聚焦 5G、人工智能、工业互联网、智慧充电基础设施等四大领域开展 23 项重点任务和 17 条政策措施。

2020 年 7 月 14 日　欧委会发布《欧洲技能议程：促进可持续竞争力、社会公平和抗逆力》，为在未来 5 年内提高现有技能和培训新技能设定了雄心勃勃的量化目标。

2020 年 7 月 14 日　国家发展改革委、中央网信办等 13 个部门联合印发《关于支持新业态新模式健康发展　激活消费市场带动扩大就业的意见》，首次明确提出了 15 个新业态新模式，并就支持鼓励新业态新模式健康发展、打造数字经济新优势进行了全面部署。

2020 年 7 月 27 日　国家发展改革委、科技部、工业和信息化部等联合印发《国家新一代人工智能标准体系建设指南》，提出加强人工智能领域标准化顶层设计，推动人工智能产业技术研发和标准制定，促进产业健康可持续发展。

2020 年 7 月 28 日　大数据战略重点实验室研究撰写的《数权法 1.0：数权的理论基础》法文、德文版，《数权法 2.0：数权的制度建构》中文简、繁及英文版在北京、贵阳同时面向全球首发。《数权法》系列著作的多语种翻译出版和海外推介，标志着中国法律正在崛起并走向世界，成为参与全球治理的法理重器。

2020 年 7 月 29 日　贵州省铜仁市大数据平台经济及区块链等产业推进大会召开，并正式发布《场景大数据白皮书 1.0》。

2020 年 8 月 14 日　海南印发《智慧海南总体方案（2020～2025 年）》，明确指出以应用为突破，结合博鳌亚洲论坛、智能网联汽车、智慧旅游、智慧医疗、智慧教育等项目工程和垂直行业应用，推进 5G 精品网络建设。

2020 年 8 月 20 日　青岛发布《关于进一步加快新型智慧城市建设的意见》，落实数字青岛规划部署，加快新型智慧城市建设，以数字化、网络化、智能化技术全面赋能城市发展，推动城市治理能力和治理体系现代化。

2020 年 9 月 9 日　英国数字、文化、媒体和体育部发布《国家数据战略》，旨在进一步推动数据在政府、企业、社会中的使用，并通过数据的使用推动创新，提高生产力，创造新的创业和就业机会，改善公共服务，帮助英国经济尽快从疫情中复苏。

2020 年 9 月 21 日　大数据战略重点实验室编撰的《块数据》（1.0～5.0）中文繁体版在北京、贵阳两地网络首发。《块数据》系列著作出版的过程，是贵阳探索大数据发展规律的过程，也是把握大数据未来发展趋势的过程。从 1.0 到 5.0，初步建构了块数据理论体系，揭示了块数据的本质、价值和规律。

2020 年 9 月 23 日　贵州发布《贵州省政府数据共享开放条例》，推动政府数据共享开放，加快政府数据汇聚、融通、应用，培育发展数据要素市场，提升政府社会治理能力和公共服务水平，促进经济社会发展。

2020 年 9 月 29 日　北京印发《北京国际大数据交易所设立工作实施方案》，适时引进中央企业、互联网企业等战略投资者，增加注册资本、变更经营范围、变更交易品种。

2020 年 10 月 8 日　美国国防部发布《国防部数据战略》，加快向"以数据为中心"的过渡，在作战速度和规模上利用数据提高作战优势和效率。通过准确的、及时的、安全的数据访问提升军事效率，支撑国防战略的实现。

2020 年 10 月 11 日　清华大学发布《2020 数字政府发展指数报告》，对我国 31 个地区、101 个大中城市进行了数字政府发展阶段评估。整体而言，我国数字政府发展正处于上升期，距离数字技术更好地赋能政府治理尚有较大进步空间。

2020 年 10 月 14 日　第三届数字中国建设峰会在福建福州召开。此次峰会以"创新驱动数字化转型、智能引领高质量发展"为主题，包括开幕式、主论坛、分论坛、成果展览会、创新大赛、应用场景发布和闭幕式等 7 个环节，采取线上线下相结合的方式举行。

2020 年 10 月 14 日　工业和信息化部主办的"2020 年中国国际信息通信展"在北京国家会议中心举行。以"网融万物，智向未来"为主题，"5G＋行业应用"成为万众瞩目的展会亮点，交出了 5G 商用落地一年以来"如何用""用得好"的出色答卷。

2020 年 10 月 15 日　美国白宫发布《关键和新兴技术国家战略》，旨在促进和保护美国在人工智能、能源、量子信息科学、通信和网络技术、半导体、军事以及太空技术等尖端科技领域的竞争优势。

2020 年 10 月 16 日　2020 年全球人工智能大会在杭州举办，以"AI 启杭　无限想象"为主题，旨在推动发展新产业新业态新模式，推进互联网、大数据、人工智能和实体经济深度融合，进一步做强数字经济和制造业高质量发展双引擎。

2020 年 10 月 18 日　2020 年全球工业互联网大会在辽宁沈阳开幕。以"赋能高质量·打造新动能"为主题，集各方之智，激发创新活力，推动工业化与信息化在更广范围、更深程度、更高水平上实现融合发展。

2020 年 10 月 19 日　2020 年世界 VR 产业大会云峰会在江西省南昌开幕，来自全球的业内领军人物、著名学者等就人工智能、大数据等话题进行探讨，大会期间还举办 VR/AR 产品和应用展览会。

2020 年 10 月 29 日　新华社授权发布《中共中央关于制定国民经济和社会发展第十四个五年规划和二〇三五年远景目标的建议》指出，加快数字化发展，推进数字产业化和产业数字化，推动数字经济和实体经济深度融合，打造具有国际竞争力的数字产业集群。

2020 年 10 月 29 日 2020 年世界计算机大会在湖南长沙召开。贯彻新发展理念，按照推动高质量发展要求，紧扣供给侧结构性改革这一主线，着力推动中国先进计算产业转型升级。

2020 年 11 月 2 日 山东印发《山东省新基建三年行动方案（2020~2022 年)》，提出加快推动新型基础设施建设，构建面向以国内大循环为主体、国内国际双循环相互促进的新发展格局的服务支撑体系。

2020 年 11 月 9 日 广东发布《广东省推进新型基础设施建设三年实施方案（2020~2022 年)》，提出加速发展 5G，大力发展人工智能及区块链技术。其中提出的十大智慧工程以及"广东大脑"有望全面提升广东经济社会质量。

2020 年 11 月 10 日 国家市场监督管理总局发布《关于平台经济领域的反垄断指南（征求意见稿)》公开征求意见，预防和制止平台经济领域垄断行为，引导平台经济领域经营者依法合规经营，促进线上经济持续健康发展。

2020 年 11 月 18 日 文化和旅游部发布《关于推动数字文化产业高质量发展的意见》，实施文化产业数字化战略，推动数字文化产业高质量发展。

2020 年 11 月 20 日 2020 中国 5G＋工业互联网大会在湖北武汉开幕。5G 与工业互联网的融合将加速数字中国、智慧社会建设，加速中国新型工业化进程，为中国经济发展注入新动能，为疫情阴霾笼罩下的世界经济创造新的发展机遇。

2020 年 11 月 21 日 习近平主席在二十国集团领导人第十五次峰会上提出要发挥数字经济的推动作用。主动应变、化危为机，深化结构性改革，以科技创新和数字化变革催生新的发展动能。

2020 年 11 月 23 日 世界互联网大会·互联网发展论坛在浙江乌镇开幕。习近平主席在贺信中指出，中国愿同世界各国一道，把握信息革命历史机遇，培育创新发展新动能，开创数字合作新局面，打造网络安全新格局，

构建网络空间命运共同体，携手创造人类更加美好的未来。

2020 年 11 月 24 日 国务院印发《关于切实解决老年人运用智能技术困难的实施方案》，提出推动解决老年人在运用智能技术方面遇到的困难，坚持传统服务方式与智能化服务创新并行，为老年人提供更周全、更贴心、更直接的便利化服务。

2020 年 11 月 24 日 中央网信办、农业农村部发布《中国数字乡村发展报告（2020 年）》指出，2020 年，我国数字乡村建设加快推进，数字乡村战略进一步落地实施，各地区数字乡村建设发展取得良好成效。

2020 年 11 月 25 日 德勤与阿里云联合发布《数智园区白皮书》，阐释数智园区的定义、内涵、价值、架构蓝图，勾画了以场景为主导的数智园区发展形态和创新模式，提出了园区生态化运营的全新理念。

2020 年 12 月 1 日 文化和旅游部、国家发展改革委等 10 部门联合印发《关于深化"互联网 + 旅游"推动旅游业高质量发展的意见》，提出加快建设智慧旅游景区、完善旅游信息基础设施、扶持旅游创新创业等八项重点任务。

2020 年 12 月 4 日 美国总统唐纳德·特朗普签署 2020 年《物联网网络安全改进法案》，确保改善物联网设备的安全性，要求美国国家标准技术研究院制定并发布解决与物联网设备开发、管理、配置和修补有关的标准和指南。

2020 年 12 月 10 日 国家卫生健康委、国家医疗保障局联合发布《关于深入推进"互联网 + 医疗健康""五个一"服务行动的通知》，提出推进"一体化"共享服务，提升便捷化、智能化、人性化服务水平，加强常态化疫情防控信息技术支撑。

2020 年 12 月 10 日 欧委会提交了两部新数字法案——《数字服务法》和《数字市场法》，旨在对在欧盟境内运行的社交媒体、在线市场和其他在线平台进行监管。

2020 年 12 月 14 日 山东发布《山东省推进工业大数据发展的实施方案（2020~2022 年）》，贯彻落实国家大数据战略，激发工业数据资源要素潜力，促进工业数字化转型。

2020 年 12 月 15 日 IDC 与浪潮联合发布《2020～2021 中国人工智能计算力发展评估报告》，旨在评估中国人工智能发展现状，为推动产业 AI 化发展提供参考依据和行动建议。

2020 年 12 月 16 日 上海发布《上海市交通行业推进新型基础设施建设三年行动方案（2020～2022 年)》，提出加快交通基础设施数字转型、智能升级，推动交通行业高质量发展，助力交通强国建设。

2020 年 12 月 17 日 中国信息通信研究院发布《大数据白皮书（2020 年)》，梳理了中、美、英等国数据战略的最新动向，分析了我国大数据产业、重点领域应用以及数据治理的热点与现状，并对"十四五"期间大数据的发展趋势进行了展望。

2020 年 12 月 25 日 科技部发布《长三角科技创新共同体建设发展规划》，提出要共建一批长三角实验室，加快未来网络试验设施等一批重大科技基础设施建设，联合突破一批关键核心技术，形成一批关键标准，解决产业核心难题。

2020 年 12 月 31 日 广州发布《广州市推进新型基础设施建设实施方案（2020～2022 年)》，提出加快建设高水平新型基础设施体系，支撑经济高质量发展。

2021年

2021 年 1 月 5 日 上海发布《关于全面推进上海城市数字化转型的意见》，提出推动"经济、生活、治理"全面数字化转型，构建数据驱动的数字城市基本框架，引导全社会共建共治共享数字城市。

2021 年 1 月 5 日 深圳发布《深圳市人民政府关于加快智慧城市和数字政府建设的若干意见》，提出加快智慧城市和数字政府建设。到 2025 年，深圳将打造具有深度学习能力的城市智能体，成为全球新型智慧城市标杆和"数字中国"城市典范。

2021 年 1 月 6 日　山西印发《关于加快推动区块链创新发展的指导意见》，提出构建形成区块链与移动通信、物联网、云计算、大数据和人工智能等新一代信息技术融合创新的数字经济产业集群。

2021 年 1 月 7 日　中国科学技术大学宣布，中国科研团队成功实现了跨越 4600 公里的星地量子密钥分发，此举标志着我国已成功构建出天地一体化广域量子通信网络，为未来实现覆盖全球的量子保密通信网络奠定了科学与技术基础。

2021 年 1 月 10 日　德勤管理咨询发布《2021 技术趋势》，研究了新冠肺炎疫情对企业战略、运营和技术带来的连锁反应，并指出全球企业正在加速数字化转型，构建"韧性"、全新的经营模式。

2021 年 1 月 14 日　百度研究院发布 2021 年十大科技趋势预测，包括人工智能、生物计算、AI 芯片、量子计算等前沿技术及相关产业，技术创新与产业应用发展紧密融合，既有技术前瞻性也具备产业指导价值。

2021 年 1 月 21 日　腾讯研究院与 IDC 联合发布《未来经济白皮书 2021》。首次提出"数实共生"的概念与愿景，研判了未来经济的十大趋势，并从产业互联网的角度给出了系统性的解题思路。

2021 年 1 月 21 日　工业和信息化部发布《智能制造发展指数报告（2020）》，制造企业积极向数字化、网络化、智能化发展转型，企业基础设施改造、新一代信息技术应用、新模式创新成效明显，智能制造能力明显提升。

2021 年 1 月 26 日　华为发布全球联接指数（GCI）2020，指出各国和企业都在积极思考，加速数字化进程，适应新常态。数字化转型助力国家发展，推动经济复苏，提高未来竞争力。

2021 年 2 月 1 日　国家工业信息安全研究中心发布《2020～2021 年度全球网络空间形势分析》，指出各国在新技术领域的竞争日趋激烈，人工智能、5G、量子计算等是竞争的焦点。各国不断强化互联网治理，监管规则争夺激烈。

2021 年 2 月 3 日　国家发展改革委、科技部、工业和信息化部、北京市政府等 27 家单位在北京共同发起成立长安链生态联盟，发布区块链软硬件技术体系和包含供应链金融、碳交易生态网络场景在内的首批重点应用场景，推进区块链产业创新生态建设。

2021 年 2 月 10 日　科技部发布《关于对"十四五"国家重点研发计划"区块链"等 18 个重点专项 2021 年度项目申报指南征求意见的通知》，聚焦区块链领域的紧迫技术需求和关键科学问题，突破区块链系统构建与共性关键技术，打造具有国际竞争力的区块链技术与产业生态。

2021 年 2 月 20 日　中国互联网络信息中心发布《中国互联网络发展状况统计报告》，显示中国网民规模已达 9.89 亿，中国互联网普及率达 70.4%，高于全球平均水平。我国网民人口红利呈现"从城到乡""从东到西"的"板块漂移"特征。

2021 年 2 月 20 日　工业和信息化部印发《支持创建北京、天津（滨海新区）、杭州、广州、成都国家人工智能创新应用先导区》。至此，全国人工智能创新应用先导区已增至 8 个。

2021 年 2 月 21 日　中央一号文件《中共中央　国务院关于全面推进乡村振兴加快农业农村现代化的意见》正式发布，提出发展智慧农业，建立农业农村大数据体系，推动新一代信息技术与农业生产经营深度融合。智慧农业的建设已经成为我国推动乡村振兴战略实施的重要内容。

2021 年 2 月 22 日　四川发布《关于加快推动 5G 发展的实施意见》，提出把握成渝地区双城经济圈建设和国家数字经济创新发展试验区重要机遇，加快推进 5G 网络设施建设，构建具有四川特色的 5G 产业生态体系。

2021 年 2 月 23 日　人力资源和社会保障部、工业和信息化部共同制定的《智能制造工程技术人员》《大数据工程技术人员》《区块链工程技术人员》等 3 个国家职业技术技能标准颁布施行。

2021 年 2 月 23 日　2021 年世界移动通信大会在上海召开，5G、人工智能、物联网和智能家居等领域的技术突破、产品创新与应用场景探索等受到广泛关注，5G 技术与产业正在加速走向成熟。

2021 年 3 月 1 日　浙江发布《杭州城市大脑赋能城市治理促进条例》，

首次明确了城市大脑的范畴、定位和功能,推动城市治理体系和治理能力现代化的数字系统和现代城市基础设施建设。

2021 年 3 月 1 日 工业和信息化部印发《工业互联网创新发展行动计划(2021~2023 年)》,提出以 11 项重点行动和 10 大重点工程为抓手,着力解决工业互联网发展中的深层次难点、痛点问题。

2021 年 3 月 1 日 美国人工智能国家安全委员会向国会递交了一份长达 756 页的建议报告。报告称,人工智能将是造福几代人的最强大工具。但美国未就人工智能领域的竞争做好准备,联邦政府应加快在该领域创新的步伐。

2021 年 3 月 13 日 十三届全国人大四次会议表决通过的《中华人民共和国国民经济和社会发展第十四个五年规划和二〇三五年远景目标纲要》明确指出,加快数字化发展,建设数字中国。加快建设数字经济、数字社会、数字政府,以数字化转型整体驱动生产方式、生活方式和治理方式变革。

Abstract

With the global spread of COVID – 19 in early 2020, the world economy was facing a deep recession, the "reverse globalization" trend was surging, trade protectionism was mounting, and the process of economic globalization was greatly stymied. Different from the impeded global flow of commodities and capital, a new round of globalization driven by digitalization has maintained rapid growth, reshaping the world pattern. In the context of the pandemic, China's digitalization has entered a buffer mode, and majestic vitality has been injected into digital technology once again. The fifth plenary session of the 19th CPC Central Committee proposed that, "We should accelerate the development of digitalization, and make efforts to develop the digital economy, and promote digital industrialization and industrial digitization. Moreover, we should advance deep integration of the digital economy and real economy, and build a digital industry cluster with international competitiveness. We should also further build a digital society and government, and improve the digital and intelligent level of public services and social governance." The *Outline of the 14th Five-Year Plan* further proposes to speed up efforts in digital development and build Digital China. We should promote the construction of the digital economy, society and government, and drive the transformation of production modes, life styles and governance modes through digital transformation. This book has, based on six evaluation index groups (incl. global digital competitiveness index, big data development index, index of big data under the rule of law, big data security index, big data index of financial risk prevention and control, and governance technology index) which were constructed for the first time in the previous year, updated, improved and optimized the evaluation system, and collectively named them as "Guiyang Big Data

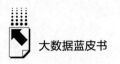

Terminology Index". It also refers to the authoritative data and makes a comprehensive assessment on the development of big data in various areas in 2020, with an aim to systematically study and judge the development trend of big data and provide decision-making support and theoretical reference for relevant institutions.

The section of global digital competitiveness index is structured from five aspects: digital innovation, digital economy, digital governance, digital services, and digital security. On the basis of further enriching the level of indicators and expanding data sources, this section evaluates the digital development level of G20 countries and major cities around the world, deeply analyzes the advantages and disadvantages of digital development of various countries or regions, and explores the trend of global digital development, which will provide useful references for the construction of a new pattern of global digital development.

The section of big data development index is structured from three aspects of big data for government use, commercial use and civilian use based on the data value chain model, and carries out provincial assessments in 31 provinces (autonomous regions and municipalities directly under the central government), and municipal assessments in 36 large-and medium-sized cities. It also systematically evaluates and compares the comprehensive level of big data development of each representative city cluster based on an analysis of city clusters. Besides, this paper compares and analyzes the development of eight national big data comprehensive pilot areas from different dimensions, and summarizes the beneficial exploration and active practice in the innovation and development of big data in each pilot area.

In the section of the index of big data under the rule of law, the evaluation indicator system of the index of big data under the rule of law is innovated and improved on the basis of keeping legislation on big data, jurisdiction on big data and digital rights protection unchanged. It also judges and analyzes the new development trend of big data under the rule of law in 31 provinces (autonomous regions and municipalities directly under the central government) in China by introducing the indicators and data of new representations of big data under the rule of law. In addition, it also focuses on the digital power system, compares the differences between domestic and foreign digital power systems, and systematically elaborates on the significance of the digital power system to global Internet governance.

The big data security index section briefly sorts out the current data security risks and factors, and is structured from four dimensions of security system, security industry, security capability and security ecology. Through a quantitative evaluation on the development status of big data security, it provides reference for data security capability evaluation and helps various regions improve their data security capabilities and levels. In addition, this paper starts from the necessity of data security legislation, elaborates on the status quo and dilemma of China's data security legislation from many aspects, and provides preliminary ideas and reference paths accordingly.

The section of the big data financial risk prevention and control index is based on the theoretical model of big data financial risk prevention and control, makes optimizations and adjustments to the big data financial risk prevention and control index based on the development practices of financial risk prevention and control in China. It comprehensively evaluates the development level of financial risk prevention and control in 31 provinces (autonomous regions and municipalities directly under the central government) in China from three aspects (i. e., financial stability, financial risk and financial sustainable development), makes a systematic analysis of regional financial stability and shocks, and describes the positive results of controlling local financial risks. In addition, with a focus on the development of fintech, it uses the global fintech hub index to conduct an in-depth analysis of the overall development of fintech in more than 70 cities around the world from three dimensions of industry, experience, and ecology, and summarizes the development characteristics.

The section of the governance technology index re-studies the theoretical model of the governance technology index, maintains a dynamic balance of evaluation continuity and innovation, and constructs the governance technology index from five dimensions of institutional guarantee, development environment, support capability, scenario application and governance effectiveness. It also comprehensively evaluates and analyzes the development and application of governance technology of 31 provinces (autonomous regions and municipalities directly under the central government), and outlines the characteristics and trends of digital transformation in the field of governance. Moreover, with case studies as

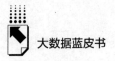
the main line, this paper summarizes the application innovation and practice of digital epidemic prevention in some regions, analyzes the difficulties in digital epidemic prevention and puts forward countermeasures and suggestions.

Keywords: Global Digital Competitiveness Index; Big Data Development Index; Index of Big Data under the Rule of Law; Big Data Security Index; Big Data Index of Financial Risk Prevention and Control; Governance Technology Index

Contents

I　Global Digital Competitiveness Index

B. 1　Study on New Digital Prospect and Global Digital

　　　Competitiveness Index　　　　　　　　　　　　　　／001

Abstract：The world today is undergoing great changes unseen in a century. The global spread of COVID-19 has pushed for profound changes in the international economic and social landscape. Faced with the current complex and volatile global situation, the advantages of digital transformation are becoming increasingly evident. Digital economy has demonstrated strong resilience and become the growth potential of world economy. This paper analyzes the evolution trend of digital measurement in depth on the basis of the current new situation of digital transformation and development, and optimizes the global digital competitiveness index rating system based on the latest index data to ensure the cutting-edge, scientific and sustainability of index research.

Keywords：Global Digital Competitiveness Index；Competition Model of Digital Value Chain；Digital Measurement

B. 2　Analysis Report on Digital Competitiveness Index

　　　of G20 Countries in 2020　　　　　　　　　　　　／021

Abstract：The COVID-19 pandemic in early 2020 caught us all in the

world. An increasing number of countries are aware that the strong resilience of digital economy in the face of the pandemic has provided confidence and impetus for post-pandemic social and economic recovery. Digital technology has become an important force in international response to the crisis. This paper conducts a comprehensive evaluation on digital competitiveness of G20 countries with the latest data on the basis of 2020 global digital competitiveness index. The results show that China and the United States continue to lead digital development of G20 countries. After a further analysis of five sub-indices, it's found that the United States ranks first in terms of digital innovation, digital economy and digital security; China takes the top spot in digital services, and ranks second in both digital innovation and digital economy; South Korea ranks ahead in terms of digital governance.

Keywords: Global Digital Competitiveness Index; G20; Digital Economy of Countries

B.3 Analysis Report on Digital Competitiveness Index of Major Cities Worldwide in 2020 / 044

Abstract: With the maturity and implementation of digital technologies, the construction and operation mode as well as the economic structure of cities, one of the important digital scene application scenarios, have experienced significant changes. This paper starts from the perspective of sustainable development, continues to adopt the research framework and direction of 2019, and evaluates and analyzes 22 important cities around the world with the latest data. The results indicate that, New York still leads other cities in the world in terms of digital competitiveness, China is gradually catching up with other countries in the field of digital competitiveness, and some old European cities lag behind in this regard.

Keywords: Global Digital Competitiveness Index; Digital Innovation; Major Global Cities

II　Big Data Development Index

B . 4　Research on Big Data Development Trends

　　　and Big Data Development Index in China　　　　　／ 066

Abstract：The year 2020 marks an extraordinary year in the course of historical development. The sudden outbreak of COVID −19 has expedited global digital transformation, while the political, economic and social changes driven by digital technology are being accelerated. This paper supplements and adjusts the key points and representative indicators of the evaluation system of big data development index centering on these changes. It continues to adopt the evaluation caliber used in previous years, and conducts a quantitative evaluation on the development of big data in 31 provinces, autonomous regions, municipalities under the central government as well as large and medium-sized cities in China in 2020, while dynamically comparing the changing trend from 2016 to 2020. The analysis results show that, among 31 provinces, autonomous regions, municipalities under the central government, Beijing, Guangdong, Zhejiang, Shanghai and Jiangsu are in the first echelon, Sichuan and Hubei have an obvious growing trend, and the central region is gradually rising; among 31 large and medium-sized cities, Hangzhou tops Shenzhen for the first time, Wuhan, Qingdao, and Jinan show a steady upward trend and Chengdu and Guiyang continue to rank among Top 10 cities in the western region.

Keywords：Big Data Development Index; Provincial; Municipal

B . 5　Analysis Report on Big Data Development Index

　　　of City Clusters at the State Level in 2020　　　　　／ 089

Abstract：In recent years, with in-depth implementation of the big data

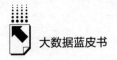
strategy, big data is thriving all over the country. The fifth plenary session of the 19th CPC Central Committee proposed that, we should unswervingly build Digital China and accelerate the development of digitalization. Under the guidance of the Party and national policies, local governments at all levels have vigorously implemented big data strategic actions, optimized and improved innovation-driven capabilities in various fields, as an important measure to foster high-quality economic development, producing fruitful results in regional big data development. From the perspective of city cluster analysis, this paper systematically evaluates and compares the comprehensive level of big data development in representative city clusters, as well as its development achievements in big data application in political, commercial and civil aspects centering on five representative city cluster regions and based on the evaluation data of their central cities. Specific evaluation results indicate that, the Guangdong-Hong Kong-Macao Greater Bay Area and the Yangtze River Delta Region take the lead in overall development of the big data, there are obvious differences within the Beijing-Tianjin-Hebei region and Chengdu-Chongqing and Central Guizhou areas have an outstanding performance. In terms of regional digital integration, a "4 + N" development pattern led by the Guangdong-Hong Kong-Macao Greater Bay Area, the Yangtze River Delta Region, Beijing-Tianjin-Hebei Region, and Chengdu-Chongqing city cluster and featuring mutual promotion between multiple regions has taken shape.

Keywords: Big Data Development Index; City Clusters at the State Level; Dig Data Strategy

B.6　Report on the Development of National Big Data

　　　　Comprehensive Pilot Zone　　　　　　　　　　　　　/ 111

Abstract: Big data has become an important symbol in the course of building national competitiveness. Various countries have lifted big data to the position of national strategies, and taken industrial development as the core of big data development. By implementing the national big data strategy, China has seized the strategic commanding heights of the new round of scientific and technological revolution and industrial transformation. It has approved the construction of eight national comprehensive pilot zones for big data to promote the integrated development of digital industrialization and industry digitalization, contribute to the construction of a cyberpower, a digital China and a smart society and continuously enhance China's overall competitiveness. In the past five years, the experiments and explorations have been made for national big data comprehensive pilot zones in terms of data open sharing, data center integration, data resource application, data element circulation, big data industry cluster, big data international cooperation, big data system innovation, etc. to propel the innovative development of big data in China. This paper makes a comparative analysis and research on the development of eight national big data comprehensive pilot zones from different dimensions, and aims to provide reference for future development of the big data comprehensive pilot zones.

Keywords: National Big Data Strategy; Big Data Comprehensive Pilot Zone; Digital Industrialization; Industry Digitalization

Ⅲ Index of Big Data Under the Rule of Law

B.7 Research on the Progress of Big Data under the Rule of Law in China and the Index of Big Data under the Rule of Law　　　　　　　　　　　　　　/ 132

Abstract: The in-depth implementation of national big data strategies has resulted in a significant increase in the big data level under the rule of law in China, making big data under the rule of law become an important guarantee for the development of digital economy and the construction of Digital China. Meanwhile, we also face new situations, new missions and new requirements in the field of big data under the rule of law. To respond to constantly changing influence factors of big data under the rule of law, it's urgent to revise the existing evaluation system.

This paper innovates and improves the evaluation system of the index of big data under the rule of law, while keeping three sub-indexes of legislation on big data, jurisdiction on big data and digital rights protection unchanged. The aim is to accurately judge and analyze the new development trend of big data under the rule of law in China by introducing the indicators and data of new representations of big data under the rule of law.

Keywords: Index of Big Data under the Rule of Law; Legislation on Big Data; Jurisdiction on Big Data; Digital Rights Protection

B.8 Analysis Report on Index of Big Data under the Rule of Law in China in 2020 / 153

Abstract: The deep integration of technological innovation and real economy in the new era has given birth to digital economy. As an important production factor in the information age, data has become one of the core forces driving digital economic development. In recent years, the vigorous development of digital economy has further stimulated the voice for big data under the rule of law. Data security governance and personal information protection have become the focus of attention from various parties. This paper comprehensively evaluates the development level of big data under the rule of law of 31 provinces (autonomous regions, municipalities) from three aspects of legislation on big data, jurisdiction on big data and digital rights protection through the construction of the index of big data under the rule of law based on the development of big data under the rule of law in China. Through evaluation, it's found that the eastern region leads others across China in terms of the development of big data under the rule of law, the central region presents the trend of polarization, the western region still needs continuous reinforcement, and the northeastern region is in the middle level of the country. Data legislation is developing in full swing, digital justice is advancing steadily, digital rights protection is gradually improving, and great progress has been made in big data under the rule of law.

Keywords: Big Data under the Rule of Law; Legislation on Big Data; Jurisdiction on Big Data; Digital Rights Protection

B.9 Data Rights System and International Comparative Study

/ 172

Abstract: At present, more than 140 countries or international organizations around the world have formulated laws and regulations on privacy, information or data protection. The United States includes data protection in privacy rights, EU and Germany endow data with legal attributes from the perspective of data rights, Japan draws on the advantages of data systems in major legal systems, and China constitutes the basic laws in the data sector with the *Cyber Security Law*, as well as the upcoming *Data Security Law* and *Personal Information Protection Law*. This paper elaborates on the significance of the data rights system to global Internet governance on the basis of comparing domestic and foreign data rights systems, with an aim to foster more systematic and law-based global Internet governance.

Keywords: Data Rights System; Data Security; Global Internet Governance

IV Big Data Security Index

B.10 Research on Data Security Risk and Big Data Security Index

/ 194

Abstract: In digital economy era, data has become a key production factor. It has broken the restriction of limited supply of traditional factors on promoting economic growth, and comprehensively stimulated the multiplier effect on economic and social value creation. The uniqueness and complexity of data as a new type of production factor have brought a series of new problems and challenges to data governance. Data security has become the most pressing core issue in the

big data era. This paper constructs a big data security indicator system from four dimensions of security system, security industry, security capability and security ecology on the basis of sorting out data security risks and factors. The aim is to quantitatively evaluate the development status of big data security, provide reference for data security capability evaluation, and improve the data security capability and level.

Keywords: Data Security; Data Governance; Big Data Security Index

B.11   Analysis Report on Big Data Security Index

of China in 2020   / 209

Abstract: This paper continues to adopt the evaluation ideas and methods used for 36 large-and medium-sized cities across China last year, and uses nondimensionalization, indicator weight assignment and other methods to conduct a comprehensive evaluation on 31 provinces, autonomous regions, and municipalities according to the big data security indicator system constructed. The evaluation results show that, the big data security index of various regions shows "ladder development" characteristics, and the eastern region leads others in terms of big data security development. In terms of specific aspects, Guizhou scores the highest for the safety system, Beijing shows obvious advantages in both safety industries and capabilities, and Chongqing ranks first in safety ecology. It also puts forward the conclusions and suggestions on current development of big data security in order to provide reference for the development of local big data security nationwide.

Keywords: Big Data Security Index; Provincial; Security Development

B . 12   Current Situation and Prospect of Data Security

Legislation in China   / 224

Abstract: At present, data is actively applied in various aspects of the digital economy as a new production factor and strategic resource. To promote rapid development of the digital economy, it's required to effectively guarantee data rights and security, and promote data security legislation as soon as possible. Looking at the progress in this regard, although the *Data Security Law* leads the improvement of China's data security system, there are still many dilemmas in the legislation on data security. For example, the basic problems have not been clarified yet, the supply of core systems is insufficient, and the response of international game is weak. Starting from the necessity of data security legislation, this paper expounds the current situation of data security legislation in China from the legislative process, origin, spirit, effect and other aspects, and analyzes the dilemma of China's data security legislation. On this basis, it puts forward the methods and paths of data security legislation in China from five aspects: legislative orientation, system design, balanced legislation, scope of legal effect and legislative technology, so as to provide reference for China's data security legislation.

Keywords: Data Security Law; A Holistic View of National Security; Data Sovereignty; National Security

V   Big Data Index of Financial Risk Prevention and Control

B . 13   Research on Fintech Development and Big Data Financial

Risk Prevention and Control Index

/ 235

Abstract: The COVID −19 pandemic has brought varying degrees of impact on

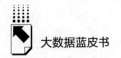
social and economic fields. The epidemic prevention and control has spawned many new scenarios for financial services, and promoted the popularity and application of fintech. The integration of finance and technology has advanced the progress in digital transformation of the financial industry, and improved the convenience and availability of various financial services. However, financial and technical risks superimposed in fintech also bring new challenges to financial supervision. This paper optimizes and adjusts the financial risk prevention and control index of big data according to the development status of fintech innovation and financial risk prevention and control, with an aim to assess the financial risk prevention and control capabilities and levels of various regions in a more accurate and effective way, help all regions better guard against and defuse potential financial risks and avoid breaking the bottom line of financial security.

Keywords: Fintech; Big Data Financial Risk Prevention and Control Index; Financial Security; Financial Regulation

B. 14　Analysis Report on China's Big Data Financial Risk
　　　 Prevention and Control Index in 2020　　　　　　 / 249

Abstract: In recent years, the complexity and severity of global political and economic situations have been rising. The external pressure facing China's economic and financial system has increased markedly. The COVID -19 outbreak in 2020 will undoubtedly increase the debt default risk of most enterprises, which may further develop into systemic financial risks under the conduction effect. So financial risk prevention and control appears to be of vital importance. Based on the actual development of financial risk prevention and control in China, and guided by the theoretical model of big data financial risk prevention and control, this paper comprehensively evaluates the development level of financial risk prevention and control in 31 provinces (autonomous regions and municipalities directly under the central government) in China from three aspects of financial stability, financial risk and financial sustainable development by constructing the financial risk prevention and control index of big data. Through evaluation, it's found that the eastern region leads others across China in terms of the development level of big data financial risk prevention and control, the central region operates steadily, the western region is relatively differentiated, and the northeastern region is generally controllable. In the face of financial stability and shocks superimposed on each other, financial risks are dealt with in an orderly manner. But financial sustainability needs to be strengthened. Positive results have been produced in local financial risk control, and systemic financial risks tend to be reduced.

Keywords: Financial Stability; Big Data Financial Risk Prevention and Control Index; Financial Risk

B. 15 Analysis Report on Global Fintech Hub Cities in 2021

/ 270

Abstract: In the context of finance and technology integration as well as the collision of tradition and innovation, opportunities and challenges coexist and the development of cities shows the characteristics of diversity. From a global view, the US, the UK, Singapore and Switzerland are all promoting their core cities to become global fintech hubs, so as to seize the opportunity of current times at a strategic height. From China's view, cities such as Beijing, Shanghai, Shenzhen, Hangzhou and Guangzhou have demonstrated respective advantages in global fintech competition, showing a benign trend of leading the world. To become global fintech hubs, cities around the world are making progress amid competition. This paper first briefs on three major stages of global fintech development, makes clear the changing connotation of fintech, conducts an in-depth analysis on the overall development of fintech in more than 70 cities around the world as well as the specific development status in three dimensions of industry, experience and ecology and summarizes the development characteristics using the "global fintech hub index" of Sinai Lab under the Academy of Internet Finance.

Keywords: Fintech; Global Fintech Hub Index; Fintech Hub City

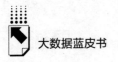

VI   Governance Technology Index

B.16   Research on the Trend of Digital Transformation

and Technology Index of Governance   / 292

Abstract: The fifth plenary session of the 19th CPC Central Committee has put forward the long-term goal of basically realizing the modernization of national governance systems and governance capabilities, and set the goals and key directions for accelerating digital development, which provides fundamental compliance for digital transformation of the governance. With great changes and epidemics unseen in a century intertwined and bringing superimposed impacts, digital transformation provides a significant opportunity for economic and social development. The deep application of governance technology becomes an innovative means to improve governance effectiveness. Based on this, this paper re-studies the theoretical model of governance technology index, re-adjusts the evaluation focus, re-optimizes the indicator system, and re-upgrades the representative indicators, while maintaining the consistency and cohesion with the previous evaluation system to the greatest extent. It seeks to establish an evaluation system of the governance technology index that is more in line with national governance and economic and social development in the new era.

Keywords: Governance Digital; Governance Modernization; Governance Technology Index

B.17   Analysis Report on 2020 Governance Technology

Index in China   / 306

Abstract: The in-depth application of governance technology is accelerating the reform and innovation of governance systems and models. Based on the indicator system of governance technology after optimization and adjustment as well as public data, this paper focuses on institutional guarantee, development environment, supporting capacity, scenario application and governance efficacy to conduct an overall evaluation of the development and application of governance technology in different regions nationwide. The results show that, 31 provinces, autonomous regions and municipalities present tiered distribution characteristics, of which Beijing, Zhejiang, Guangdong, Jiangsu and Shanghai are in the first echelon of governance technology development; four cluster development regions including Beijing-Tianjin-Hebei, the Yangtze River Delta, the Pearl River Delta, and Sichuan-Chongqing-Guizhou have initially taken shape; the governance technology index is positively correlated with regional economic development level; among the five sub-indexes, the overall scores in efficiency evaluation and institutional guarantee are relatively high.

Keywords: Governance Technology; Governance Capabilities; Governance Modernization; Governance Technology Index

B.18 Application Innovation and Local Practice of Digital Epidemic Control / 324

Abstract: In the context where the great pandemic and changes unseen in a century coexist, digitalization is playing an increasingly important role. At the commendation conference for COVID -19 prevention and control, General Secretary Xi Jinping stressed that "scientific and technological innovation is the decisive force in the fight against COVID -19". With case studies as the main line, this paper mainly elaborates on the application innovation and practice of digital epidemic prevention in Guizhou, Jiangxi, Tianjin and other provinces and cities, analyzes the difficulties in digital epidemic prevention and puts forward countermeasures and suggestions, so as to provide theoretical reference and experience for promoting digital, networked and intelligent transformation of digital epidemic prevention and governance technology.

Keywords: Digital Epidemic Control; Digital Governance; Application Innovation; Local Practices

皮 书

智库报告的主要形式
同一主题智库报告的聚合

❖ 皮书定义 ❖

皮书是对中国与世界发展状况和热点问题进行年度监测,以专业的角度、专家的视野和实证研究方法,针对某一领域或区域现状与发展态势展开分析和预测,具备前沿性、原创性、实证性、连续性、时效性等特点的公开出版物,由一系列权威研究报告组成。

❖ 皮书作者 ❖

皮书系列报告作者以国内外一流研究机构、知名高校等重点智库的研究人员为主,多为相关领域一流专家学者,他们的观点代表了当下学界对中国与世界的现实和未来最高水平的解读与分析。截至2021年,皮书研创机构有近千家,报告作者累计超过7万人。

❖ 皮书荣誉 ❖

皮书系列已成为社会科学文献出版社的著名图书品牌和中国社会科学院的知名学术品牌。2016年皮书系列正式列入"十三五"国家重点出版规划项目;2013~2021年,重点皮书列入中国社会科学院承担的国家哲学社会科学创新工程项目。

权威报告·一手数据·特色资源

皮书数据库
ANNUAL REPORT(YEARBOOK)
DATABASE

分析解读当下中国发展变迁的高端智库平台

所获荣誉

- 2019年，入围国家新闻出版署数字出版精品遴选推荐计划项目
- 2016年，入选"'十三五'国家重点电子出版物出版规划骨干工程"
- 2015年，荣获"搜索中国正能量 点赞2015""创新中国科技创新奖"
- 2013年，荣获"中国出版政府奖·网络出版物奖"提名奖
- 连续多年荣获中国数字出版博览会"数字出版·优秀品牌"奖

成为会员

通过网址www.pishu.com.cn访问皮书数据库网站或下载皮书数据库APP，进行手机号码验证或邮箱验证即可成为皮书数据库会员。

会员福利

- 已注册用户购书后可免费获赠100元皮书数据库充值卡。刮开充值卡涂层获取充值密码，登录并进入"会员中心"—"在线充值"—"充值卡充值"，充值成功即可购买和查看数据库内容。
- 会员福利最终解释权归社会科学文献出版社所有。

数据库服务热线：400-008-6695
数据库服务QQ：2475522410
数据库服务邮箱：database@ssap.cn
图书销售热线：010-59367070/7028
图书服务QQ：1265056568
图书服务邮箱：duzhe@ssap.cn

S 基本子库
SUB DATABASE

中国社会发展数据库（下设 12 个子库）

整合国内外中国社会发展研究成果，汇聚独家统计数据、深度分析报告，涉及社会、人口、政治、教育、法律等 12 个领域，为了解中国社会发展动态、跟踪社会核心热点、分析社会发展趋势提供一站式资源搜索和数据服务。

中国经济发展数据库（下设 12 个子库）

围绕国内外中国经济发展主题研究报告、学术资讯、基础数据等资料构建，内容涵盖宏观经济、农业经济、工业经济、产业经济等 12 个重点经济领域，为实时掌控经济运行态势、把握经济发展规律、洞察经济形势、进行经济决策提供参考和依据。

中国行业发展数据库（下设 17 个子库）

以中国国民经济行业分类为依据，覆盖金融业、旅游、医疗卫生、交通运输、能源矿产等 100 多个行业，跟踪分析国民经济相关行业市场运行状况和政策导向，汇集行业发展前沿资讯，为投资、从业及各种经济决策提供理论基础和实践指导。

中国区域发展数据库（下设 6 个子库）

对中国特定区域内的经济、社会、文化等领域现状与发展情况进行深度分析和预测，研究层级至县及县以下行政区，涉及省份、区域经济体、城市、农村等不同维度，为地方经济社会宏观态势研究、发展经验研究、案例分析提供数据服务。

中国文化传媒数据库（下设 18 个子库）

汇聚文化传媒领域专家观点、热点资讯，梳理国内外中国文化发展相关学术研究成果、一手统计数据，涵盖文化产业、新闻传播、电影娱乐、文学艺术、群众文化等 18 个重点研究领域。为文化传媒研究提供相关数据、研究报告和综合分析服务。

世界经济与国际关系数据库（下设 6 个子库）

立足"皮书系列"世界经济、国际关系相关学术资源，整合世界经济、国际政治、世界文化与科技、全球性问题、国际组织与国际法、区域研究 6 大领域研究成果，为世界经济与国际关系研究提供全方位数据分析，为决策和形势研判提供参考。

法律声明

"皮书系列"（含蓝皮书、绿皮书、黄皮书）之品牌由社会科学文献出版社最早使用并持续至今，现已被中国图书市场所熟知。"皮书系列"的相关商标已在中华人民共和国国家工商行政管理总局商标局注册，如 LOGO（ ）、皮书、Pishu、经济蓝皮书、社会蓝皮书等。"皮书系列"图书的注册商标专用权及封面设计、版式设计的著作权均为社会科学文献出版社所有。未经社会科学文献出版社书面授权许可，任何使用与"皮书系列"图书注册商标、封面设计、版式设计相同或者近似的文字、图形或其组合的行为均系侵权行为。

经作者授权，本书的专有出版权及信息网络传播权等为社会科学文献出版社享有。未经社会科学文献出版社书面授权许可，任何就本书内容的复制、发行或以数字形式进行网络传播的行为均系侵权行为。

社会科学文献出版社将通过法律途径追究上述侵权行为的法律责任，维护自身合法权益。

欢迎社会各界人士对侵犯社会科学文献出版社上述权利的侵权行为进行举报。电话：010-59367121，电子邮箱：fawubu@ssap.cn。

社会科学文献出版社